中外著名教育家画传系列　周洪宇 主编

牧口常三郎画传

周洪宇　蔡幸福／著

山东教育出版社
·济南·

图书在版编目（CIP）数据

牧口常三郎画传 / 周洪宇等著. —济南：山东教育出版社，2014(2024.4 重印)

(中外著名教育家画传系列 / 周洪宇主编)

ISBN 978-7-5328-8512-1

Ⅰ.①牧… Ⅱ.①周… Ⅲ.①牧口常三郎（1871～1944）-传记-画册 Ⅳ.①K833.135.4-64

中国版本图书馆CIP数据核字（2014）第173179号

中外著名教育家画传系列

周洪宇 主编

牧口常三郎画传

周洪宇 蔡幸福 著

主 管：山东出版传媒股份有限公司

出版者：山东教育出版社

(济南市市中区二环南路 2066 号 4 区 1 号 邮编：250003)

电 话：(0531) 82092660

网 址：http://www.sjs.com.cn

发行者：山东教育出版社

印 刷：山东华立印务有限公司

版 次：2024年4月第1版第2次印刷

规 格：787mm×1092mm 16开

印 张：14.25印张

字 数：220千字

书 号：ISBN 978-7-5328-8512-1

定 价：69.00元

（如印装质量有问题，请与印刷厂联系调换）

（电话：0531-76216033）

牧口常三郎（1871—1944）。

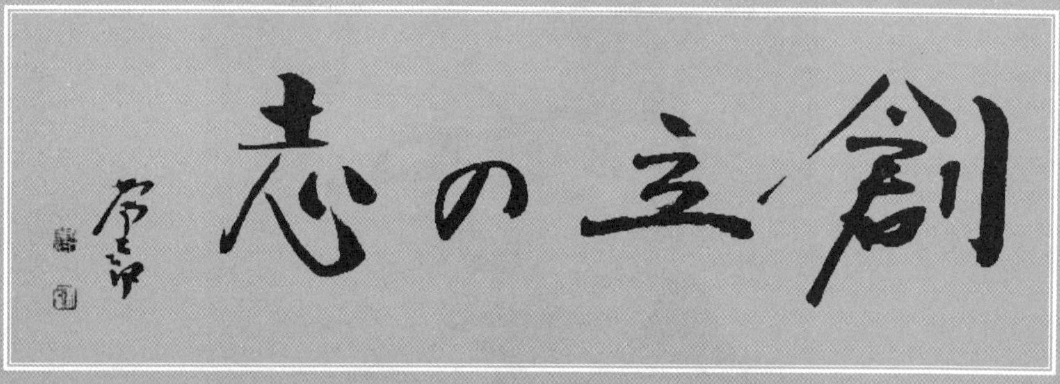

1930年创价教育学会创立时牧口常三郎亲笔题写的“创立之志”。

1922—1931年任白金寻常小学校长时的牧口常三郎。

1901年任北海道教育会干事的牧口常三郎。

1938年牧口常三郎在静冈家门前。

1941年牧口常三郎与夫人合影。

目　录

贫寒的船工之子　/ 001
001 诞生于船工之家
003 入读荒浜寻常小学
005 求知若渴的秀才少年
006 北海道寻梦

初露锋芒　/ 008
008 考入北海道寻常师范学校
011 独特的作文教学
012 北海道教育界新秀
014 出色的北海道教育会会员
016 家庭事业双丰收

艰难求索　/ 018
018 前往东京求发展
021 处女作《人生地理学》问世
021 潜心女子教育
023 宏文学院任教
025 主张社会改良
026 活跃的乡土会会员

二十年磨一剑　/ 031
031 初任小学校长

033 主持大正寻常小学
036 得罪权贵，平调西町寻常小学
037 再遭排挤，来到三笠寻常小学
040 在白金寻常小学度过十年黄金岁月
046 《创价教育学体系》第一卷出版
047 结束小学教育生涯

西方大师的影响 / 048
048 钟情康德
050 认同杜威

佛教情缘 / 052
052 与佛法结缘
054 验证《法华经》
055 成为坚定的佛教徒

事业升华 / 057
057 拓展平台，创立学会
060 不辞辛劳，广宣流布
069 信仰所在，生命所系
074 后继有人，影响深远

创价教育思想的三大基石 / 084
084 以价值为主线的哲学思想
101 信奉大乘佛法的宗教思想
107 主张大善的政治思想

以人为本的创价教育思想 / 114
114 教育目的在于培养创造“利、善、美”价值的人

116 教育功能归根到底在于对受教育者生活加以干涉与指导
118 必须对现行教育制度进行考量
120 教育内容应该紧紧围绕生活来设计
122 教育必须讲求“方便”、讲究自然
124 半日学校制度可盘活办学存量，提高教育效率
126 无标准选拔小学校长危害无穷
127 教师是创价教育的表率

让人感怀的人格魅力 / 129
129 博爱无疆的高尚情操
130 追求创造的奉献精神
131 质朴敦厚的善良秉性
133 威武不屈的无畏品质

影响与评价 / 135
135 牧口常三郎教育活动与思想在国内外的影响
147 对牧口常三郎的评价
154 研究牧口常三郎及其著作的相关文章

牧口常三郎大事年表 / 185
创价学会大事年表（从牧口常三郎到池田大作） / 191
日本年号与西历年对照表（明治元年—平成二十六年） / 207
参考文献 / 211

贫寒的船工之子

诞生于船工之家

明治维新让日本摆脱了被黑暗封锁的封建割据状态，一跃成为向世界开放的国家。走向开放的日本人，愈加意识到眼界的狭隘，试图努力引进西欧的先进文明，“脱亚入欧”。变革的过程虽不是一帆风顺，但日本迎来了一个崭新的时代。

牧口常三郎就诞生于这个脱胎换骨的时代。不过，他的诞生地却是面朝日本海的一个与现代化无缘的偏僻渔村。

1871 年（明治四年）7月23日，居住在柏崎县刈羽郡荒浜村（今新泻县柏崎市荒浜）的船员渡边长松的妻子伊莱，生下了一个男孩，他们给他起名叫渡边长七。

当时的荒浜村，是刈羽郡约 200 个村庄中最大的村子之一。据 1912 年（大正元年）编纂的《荒浜村志》记载，1871 年（明治四年），荒浜村共有 461 户人家，2263 人。村庄自然景观优美，缓缓落入地平线的夕阳，每每把广阔的日本海染成一片赤红，庄严而神秘。

与海滩美景相反，荒浜村人居环境恶劣，难于生存。这里风沙肆虐，就算在元月，沙子也经常埋到脚脖。从每年 9 月到次年 3 月末，每天沙尘漫天，吹散的沙子随风到处乱飞，沉积下来像隆起的土冢。随风舞动的白草，与荒漠中的枯草并无差异。

日后，牧口常三郎在处女作《人生地理学》第十三章《海岸与人生》中，曾这样描述自己幼年成长的家乡：

> 构成沙滩的细沙，伴随着暴风四处飞舞，由沙子堆积形成的小丘到处移动，而且妨碍植物生长，除了抗风害能力强大的松柏一类的几个物种外，大部分植物都难于成长。田地荒芜无法耕种，风沙危害生产，掩埋房屋，像恶作剧似的使居民陷入困窘。

恶劣的环境，自然不适合农业。除了适合沙地种植的甘薯外，难以期待收获其他农作物。荒浜村的人们仅能依靠渔业和漕运为生。所谓漕运，就是用船运输海产品的行业，当时主要进行物物交换。

渡边长七 3 岁时，父亲渡边长松前往北海道打工。对穷苦得只能靠海谋生的荒浜人来说，外出打工并不稀奇。然而，渡边长松到达北海道之后音信全无，被撇在家的妻子伊莱和儿子渡边长七生活艰辛。两三年后，伊莱无奈改嫁给本村的柴野右卫门。1877 年（明治十年）5 月 9 日，6 岁的渡边长七被村长牧口善太夫收养，从养父姓，改姓牧口。夫妇二人视养子长七为己出，疼爱有加。

与孩子分开的伊莱因思念被带走的儿子，以泪度日。村人同情她，经常偷偷把长七带出来，让她和孩子在一个叫上野堂的佛堂里见面。一天，心存焦虑的母亲抱着孩子跳水自杀。虽然被村里人发现保住了性命，但这竟成了母子二人的最后一次相见。

长七听话、机灵，而且很有孝心，不仅在牧口家非常乖顺，还经常照顾年迈的爷爷（爷爷住在原来的家里，离养父家很近）。

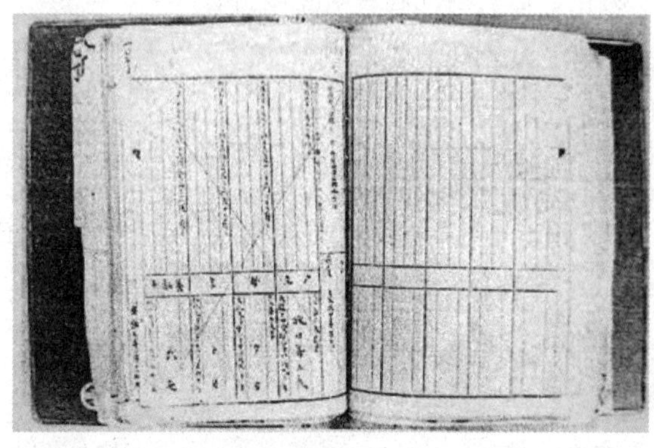

明治初年荒浜常住人口户籍簿。

牧口常三郎出生地。

牧口常三郎的母亲伊莱。

牧口常三郎与母亲相见的上野堂。

入读荒浜寻常小学

1871（明治四年）年 7 月，即长七出生的那一年，日本政府设置文部省作为全国的教育行政机关，专门负责全国的教育改革工作。次年 8 月，教改的第一个法令——《学制》正式颁布。在此之前，日本并没有公办的小学，民间教育机构只有寺子屋和私塾。虽然新教育体制提倡达到“邑无不学之户，家无不学之人”的目标，但对于贫困的村民，他们只期望孩子能成为家里家外的劳动力。适龄儿童或在家照看弟妹、编织草鞋、搓捻绳索，或外出刈草牧牛喂马，有的甚至上山去劳作。加之国力所限，实施义务教育初期的教育费用多由人民负担等客观原因，日本当时小学的就学率不到 50%。即使能够入学，绝大多数儿童只在学校读了一年或者一年半便中途退学。

1874 年（明治七年），荒浜寻常小学（时称第七大学区第四中学区私立第四小学第一分校）入学儿童共 64 人（男 60 人，女 4 人）。这一学区适龄儿童中，未入学的有 308 人（男 126 人，女 182 人），入学率仅为 17%。同年的全国平均入学率为 32%，荒浜村教育的落后可见一斑。改革之初，全国小学校舍中约有 30% 是民房。荒浜寻常小学成立之初，也是用民房做校舍。

尽管生活艰辛，学校环境简朴，1878 年（明治十一年），善良的牧口夫妇咬紧牙关，将 7 岁的长七送入荒浜寻常小学。此时的荒浜寻常小学新建了校舍，占地 140 坪（462 平方米），学校共 6 间教室，每间约 12 坪（39.6 平方米）。学校有学生 80 人，教师只有一人，教授的内容是儒家的四书五经、唐诗以及各种文书的写作等。

以下是当时荒浜寻常小学授课的安排：

> 高年级（5 ～ 8 年级）
>
> 早上八点到十一点，朗读——四书五经、古文、唐诗选之类
>
> 下午一点到四点，书法——尺牍文、习字入门之类
>
> 低年级（1 ～ 4 年级）
>
> 早上八点到十一点，朗读——实语教、古状揃之类
>
> 下午一点到四点，书法——尺牍文、习字入门之类

荒浜寻常小学是长七的人生起航站，是终生难以忘怀的地方。为纪念母校诞生 50 周年，1924 年（大正十三年）牧口常三郎专门送去了锦旗和处女作《人生地理学》，以作怀念。

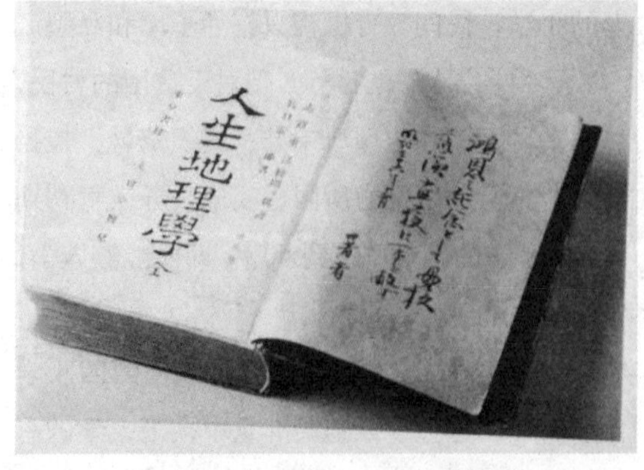

牧口常三郎赠送给荒浜小学的著作《人生地理学》。

牧口常三郎赠送给母校的校旗。

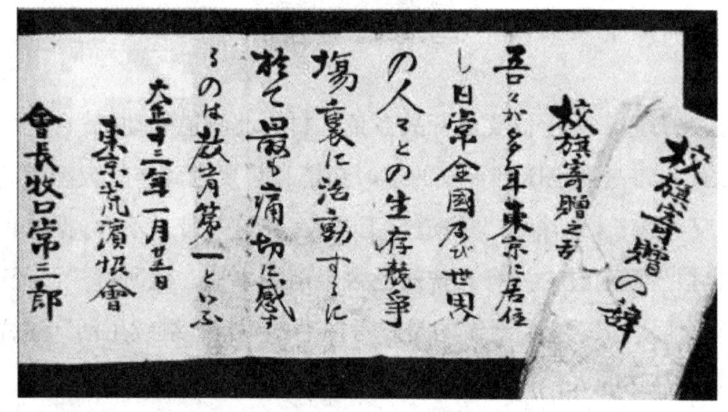

校旗寄贈の辞

校旗寄贈之辞
吾々が多年東京に居住し日常全國及び世界の人々との生存競争場裏に活動するに於て最も痛切に感ずるのは教育第一といふ
大正十三年一月廿三日
東京荒濱協會
會長牧口常三郎

牧口常三郎赠送给母校校旗上的寄语。

求知若渴的秀才少年

1878 年（明治十一年），长七上一年级时，学校招收学生的年龄层次不齐，14 岁以上的学生就有十多人。个头不高的长七与年长的同学相比，显得格外矮小。

长七听教师讲课时，总是身体向前探着，渴求知识的眼睛闪闪发亮。他成绩优异，同学们叫他“秀才牧口”“优等生牧口”，教师对他也是欣赏有加。优秀的长七常常让养父牧口善太夫引以为傲。可家务繁忙时，牧口不得不让长七帮助家庭维持生计，长七只好一连几天在家里当帮手。

不去学校的日子里，长七从不忘记向同学询问上课的内容。如果同学也忙于家务，他会以“你的工作我帮你做，你把上课的内容教给我吧”之类的话恳求对方。长七把同学的那份活做完后，在荒浜的海岸等着同学放学。两人光着头，沐着赤红的夕阳，以沙滩为“黑板”，学习当天上课的内容。直到夕阳西沉，“黑板”看不清楚了，长七才依依不舍地站起来，和伙伴踏上回家的路。长七虽常因家务不能上学，但各门功课仍名列前茅。

以漕运为生的养父难以支持长七的学业，读完四年级后，长七辍学回家帮养父打理家业。此时的他已深谙读写之道，无人不惋惜长七的才能被埋没在荒浜的沙砾之中。而家境的艰难并没有阻碍他的向学之志，长七一有空闲就刻苦学习，期待着“英雄有用武之地”那一天的到来。

北海道寻梦

长七决定去北海道。关于他要离开故乡荒浜村去北海道的动机，详情不知。促使他做出这个决定的，也许是再也压抑不住的学习热情和想要逃离连吃饭都成问题的贫困吧。而且，像他的生父渡边长松那样去北海道打工的人，在这一带并不少。据认识长七的人说，他直到晚年，也很少提起过去。有人曾问他数年前的事情，他回答“已经过去了的事情就没必要再去刨根问底了，我们要做的是思考以后的事情，继续生活”这样的话。可见，长七是个多么乐观豁达的人！

当时的北海道拥有著名的札幌农校和以培养教育家为目标的北海道寻常师范学校两所学校。关于这两所学校，长七在荒浜时也有所耳闻，而且希望将来有一天能在那里找到实现自己人生价值的位置。

何况，在大部被平原和原始森林所覆盖的北海道的广袤土地上，有一个令少年神往

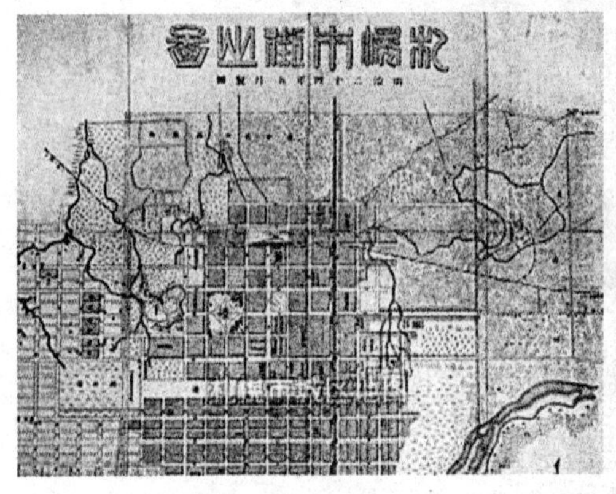

北海道 1891 年地图。

北海道大街。

1901 年的小樽港。

北海道的小樽运河。

小樽警察署旧址。

的传闻。据离开荒浜定居北海道的人们说，那里鱼的产量非荒浜海岸所能比。甚至于有这样的说法：小樽港附近的鲱鱼场里，到了鲱鱼产卵期，小鲱鱼会多得使海的颜色变白。如果开船出海，在船上用长枪刺的话，能刺到成串的鲱鱼。

未知的北海道、梦与希望的北海道，自然也吸引着年幼的长七。他想：既然有这样的乐土，就没必要一直守在狭小的荒浜了。就算是为了试试自己的能力，也要离开这片土地，在北海道这个充满挑战的世界里尽显身手。

1885 年（明治十八年），这一想法最终得以实现，长七启程去了北海道。依照当时的交通情况，去北海道不是件容易的事情，走陆路是完全不可能的，除了海路别无他途。这条航线在明治二十四五年间才开始变得往来频繁，一年间蒸汽船进出四五十回。而在长七去北海道的明治十八年，开往北海道的汽船一个月中也只有一两次。每次航行花费的时间大约为 20 天。

在这样的交通状况下，可以想到，当时的北海道之行，放到如今来说相当于下了移居国外的决心。长七独自一人启程前往如此遥远陌生的土地，结束了长时间的海上航行到达小樽港后，长七拜访了叔父渡边四郎治，并请他帮忙介绍工作。

可是，在正处于开拓期的北海道，工作很不好找。不过，最后总算是找到了份在当地警察署做勤杂工的活儿。小樽郡郡长兼警察署长叫森长保，是个爱才的人。长七这份工作多是一些琐事，每天就是跑腿、倒茶或是做清洁什么的，有时也会帮忙整理一下文件。

长七老实本分的性格和热心的工作态度很快得到了从署长到警员的好感。没有事情可做时，他肯定会捧着书读，因此警员们都不约而同地称呼他为“勤奋杂役”。

机灵而勤劳的长七很快得到了署员们的认可和呵护。更幸运的是，他的勤奋和向学之志得到了森长保的赏识。

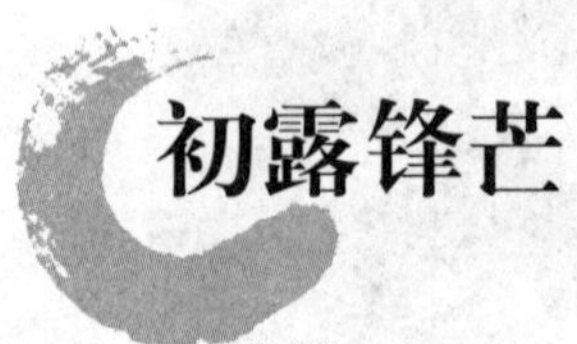

初露锋芒

考入北海道寻常师范学校

1887 年（明治二十年）3 月，森长保署长由小樽调至札幌工作，他看重长七的才能，让其作为家庭的寄食生（边帮着干家务，边学习的学生）一同前往。这样的生活持续了大约三年，长七向世人展现了超乎期待的成绩：他克服只有小学四年级学历的不利条件，在 20 岁时考取了北海道寻常师范学校（今北海道教育大学），因成绩优异，入校时被编入三年级。

一个从乡间小学走出的青年，闯过入学考试的难关，考取令人仰慕的师范学校，且被编入三年级，难以想象的荣耀再次证明了这个高材生的自学能力。尽管在知识的系统性方面有所欠缺，但长七所掌握学问的深度和广度，深得教师们的赏识，特别是他作为一位自学者所特有的思维，常常令人叫好。

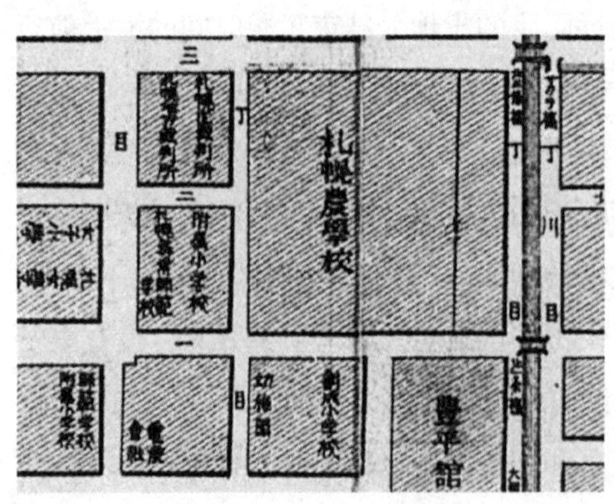

札幌农校位置图。

明治时期的北海道，对于希望在学业上进一步深造的学生而言，仅有札幌农校和北海道寻常师范学校两所学校可供选择。

农业是北海道开拓时期的重点之一，札

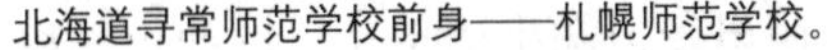
北海道寻常师范学校前身——札幌师范学校。

1900 年的北海道寻常师范学校宿舍。

幌农校就是作为农业相关人才的培养机构而设置的，其创始人是黑田清隆。

黑田清隆曾远赴美国，认真考察了那里先进的农业技术。在开发北海道时，他采用美式拓殖法，于 1872 年（明治五年）在东京芝增上寺内创建了一所临时学校，以期培养北海道开拓时急需的农业人才。1875 年（明治八年），学校迁至札幌，扩建为农业专门学校。1876 年（明治九年），札幌农校诞生，第一位教务主任兼农场长为曾任马萨诸塞州农科大学校长的克拉克。

虽然克拉克只签订了一年的留日合同，在札幌只停留了短短的八个月，但他对札幌农校的影响极深。克拉克认为，教育的目标是人格主义，他极力排斥偏重智育的旧式教育，主张以基督教教育为基础，在教学中非常重视《圣经》的学习。日后与牧口常三郎关系密切的内村鉴三、新渡户稻造、志贺重昂，都毕业于札幌农校。

北海道寻常师范学校的前身是设立于 1880 年（明治十三年）的札幌县师范学校和函馆县师范学校。

1885 年（明治十八年），北海道被分成札幌、函馆和根室三个县。其中，函馆县拥有 153 所公、私立小学，札幌县有 103 所，根室县仅有木 16 所。鉴于小学办学的规模，札幌县和函馆县均设有师范学校，根室县未设。

1886 年（明治十九年）1 月 26 日，日本政府设立北海道厅，结束了三县分立的局面。不久，札幌、函馆两县的师范学校停办。同年 9 月 17 日，北海道寻常师范学校诞生。学校建于札幌区一条西三丁目，处于北海道厅和札幌农校之间。1887 年（明治二十年）4 月 28 日，学校根据《师范学校令》更名为北海道寻常师范学校。

长七已跋涉了十三年的艰难求学路，来到师范学校像是到了另一个世界。学校学费

21 岁的牧口常三郎（二排中间）。

全免；可以借用大量的教科书和参考书；由于是寄宿制，伙食和住宿全部免费；学习用品、服装，甚至假期回家的旅费都由政府支付。另外，每周六发放十钱零花钱作为津贴，一钱就可以买三四个馒头或是一个大福饼，十钱的零花钱算是一笔不小的数目。

学校还规定，收购学生多余的学习用品和衬衫、衬裤、袜子等服装。所以，学生们总是小心使用学习和生活用品，以便由学校回购时获得一定的收入。有的学生将得来的钱寄给贫穷的家人。对家境贫寒的长七来说，师范学校的各种待遇无疑是雪中送炭。

作为教育“母机”的师范教育是明治政府教育改革的重点，是实现“富国强兵”的基础与先行部队。长七就读的北海道寻常师范学校，与其他师范学校一样，受到政府严格的管制，其显著特征是学校管理军事化，学生受到严格监督，违反纪律者要遭到严厉惩罚。为培养学生“尊王爱国”的思想，让学生具有为振兴国威而献身的体魄和精神，学校每天早上在走廊整队点名，高唱军歌，时常在夜里进行紧急集合一类的演习，有时还要进行持枪训练。

军队式的生活和国家主义的师范学校教育违反教育规律、无视人的个性，长七颇为反感，他认为强制性、命令性的教育是不会在学生的心里扎根的。长七发愤学习，不仅

1893 年，北海道寻常师范学校毕业照（部分），二排中间为牧口常三郎。

1893 年，北海道寻常师范学校毕业照，三排左二为牧口常三郎。

没有成为军国主义教育的牺牲品，反而更加注意吸取儒学与大和文化中的有益成分。他从正面将早年所学《幼学纲要》和四书五经等书籍中提倡的孝行、友爱、信义、诚实、仁慈、礼让、俭朴、廉洁等为人处世的优良品格发扬光大，走出了狭隘的岛国主义，同时注意到家乡、国家和世界共存共荣的关系，孵化了崇高的国际主义情感，为他后来成为创价教育之父打下了坚实的思想基础。

四年初小为长七打开了儒学与大和文化之门，三年师范教育则使长七的文化底蕴更为厚实，在其人生道路上占有极为重要的地位，这既是他从事教育的起点，也为他开启了创价教育理论之门。

独特的作文教学

1892 年（明治二十五年）6 月，长七在本校附属小学实习四个月，并担任该校高等科一年级女生班班主任。1893 年 1 月，长七正式改名为常三郎。同年 3 月，成绩优异的牧口常三郎从师范毕业，被分配到附小当训导。

其时，日本小学的修业年限是八年，修习四年的普通科后才能升入高等科。牧口常三郎所负责的高等科一年级，相当于现在的小学五年级。年轻的牧口常三郎常常虚心向指导教师请教，但在教学上尚未走向成熟。1936 年（昭和十一年），牧口常三郎在《四十五年前教生时代的追忆》一文中写道：“……生来第一次上讲台，想必很狼狈……虽说如此，但孩子们还算认真听我讲，想起来现在还出冷汗。”初为人师的他一边兢兢业业地教书，一边对教育实践进行深刻的思考和改革。

教学中最难的科目是作文，由于没有配备专门的教科书，常常让教师们烦恼不已。传统的做法是教师告诉学生“写个什么”，学生可随意选题，写完之后再用红笔修改。牧口常三郎认为，由这种方法所习得的知识，与其说是从教师那里学习到的，还不如说只是学生在入学前就已具备的自己的写作方式

北海道師範学校附属小学校
四十五年前教生時代の追懐
牧口常三郎
（上略）明治廿五年の六月中旬
命ぜられた。後期の配当であった
が事故退学の為の補欠としてで
めて教壇に上ったのであるから、
は思いやられる。それでもよく
うことを聴いたものだと、今でも冷汗が出る。
高等科一年の女生（今の尋常五年相当）受持ちで、
綴方であった。当時は作文といった。他の科目は教科
兎どうやら言葉ぎは出来ても、作文は二ッちもさッ
ごまかす丈の知恵もなかったので、何とか教案だけ

牧口常三郎对第一次走上讲台的回忆。

1871 年人工开通的灌溉渠新川。

19 世纪初开通的饮用水渠创成川。

流经札幌市内的丰平川。

罢了。抱着对现有教学法的不满和质疑，牧口常三郎费尽心思，设计了新的作文教学法。

为了提高学生的写作兴趣，牧口首先教学生作文的基础，即让学生了解文章的基本结构后再作文。然后，尝试应用所学的方法，带领学生模仿基本文章。按照这个思路，牧口常三郎紧密联系学生身边的自然景观，以 1871 年（明治四年）开通的流经市内的人工灌溉渠“新川”为题写了一篇文章作为示范，接着他与孩子们一起以专为札幌村开通的饮用水渠道“创成川”为题作文，最后以“丰平川”为题让孩子们写作。三个系列主题后，学生们学会了写水，接下来牧口常三郎教授如何写山。这一独特的作文教学法由近及远，逐步深入，让每个孩子思考了人与自然的关系。学生熟悉了文章的基本模式，潜移默化中写出了长而优美的文章。

这种具体的作文计划在实际教学中立竿见影。以前一到作文时间，“最为难的是给小学五年级女生班上作文课，无论叫她们写什么，多数只是舔铅笔”。采用新的写作方法后，没有一个学生在作文时间里百无聊赖，下课后，大部分学生还坐在那里继续写着。新颖的作文教学法增强了学生写作的自信心，自然也得到了附小教师的高度评价，许多教师纷纷前往观摩。

牧口常三郎在自己班级中所试行的这种独特的作文教学法，成为他日后提出的“文型实用主义”作文教学法的雏形，是他的教育方法论的重要实践来源。

北海道教育界新秀

明治政府十分重视基础教育，然而苦于经济不发达、教育条件落后的现实，许多地方不得不实行将一年级到四年级的学龄儿童编成一个年级的单级教学（又称复式教学）。而北海道地处偏僻，人口稀少，连能够按年龄编成年级的学生数都凑不够。条件的艰苦让许多教师不想到偏僻地区，单级教学曾一度只是流于口号，阻力重重。据《北海道教育史》记载，根据政府要求，1892年（明治二十五年）北海道寻常师范学校新设单级学校。

次年，牧口常三郎就职于北海道寻常师范学校附属小学，担任单级教学教师。对于新上任的牧口常三郎，负责单级教学是件大难事。他立足于自己的实践，认真思考如何提高单级小学的教学水平。随着教学实践的深入，牧口常三郎发现“教学只是达成教育目标的权宜办法”，“学校的目的不在教学而在教育”。他主张教学的目标在于兴趣，要达到这一目标必须依据心理学的规则，而非填鸭式教学。教学的重点应该放在使学生对学科感兴趣，让学生自身产生学习欲望上。

牧口常三郎的这一教学理念在地理教学中得到了有益尝试。早在师范学校就读时，牧口常三郎就对地理课情有独钟。工作后，他从自然科学、社会科学的角度对地理教学进行了扎实、深入的研究。面对死记硬背式的教学，年轻的牧口常三郎逐渐形成自己的地理教学观。他认为一个人从呱呱坠地开始，其人生就与世界发生了直接的关系，比如，身上的衣服是南美产的羊毛制成的，眼镜是德国人发明的，蒸汽机与电力缩短了各国之间的距离，把世界变成命运共同体等。如果能将地理教学与这些现象紧密联系，就可以帮助学生认识到每个人、每个国家都不是单独的个体，万事之间有着千丝万缕的联系。而人只有放眼世界，关注世界，才能更好地成长与发展。他数次向地方报纸投稿，就如何让孩子对学习产生兴趣等问题发表看法。牧口常三郎呼吁：教学的目的在于激发兴趣；

20世纪初的日本小学课堂。

1899年，北海道寻常师范学校附属小学的训导与教学实习生合影，二排右二为牧口常三郎。

孩子们的学习不是靠强制，而是靠兴趣；教育不应止于传授知识，启发学生对学习的喜爱与兴趣才是正途；知识不是让人来灌输，而是应该由自己去探求的。他的这些观点为处女作《人生地理学》的问世打下了思想的基础。

针对单级学校教师的种种问题，牧口常三郎认为，关键在于教师如何适当地分配自己的劳动。为了同时教授两个以上不同年级的学生，必须采用间接授课。他用“自动”一词解释了间接授课的方法。所谓“自动”，是自习、自修之意，可以分为预习式、应用式、复习式三种。只要在讲课中有效地利用这三种形式，不仅能够节省教师的劳动力，还可以让学生养成自学的习惯。

牧口常三郎在教学和教育改革方面的独到建树，让他脱颖而出。这位北海道教育界的新秀，也成为北海道教育改革的先行者之一。

出色的北海道教育会会员

在出色教学的同时，牧口常三郎非常重视教研工作，经常结合自己的教学实践发表文章，引起了北海道教育界的关注。1893 年（明治二十六年），他被吸纳为北海道教育会会员。

1895 年（明治二十八年），文部省聚集全国府、道、县的代表，召开单级教学法研

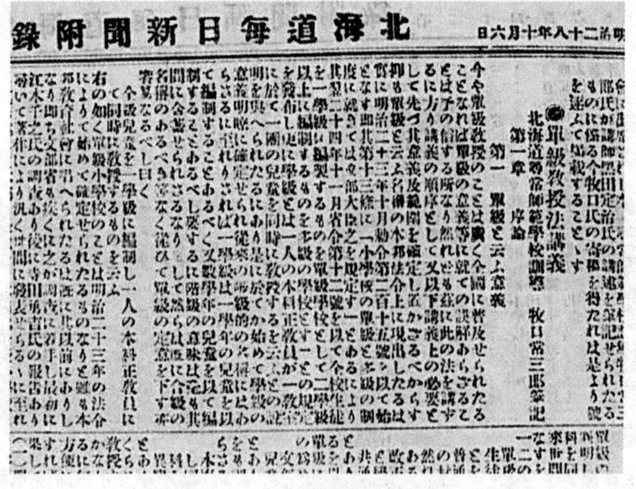
北海道每日新聞附錄

明治二十八年十月六日

單級教授法講義

北海道尋常師範學校訓導 牧口常三郎筆記

第一章 序論

第一 單級と云ふ意義

1895 年，《北海道教育杂志》登载的牧口常三郎《单级教授法讲习》。

1901 年任北海道教育会干事的牧口常三郎。

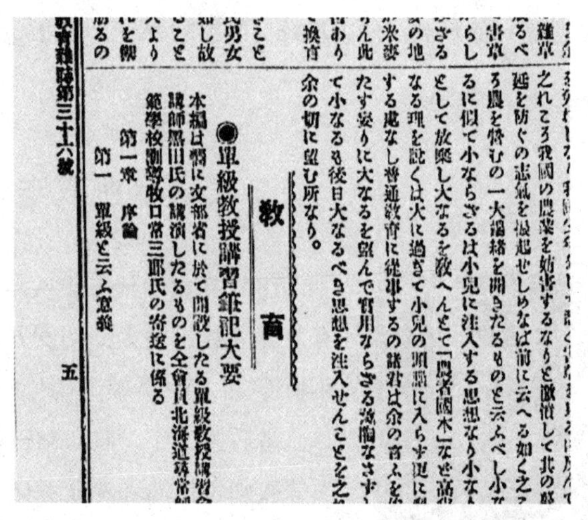

之れてろ我國の農業を妨害するなりと激憤して北の…
延を防ぐの志氣を爆起せしめなば前に云へる如く之…
ろ農を特むの一大端緒を開きたるものと云ふべし小…
るに似て小ならざるは小兒に注入する思想なり小…
として放棄し大なるを教へんとて「農者國本」など高…
なる理を説くは大に過ぎて小兒の頭腦に入らず退に…
する處なし普通教育に從事するの諸君は余の言ふを…
たず妄りに大なるを望んで實用ならざる遠…
て小なるも後日大なるべき思想を注入せんことを之…
余の切に望む所なり。

教育

◉單級教授講習筆記大要

本編は嘗に文部省に於て開設したる單級教授講習…
講師黒田氏の講演したるものを全會員北海道尋常師…
範學校訓導牧口常三郎氏の寄送に係る

第一章 序論

第一 單級と云ふ意義

教育雜誌第三十六號 五

刊载牧口常三郎学术论文的《北海道教育杂志》（第三十六号）。

讨会，牧口常三郎被北海道文部厅派往东京参加会议。他详细地记录了研讨会的内容，会议结束后，将笔记整理成文章发表在《北海道教育杂志》的《每日新闻》栏目中，以“单级教授讲习笔记大要”为题，进行了 9 次连载。

北海道教育会的工作人员设有会长 1 人、副会长（有时也代行干事、干事长）1 人、评议员 30 人和理事长 1 人、理事 4 人。牧口常三郎在 1898 年（明治三十一年）3 月被委任为机关杂志的编委，当时的编委有 5 人；5 月，他被选为北海道教育会的评议员；12 月，在北海道教育会举办的“北海道地理”有奖征文活动中，他担任评委；次年 5 月，他被任命为小学校教员乙种（代用教员）检定委员。牧口的实力被充分认可，广得信任，在 1900 年（明治三十三年）4 月的北海道教育会评议员总选举中，以最高票（105 票）当选评议员。

加入北海道教育会后，牧口常三郎在教育理论和实践两方面展开了积极的探索。1901 年（明治三十四年），牧口常三郎担任北海道教育会的干事兼理事，同时任机关杂志的编辑主任。这个时期，牧口常三郎以《北海道教育杂志》为阵地不断发表学术论文。《北海道教育杂志》在 1895 年（明治二十八年）之前的内容严重残缺，因此无法了解准确的情况。但从现存资料可以看出，1895 年至 1901 年（明治二十八年至明治三十四年）的七年间，牧口以每三个月一次的频率，在《北海道教育杂志》上发表了《观念类化作用》、《儿童观念界的一端》、《北海道应用作文教材一例》、《关于作文教授法》、《读书科教案一例》和《使兴趣持久的游戏一种》等 25 篇论文。

家庭事业双丰收

牧口常三郎的夫人胡马。

1895 年（明治二十八年），牧口常三郎与故乡荒浜村中素有名望的牧口熊太郎的女儿胡马一见钟情，两人结为夫妻。这年新郎 24 岁，新娘 19 岁。

婚后第二年，牧口常三郎顺利通过了由文部省统一组织的中等教师资格地理专业考试。1900 年（明治三十三年），他又参加了教育科的资格考试，在通过一个专业考试都很难的情况下，牧口常三郎顺利通过了两个专业。

长期以来，地理学科在教育中受到冷落，教学方法一成不变，仍停留在对山川物产死记硬背上，这让牧口常三郎颇为痛心。1894 年至 1901 年（明治二十七年至明治三十四年）的八年间，牧口边教学边积累，同时酝酿撰写地理学书稿。

1931 年，牧口夫妇合影。

内村鉴三（1861—1930）。

牧口常三郎的学生。

此时，一些思想敏锐的学者已经结合日本本土文化着手对地理学进行研究。地理学家内村鉴三的《地理学考》（后改名《地人论》）和志贺重昂出版的《日本风景论》是其中具有重要意义的研究成果。这些学者和他们的著作成为牧口常三郎地理学研究的巨大动力，是其日后出版《人生地理学》的重要营养源。为了便于地理学的研究和写作，牧口常三郎希望定居在国家的文化中心东京，便于查阅资料并与学者交流，同时希望寻找一位出版商帮助其出版著作。

牧口讲授的地理课在学生中颇有人气。当时还是学生的大阪认为，没有哪门学问像地理那样让他感兴趣。被牧口常三郎的讲课魅力俘虏的大阪在成为四年级学生后，首先就选择了牧口常三郎任教的班级。

牧口常三郎不仅教学成绩突出，他与孩子们在一起时，总是给予他们最无微不至的呵护和关怀。牧口常三郎坚信，教师是学生的倚靠，是学生的庇护神，对学生要像对自己的孩子那样怜爱。北海道的冬天，寒风刺骨，积雪齐腰。每当此时，他就亲自迎送孩子们上学、放学，经常背着小一点的，牵着大一些的，口中不停地大声提醒孩子们“注意脚下！”他还为小手冻得通红的孩子烧热水泡手，经常一边给孩子的手打上肥皂使劲搓洗，一边说“人的手是用得最多的，也最脏，所以一定要经常洗手”。遇上暴风雪的日子，他顶着风雪，背着体弱的孩子跋涉十几里，送他们回家。过往的行人无不为这充满爱的情景而动容。在牧口常三郎的心里，这些衣着破旧的学生透射出最灿烂的生命光辉。

艰难求索

前往东京求发展

1901年（明治三十四年）春，北海道师范学校附小的男生（四年级除外）参加年度野外军训。一次训练演习中，学校给了学生一定的自由时间，并规定晚上9点前回营。学生们公然一致对抗，直至次日返回，军训处于混乱无序的状态。虽然牧口常三郎没有参加这次训练，但因为他当时任男生宿舍的管理员，被认为应对此负责。这件事推动了他辞职前往东京。

明治时期的东京。

离开故土去北海道
波涛为枕数夜不眠
朝夕之间所听到的啊
是呼朋唤友的海鸥和海浪

这年夏天，牧口常三郎带着妻子和两个孩子站在刚刚开出小樽港的汽船甲板上，眺望大海，唱着这首他非常喜爱的北海道民谣《江差追分》，脑海中走马灯似的回想起故乡荒浜村的情景和北海道的生活。他想起了荒浜村的狭小，回味着充满希望的北海道的少年时代。现在，对于无比热爱学问的牧口常三郎，北海道显得狭小了。这个青年的心早已飞到了东京。

牧口常三郎在北海道做了 8 年教师，与师生们结下了难忘的情谊。二年级学生佐佐木季喜次以“送牧口先生序”为题给北海道寻常师范学校同窗会杂志《师友》的投稿中感言：“在我们学校里，多年来以慈母对幼子般深厚情谊照顾我们的牧口先生，离开了学校。在此之际，悲伤油然而生，惜别之情难以自禁。如今送别老师，不得不感到惋惜。”同级的桶谷兼一读了这篇文章后，怀念道：“真是像佐佐木君说的这样，牧口先生是一位优秀的教师。当时学生中有的人行为恶劣，在课堂上喝倒彩、做恶作剧，令教师头疼。但是，一到牧口先生上课时，没有一个人胡闹。这是因为牧口先生讲课有魅力，而且牧口先生身上有一种力量。虽然我只跟着牧口先生学了一年，但印象特别深刻……在学生时代，要说什么是最有趣最高兴的，我认为是在这所学校里跟随善良的教师，在其教导下孜孜不倦地勤奋学习且让人感到无上快乐的那段时光。相反，感到最悲哀的是什么时候呢？那就是在学业未有所成时，失去了一位一直受其陶冶的善良的教师。”

辞掉了教员的工作，失去了主要的经济来源，牧口常三郎在东京只好靠微薄的辞职补助租住房子。在与贫困作斗争的同时，他坚持不懈地进行地理研究。妻子胡马全力支持，常常往返于家和当铺之间，以贴家用。

到东京后不久，牧口常三郎连介绍信也没带就去拜访了文学博士坪井九马三。作为出色的小学教师和北海道教育会干事而活跃于北海道的牧口，在东京这一文化中心可谓默默无闻。出乎意料的是，历史学界的泰斗人物坪井教授热情接待了素昧平生的青年牧口常三郎。

坪井和这个无名青年站在玄关前稍做闲谈，被青年的热忱打动，马上把他请到客厅。牧口常三郎告诉他自己自学时遇到的许多困惑，坪井一一作答。遇上难解的问题时，坪井就翻开书本，两人一起思考。这次的学术讨论持续了很长时间。之后，牧口常三郎多次受教于坪井。但是，他的脚步却渐渐远离了坪井。梦想致力于著书立说的牧口常三郎意识到，仅靠坪井的历史专业知识指导是无法完成自己的研究的。

1902 年（明治三十五年）春，牧口常三郎依旧没带介绍信，敲响了地理学界的权威——志贺重昂的家门。心胸豁达的志贺重昂同样热情相待，他第一眼就喜欢上了这个求知的青年。

志贺重昂（1863—1927）。

《日本风景论》书影。

1894 年出版发行的《日本风景论》。

“先生，无论如何请看看我的稿子！”

牧口常三郎边说边拿出近 2000 页的书稿，厚约 6 寸，数量庞大。志贺重昂将之略一过目就衷心地赞叹不已。

“很了不起啊……这个，你是怎样掌握如此丰富的学问的呢？”

牧口常三郎讲述了自己自工作以来一边执教一边持续研究地理学，为完成心愿辞去教职上京并致力于研究的经历，志贺重昂心中暗暗称赞他的远大志向，并决定尽可能地帮助他。

1903 年（明治三十六年）春，牧口常三郎又一次拜访了因选举运动驻扎三河地方的志贺重昂，请他帮助审校《人生地理学》原稿。志贺重昂不顾工作的繁忙爽快地答应了，花费半年多时间对书稿进行了认真审校。

牧口常三郎是个知恩报恩之人。1937 年（昭和十二年）4 月 2 日，身患败血症的志贺重昂病危。牧口常三郎在家听闻这个消息后，脸色突变，手拿木屐，光着脚急急忙忙来到志贺重昂的病房，开口就问：“先生的病情怎么样了？”“负责这里的医生是哪位？我想把我的血给先生。我就是为这而来的。”牧口常三郎赤脚静静地走到志贺重昂身旁，握着他的手。大概过了一个小时，志贺重昂微微张开眼，看到了眼前的牧口常三郎，他体会到了亲人般的温暖，慢慢地开口道：“哦，牧口君……”牧口常三郎已泣不成声。

第二天，牧口常三郎又来到病房。当被告知自己的血型不相配时，他伤感极了。牧口常三郎一直将志贺重昂当作“学问的师父”来敬慕。出于感恩，他想用自己的血去救心灵相通的志贺重昂。他知道，没有志贺重昂的帮扶和推举，就没有《人生地理学》的出版，而对志贺重昂的恩情自己再也无法回报。三天后，志贺重昂静静地走完了自己的一生，牧口常三郎为之悲痛不已。

处女作《人生地理学》问世

1903年（明治三十六年）10月15日，文会堂的老板有感于牧口常三郎的好学之志，帮助其出版处女作《人生地理学》。

《人生地理学》一出版，就在日本教育界尤其是地理学界引起了极大轰动。书籍出版的当年就再版三次，此后又多次再版。《人生地理学》在师生间广泛流传，并成为中学地理教员参加鉴定考试的必读参考书。

潜心女子教育

1903年（明治三十六年）11月，牧口常三郎在东京高等师范学校同学会——茗溪会任书记员之余，帮助同学会编辑出版《教育》杂志，有时被邀请做地理方面的演讲。为便于教学，他亲自编辑了小册子《教材集录》，除记录不断变化的生活现象外，还收集了报纸杂志中可以用于教学的内容。这不只得到了无暇学习的教师的好评，不少学生在接触这份生动教材后也被唤起了学习兴趣。

牧口常三郎越发感到教育对个人和社会的重要性。他认为，教育能够发掘每个人的

初版《人生地理学》书影。

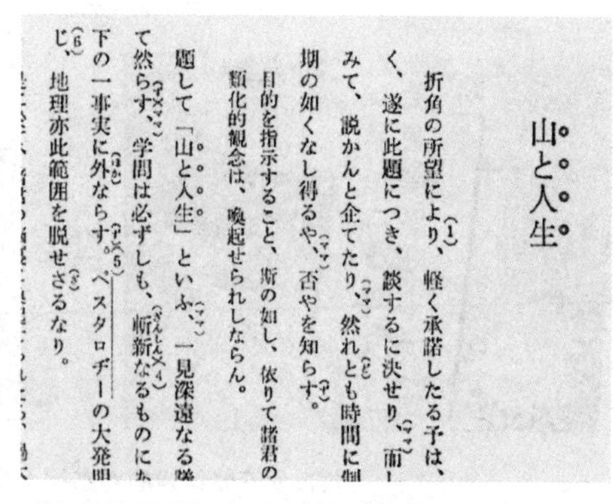

山と人生

折角の所望により、軽く承諾したる予は、
く、遂に此題につき、談するに決せり、而
みて、説かんと企てたり、然れとも時間に
期の如くなし得るや、否やを知らず。
目的を指示すること、斯の如し、依りて諸君の
類化的観念は、喚起せられしならん。
題して「山と人生」といふ、一見深遠なる
て然らず、学問は必ずしも、嶄新なるものに
下の一事実に外ならず。ペスタロヂーの大発
じ、地理亦此範囲を脱せさるなり。

《人生地理学》中《山与人生》的部分内容。

潜能，为受教育者打开幸福之门，社会、学校及家庭一定要尽可能地给孩子提供受教育的机会。然而，社会现实是严峻的，家庭贫困和教育制度的不完善使很多学生被拒于校门之外，特别是女童，很少有人念到初中。女孩即使能够上学，也是为将来做一个所谓的传统型贤妻良母。1904 年（明治三十七年）8 月，日俄军队鏖战正酣，牧口常三郎到东亚女子学校担任讲师，参与创建了一个专为小学毕业女童提供函授教育的组织——大日本高等女学会。为了专心于此，他辞去了茗溪会那份稳定的工作。

大日本高等女学会学制两年，每月讲两次主修课程——高等女学讲义，一次辅修课程——大家庭。讲座的内容不仅包括家政、女红、烹饪等实用技能，还包括历史、地理和英语等，牧口常三郎亲自主讲世界地理。从开设的科目可以看到，牧口常三郎认为女性教育的目的并非培养家庭妇女，而是让她们获得有益的知识和良好的教养。

为提高女性地位，提高其教养，转变女性自身的态度，作为中坚骨干，牧口常三郎积极编写了《高等女学讲义》。这本讲义录，反映了他一心提高女子教育水平的出发点，同时，他希望学生从自己辛苦的自学中取得经验，少走弯路。

牧口常三郎在大日本高等女学会所办杂志《大家庭》的第三卷第一期中写道：“许多女性虽有强烈的向学之心，但因缺乏适当的学习方法而坐失良机。为了这些女性的未来，也为了整个社会的未来，我怎能袖手旁观？”

1907 年（明治四十年）2 月，牧口常三郎主编了面向少女的杂志《日本少女》。为了使《和歌》、《俳句》、《插图》及《读者来信》等专栏质量得到提高，他每周都要出席在各地举行的读者见面会。

同年 12 月，为帮助因贫困而辍学的女童掌握一两门实用技能，牧口常三郎创办了

牧口常三郎编辑的《高等女学讲义》。

牧口常三郎编辑的杂志《大家庭》。

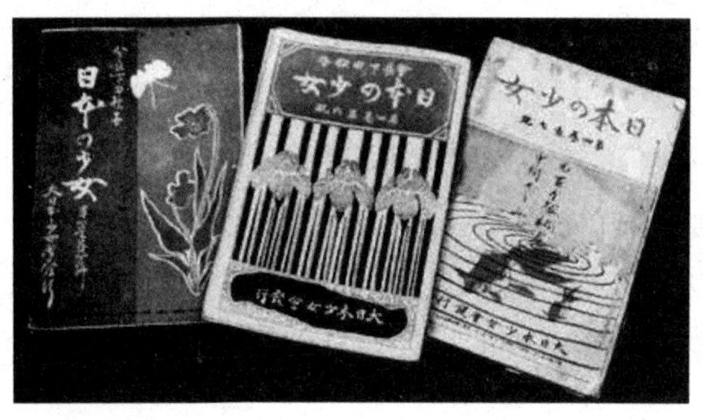

《日本少女》杂志。

1907年，牧口常三郎（中坐者）与《日本少女》热心读者在横滨市畅谈会的合影。

大日本高等女学会的附属学校——女艺教习所。他认为，真正帮助女子并不是单纯地给钱，也不是介绍工作，而是让她们拥有足以自立的技能。教习所开设了家政、缝纫、记账、接生等容易谋生的课程。

日俄战争后，日本经济萧条，大日本高等女学会运转资金严重匮乏，女艺教习所遇到了前所未有的挫折，最终停办。教习所难以为继的直接原因是牧口常三郎经济上的困窘。这时，他已有了百合（长女）、民城（长子）、善治（次子）、泉美（次女）、洋三（三子）五个孩子，没有固定职业的牧口常三郎过着穷困的生活。尽管如此，在他心中，要让每个孩子都能接受教育的信念从来没有动摇过。

宏文学院任教

1904年（明治三十七年）2月至1907年（明治四十年）4月，牧口常三郎来到专门对中国留学生开设的私立补习学校——宏文学院任讲师，讲授著作《人生地理学》。

宏文学院是1902年（明治三十五年）嘉纳治五郎（1860—1938）创办的一所名校。当时东京已有中国留学生约3000人，其中湖南350人，湖北420余人。到1906年（明治三十九年），来日本学习的中国留学生上升到8000多名，平均每5人中就有1人在宏文学院求学，学校的名气可见一斑。来这里就读的中国留学生尽管背景各异，研习科目多样，但胸怀救国救民抱负、满怀爱国激情则是共同的。

宏文学院为近代中国培育了很多人才，他们归国后大都在教育界、革命阵地、科学界等诸多领域发挥中流砥柱之作用。在教育界，北京高等师范学校校长陈宝泉、北京师范大学校长范源镰、武昌师范大学校长张继煦、代理中山大学校长经亨颐、成都大学校长张澜、北京女子高等师范学校校长许寿裳等大学校长皆毕业于此。在革命的阵地，中国民主革命的先行者黄兴、宋教仁、林觉民、陈天华、杨毓麟、刘道一、姚宏业、仇亮、田桐、程潜、程子楷、覃振、白逾桓、吴嵬以及秋瑾等，都是宏文学院的毕业生。陈独秀、鲁迅也曾在这所学校学习。林伯渠和李四光分别于1904年和1905年（明治三十七年和明治三十八年）求学于此。

遗憾的是，宏文学院的历史并不长，仅仅7年而已。1909年（明治四十二年）7月28日，宏文学院完成了历史所赋予的使命，正式停办。

宏文学院至今保留着牧口常三郎在这里教书的照片。他通过讲授《人生地理学》与中国留学生进行交流，并结下了深厚的师生情谊。1907年（明治四十年），宏文学院的留学生回国后将牧口常三郎的讲义进行编译整理，由宁（南京）属学务处、苏（苏州）属学务处编入《江苏师范讲义》第7编出版，传承了老师的衣钵。

牧口常三郎与三儿子的女儿洋子的合影。

牧口常三郎与家人的合影。右为牧口夫人，后排为牧口三子、三女。

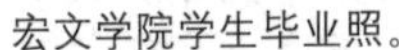
宏文学院学生毕业照。

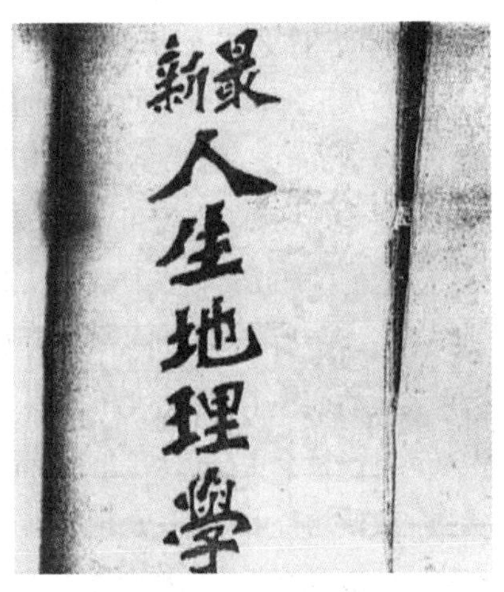

1907 年在中国出版的《最新人生地理学》。

主张社会改良

牧口常三郎来到东京之后，与社会主义者接触较多。

当时，社会主义者多集中在东京、神奈地区，涉及一道、三府、三十八县。自1908年（明治四十一年）6月赤旗事件（1908年6月22日，日本东京的社会主义者举行欢迎出狱同志大会，会后举着红旗唱着革命歌曲走上街头，遭警察镇压，大杉荣等15人被捕并判处死刑，史称“赤旗事件”）发生后，社会主义运动受到当局的强烈打压，甚至连争取普选权的运动都不能使用演说和报纸宣传的形式。牧口常三郎十分理解激进派社会主义者想要一举解决问题的政治追求，但他反对直接的暴力运动，认为社会结构确实有很多缺陷，也确有必要改革，而如果仅仅因此去破坏它，没有一个可代替的建设方案，国民将会经受应仁之乱（1467年日本封

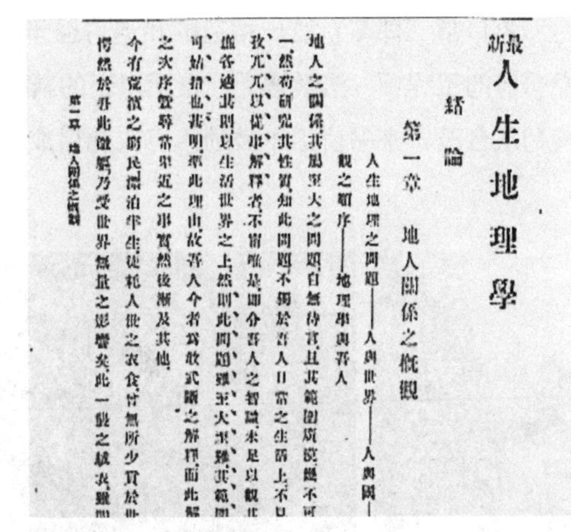
最新人生地理學

緒論

第一章 地人關係之概觀

人生地理之問題——人與世界——人與國—

觀之順序——地理學與吾人

第一章 地人關係之概觀

宏文学院的中国留学生根据牧口的讲义，于1907年在中国出版《最新人生地理学》。此为绪论中部分内容。

建领主间的内乱）后的战国时代那样的苦难。

牧口常三郎希望通过建设性的稳健手段推进改革，认为不涉及国体变革的社会改良运动才最合适。他把国民的幸福作为政治改良的第一要义，认为与打破体制相比，依靠体制内的教育实现社会变革是可行的。对激进派社会主义者而言，牧口常三郎的想法过于温和，受到了他们的严厉批评。牧口常三郎有时穷于回答，但他始终没有改变自己的见解。

日俄战争后，特别是1911年（明治四十四年）镇压社会主义运动的大逆事件后，社会主义运动迎来了“寒冬时代”。但在1916年（大正五年），日本再次掀起了大正民主主义运动，社会主义运动此间重新活跃起来。1918年（大正七年），因战争所引起的通货膨胀致使物价上涨，民众生活困难，日本发生了米骚动，大规模的民众运动相伴而来，给统治阶级以沉重打击。争取普选权运动日渐高涨，终于在1925年（大正十四年）政府制定了《普选法案》。其间，为争取普选权，牧口常三郎与激进派社会主义者多有接触。

活跃的乡土会会员

《人生地理学》的出版，让牧口常三郎一时成为日本教育界的明星，引起了教育部门的重视。1910年（明治四十三年）8月，牧口常三郎受文部省之托，负责编写小学地理教科书。

牧口常三郎与新渡户稻造的相遇得益于《人生地理学》的出版。当时身为日据台湾总督府的工程师、法学博士、农学博士的新渡户稻造在阅读《人生地理学》后深受感动，专门从台湾寄来书信给予鼓励。二人此后成为知己。

大正时代（1912—1926）繁华的东京街道。

1928年2月，日本第一次普选时的情景。

新渡户稻造（1862—1933）。

柳田国男（1875—1962）。

柳田国男出生时的家（现在被迁往位于辻川的松冈家·柳田国男纪念馆）。

《邂逅——柳田国男与牧口常三郎》（鹤见太郎著）书影。

1910年（明治四十三年）12月，新渡户稻造创办了乡土会。此后，牧口常三郎被吸纳为乡土会会员，并和民俗学家柳田国男私交甚笃。牧口常三郎在担任地理教师时，已对乡土和乡土科的研究非常关心。自此，他与乡土研究难舍难分，并进一步深化了乡土研究。

乡土会聚集同仁，是一个从各自立场出发，结合地域与社会的关系，对各地的乡土制度、习俗以及民间传承的现象加以调查研究的民间学术组织。乡土会创办初期共有会员约20人，其中包括伯爵田中阿歌磨，农林官石黑忠笃，理学博士草野后助、中山太郎、前田多门，法学博士尾佐竹猛，农学博士小野武夫、同那须皓、正木助次郎等，他们皆

《乡土会记录》书影。

为从事农政、经济、历史、地理、考古、土俗、宗教、教育等研究的学者、官员和教育者。

据后来出版的《乡土会记录》记载，乡土会每月召开一次，多以新渡户稻造博士的府邸为会场。形式上并不局限于研讨会员的文章，也进行原创性调查研究报告的讨论；不只开例会，也会进行乡野调查研究。乡土会虽然是一个少数人组成的民间团体，但却成为孕育日本民俗学这棵大树的肥沃土壤。

牧口常三郎对乡土会特别关心，柳田国男称其为“精进的会员牧口常三郎君”。与乡土会会员的学术交流，对地方土俗的研讨以及农村的实地勘察等活动，深化并丰富了其对地理学的研究。

1911 年（明治四十四年），牧口常三郎接受农商务省的任命赶赴九州的山村，调查位于山地深处的富后（今大分县）津江村（今前、中、下三村）以及肥后（今熊本县）小国村（今南、北二村）的生活实态，此处有筑后川上游、九州脊柱之称。牧口常三郎向农商务大臣提出了比较各村状况的调查报告书。1915 年（大正四年）任东京市东盛寻常小学首席训导兼校长时，牧口利用暑假时间走访了北海道濑棚郡的濑棚村，并在次年 1 月的乡土会第 37 例会上做了报告。

1918 年（大正七年）8 月在相州内乡村（今神奈川县模湖町）的调查，被认为是首

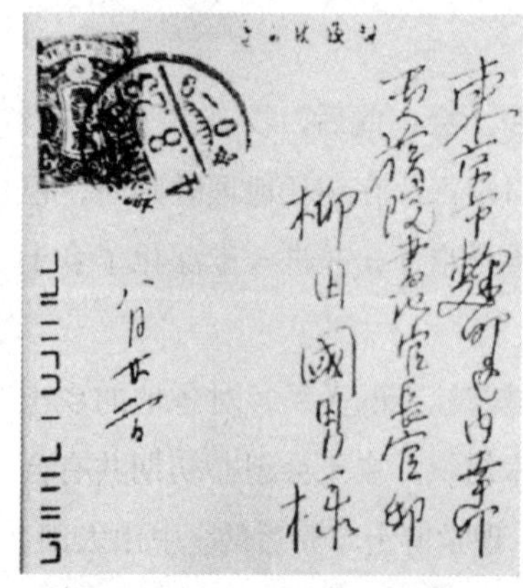
東京市麹町區内幸町
貴族院書記官長官邸
柳田國男様

牧口常三郎写给柳田国男的信。

乡土会成员合影，前排左一为牧口常三郎。

次正式的共同调查。参加此次调查的人员以柳田国男为首，有牧口常三郎、石黑忠笃、田中阿歌磨、小田内通敏、佐藤功一等 12 人。内乡村的长谷川一郎、铃木重光也参与了调查。每个成员都带着自己的调查项目有计划地进行详细的信息采集、研究，牧口常三郎选择的题目是居住在河岸阶地和山谷此类地形复杂的村落中人们的“劳动力”问题。

白天会员们在村里巡视，晚上回到驻地正觉寺，一边喝着啤酒一边讨论一天的成果。有一天，大家在考察了一个家家都沿着穿过部落正中的河流而建的村落后，围绕这条河流是人工修造还是天然有之进行了专门讨论。

参与调查的今和次郎（后任早稻田大学名誉教授）这样描述了当时的情形：“牧口先生对这个问题特别感兴趣。每天都去那个部落，热心调查山地流孔和阶地的状况、河流中部附近的样子等。结果，牧口成了这个问题的肇事者，大家好像都被这个问题拖住了。”他还称赞了牧口常三郎一旦埋头于一个问题，必定探究到底的态度：“我认识到，所谓的研究就是这样的”。

一行人在寺院居室里住了 10 天，住持每天提供的饭菜尽是麦子、南瓜和咸菜，清汤寡水。牧口完全不在意吃的东西，只是埋头研究，一行人都很钦佩他。

不久，乡土会的活动在新渡户稻造去日内瓦之后中断了，牧口常三郎不得已离开了乡土会。他在《作为教学统合中心的乡土科研究》（1912 年）的修订版中对当时的心境述说道：“由于埋头于教育研究，无法积极努力从事乡土研究。”没有比不能专心于自己想做的研究更痛苦的事了，尽管如此，他对研究仍不忍割爱，作为小学校长的他时常造访柳田国男，请教小学教学法，交流国家教育政策。1927 年（昭和二年）新渡户稻造回国后，乡土会重开，牧口时常出席交流活动。

这一时期是牧口常三郎创作总结性著作《创价教育学体系》的阵痛期。在他为小学教育倾入全部灵魂的同时，乡土会的磨砺对其研究的作用亦不言而喻。

1912 年（大正元年）11 月，牧口常三郎推出了他的第二部教育著作——《作为教学统合中心的乡土科研究》（以下简称《乡土科研究》）。

表面上看，此书讲的是乡土的地理研究和地理教育，其实不然。牧口常三郎在《乡土科研究》中主要讲述以小学儿童为对象的教学方法，目的是让儿童在生活的乡土中直接观察自然和社会现象，认识各种关系，了解町和国等基本知识。

关于“乡土科”名称的使用，牧口常三郎经过了反复研究。他认真比对乡土地理科、

《乡土科研究》书影。

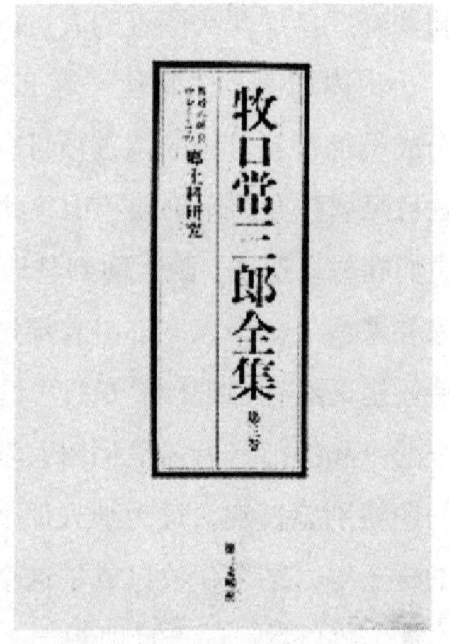

《牧口常三郎全集 · 乡土科研究》书影。

1912 年出版的《乡土科研究》部分目录。

乡土地志科、直观科、公民科等名称，特别比较对照了乡土科、直观科和国民科。他认为，国民科主要用于人文现象的名称，直观科则是从处理教学材料方面来命名的，两者都不适合用来做书名。因为乡土现象包含了自然现象、政治经济等领域，从掌握乡土现象来看，“乡土科”是最合适的。

《乡土科研究》的书名在接受他人的宝贵意见后名称有变，但仍然保持了“乡土科研究”的观点和重点。出版 20 年后，乡土教育在日本渐渐流行起来。

1932 年（昭和七年）海后宗臣、饭田晁三、伏见猛弥合著的《我国的乡土教育及其设施》出版，其中在谈到牧口常三郎的《乡土科研究》时做了如下评论：“这本书如从它的标题所能知道的那样，是对作为统合的中心的教学科目的乡土科进行论述的。可以说是到当时为止的乡土教学诸论的集大成者……”

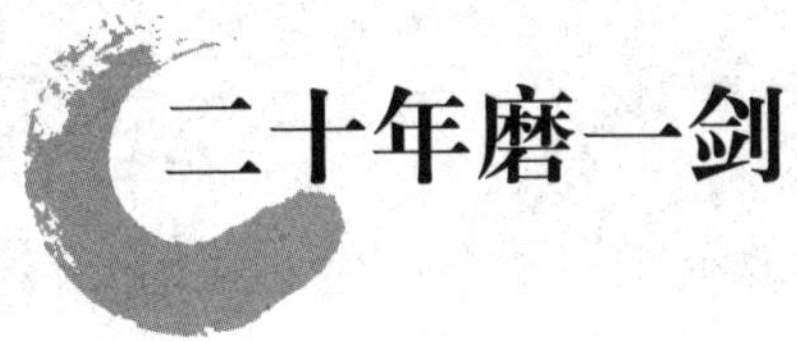

二十年磨一剑

初任小学校长

1909年（明治四十二年）2月至翌年4月，牧口常三郎在东京都富士见寻常小学任首席教导。以1913年（大正二年）4月就任东盛寻常小学校长为开端，至1932年（昭和七年）7月从麻布的新崛寻常小学校长一职退休，牧口常三郎历任六校校长，达21年之久。这20余年的历练，牧口常三郎形成了自己独特的创价教育思想，成为一代教育大师。他历任校长的学校依次为：东盛寻常小学（下设下谷第一夜校）、大正寻常小学（下设大正寻常夜校）、西町寻常小学、三笠寻常小学（下设三笠寻常夜校）、白金寻常小学、新崛寻常小学（下设新崛寻常夜校）。牧口常三郎还兼任其中四所下设夜校的校长。

富士见寻常小学。

夜校就是利用夜间时间，对因经济困难尚未完成义务教育且白天无法就学的孩子按照小学程度实施教育的地方。夜校最初修业期限是2年，1916年（大正五年）5月19日修改为3年；分为6期，每期开课时间为4月1日及10月1日；每次上课时间为2小时（3节课）。夜校采取速成教学法，利用寻常

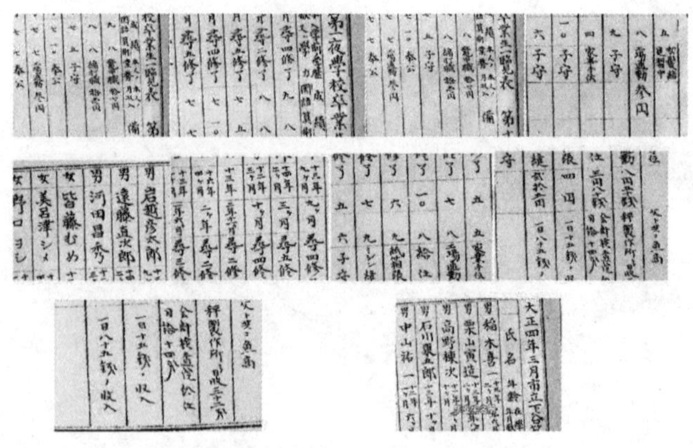

1915 年，下谷第一夜校学生及其白天所从事工作的记录。

牧口常三郎（三排右一）与东盛寻常小学学生合影。

小学的设备，故而减少了大量经费开支。

1913 年（大正二年）4 月，牧口常三郎就任东京下谷区（今台东区）东盛寻常小学的校长，兼下谷第一夜校校长，重新登上了初等教育的舞台。

东盛寻常小学所在地为下谷区龙泉寺町，学生主要来自金杉下町、三之轮町和龙泉寺町。小学附近的居民多是临时工、短工，每天早上都聚集在杂工市场寻找活计。他们大都衣衫褴褛，勉强度日，遇到阴雨连天时，窘迫得连饭都吃不饱。贫寒的生活让孩子首先被期待充当劳力，没有几个家庭能负担起孩子的笔记本和铅笔，更无力在家中置办一架书桌。雨天时，很多孩子因为没有伞而不能来上课。牧口常三郎一门心思想着能为贫困的孩子做点什么，让他们平等地接受教育，他屡屡自掏腰包改善教学环境。为了给学生买到廉价的文具，他同许多文具店商量，以打折后的市场价一次性大量购入，然后千方百计地把文具发放到所有学生手中。

1914 年（大正三年）进入东盛寻常小学就读的狩野政次郎说：“我家很穷，想上学也上不成，迟了两年才入的学。因此，这些文具真是太难得了。”牧口常三郎经常匀出家中的生活费充作教育费用，他在经济上也很不宽裕，一年里多半穿的是同一件黑西服。

东盛寻常小学的校舍是成“コ”字形的陈旧的平房，共 12 间教室。“コ”字的内侧有三尺走廊，人一走起路来会发出吱吱嘎嘎的声响。为了不影响学生上课，牧口常三郎每次都会踮着脚慢慢地在走廊上走，人们常能看到牧口校长踮着脚尖不发出声响走路的样子。

主持大正寻常小学

牧口常三郎在东盛寻常小学当了三年校长。由于素闻其大名，在学生家长的强烈要求下，1916 年（大正五年）5 月，牧口常三郎被调到下谷区人谷町新建的大正寻常小学担任校长。

学校的校舍用地原是屠宰场，周围多为贫民窟，很多家长连自己的名字也不会写。牧口常三郎亲自对每个学生进行家访，在了解学生家庭状况之后再进行教育。

要实践有成效的教育，必须聚集优秀的教师。出于这样的考虑，牧口常三郎首先着手录用优秀教师。牧口拜访的人，北到萨哈林，南至日据台湾。他广泛聚集人才，但如果不是有希望的人，他是不会录用的。本着提高教学质量、不辜负家长期望的宗旨，到任不久的牧口常三郎亲力亲为，动用了所有的社会网络，秉着认真负责、胸怀大志、有一技之长三条录取标准，面向全国招聘了一批德才兼备的教师，重田千藏就是其中之一。

1917 年（大正六年）春，从山形县来的重田千藏刚到东京就去拜访牧口常三郎，接受他的面试。见面时，牧口穿着和服正在打扫堆房，一见重田千藏，马上洗手，并敦请其到客厅就座。在正襟危坐的重田千藏面前悄悄端上茶来的是牧口常三郎窈窕的长女百合。刚刚从乡下来到东京的青年，面对举止优雅的百合很是慌张。牧口平和地问道：“上京的目的是什么？有什么特长？”重田千藏则操着满口东北口音坦率回答。牧口常三郎被他纯真的态度及言谈中可以窥见的青云之志所吸引，录用了他。

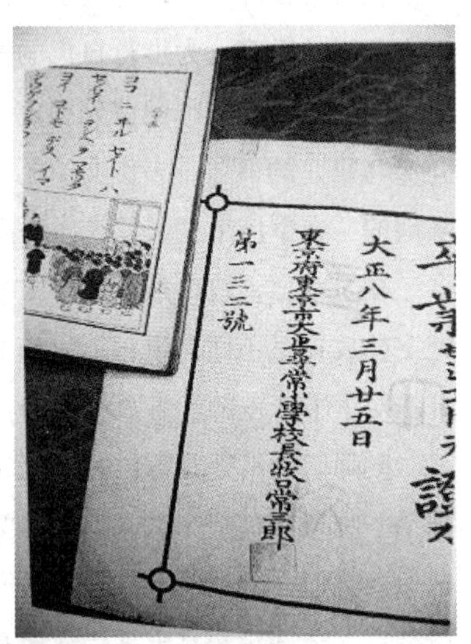

牧口常三郎任大正寻常小学校长时颁发给学生的毕业证书。

牧口常三郎对教师的要求非常严格。这一点从他制定的“校内不得饮酒；同僚间不得借钱，但是与第三者（职员以外的人）借款，若金额不致引起不满的话，不在此限”之类的校规中可略知一二。

牧口常三郎对自己的要求和对他人一样严格。有一次，区政府的教育课长来大正寻常小学视察。

牧口常三郎（前排中间）与大正寻常小学教师合影。

大正寻常小学教职员在运动会后的合影。

牧口常三郎把教育课长请到校长室，热情地请他喝酒。这种情况对牧口常三郎是很少见的，但恰恰被一位教师撞见了。在学校教师会议上，那位教师当众责问牧口常三郎为什么自己破坏校规，牧口立刻进行了深刻反省，低头流着眼泪道歉。这一举止加深了教师们对他的敬意。

在工作中，牧口常三郎非常关心教师的前途。录用的教师中如果有想提升自己业务水平的，他就鼓励他们一边任教，一边上大学的夜校，后来，这些人中有很多成了法官、检察官和律师。

牧口常三郎认为，对孩子倾注热情的教师和全面信赖教育者的家长融为一体，才称得上真正的教育。为推行自己的教育观念，牧口常三郎决定以教学带动科研，以科研促进教学。他带领教师们首先制定了一年的工作目标，特别是确定了由全体教师一年内共同参与研究的课题——作文中的“文型应用主义”，牧口常三郎希望在北海道任教时所实践的“文型应用主义”成为提高学生写作能力的捷径。

在习字上，牧口常三郎将“骨书应用主义”引入教研课题。“骨书应用主义”就是把字帖放在纸下面，用铅笔只描文字的中心部分构建骨架，再在纸上用毛笔写字。这个方法对于书法差的学生很有帮助，他们迅速提高了书法水平。

教师们经常带着各自的研究成果在职员会议上发表议论，有人认为“文型应用主义”抹杀了文章的独特味道，有人认为“骨书应用主义”不能包含写字人的精神，等等。有时争论热烈，常常陷入意见分歧不可收拾的地步。牧口常三郎总是凝神静听，让大家畅所欲言，全部想法亮出来后再做总结，他总能以富有说服力的智慧和诚意打动每一位教师。有位教师说：“没有什么时候比此时更能感受到牧口先生富有说服力的讲话中所流露出的深厚学识，因为就连那些气冲冲的教师事后也没什么纠纷。”

牧口常三郎还经常利用上公开课的机会提高教师的教学水平，并且做到率先垂范，他自己的优质教学也深得教师们的信服。只要是他的公开课，教室里常常人满为患，不少周边学校的校长、教师也前来观摩。

1918 年（大正七年）秋，以文学博士沢柳政太郎为会长的教育教学研究会专门邀请牧口常三郎讲了一堂地理公开课。听课者除了沢柳政太郎、东京市教育课长守屋恒三郎、下谷区长户野周次郎、东京府立第一高等女学校校长市川源三、日本女子大学教授河野文学士、东京高师训导等人外，还有来自各区的教师和数名记者。此次公开课的题目是日据“台湾地理”，牧口常三郎一边指着地图，一边讲解台湾的位置、地形、地质、气候和居民状况等。孩子们听课的兴趣很浓，一堂课下来，不知不觉就在头脑中记住了台湾的自然环境和产业、政治文化的关系，等等。

沢柳政太郎（1865—1927）。

沢柳政太郎惊叹于这次精彩的授课，极力称赞：“我十多年间听过全国各个学校的实际授课，但从未见过像今天这样满意的讲课，不精通地理学的人是讲不出这样的课的。”沢柳为牧口常三郎地理学的深厚造诣所折服。牧口常三郎则将授课的成功归因于方法，认为任何教师只要掌握了正确的教学方法，都可以达到同样精彩的效果，沢柳政太郎表示赞同。

牧口常三郎在教学实践中发现，学校教育与社会生活之间存在着巨大的鸿沟，各科教学的知识零散不统合，丢弃了基础知识教育，进行的是细枝末节的填鸭式教学。基于此，他立志改良地理教学，早在两年前的 1916 年（大正五年）9 月，牧口常三郎就撰写了《地理教学方法及内容的研究》，对地理教学法做了具体阐述。本书由当时日本知名度极高的目黑书店出版。

大正寻常小学的教师们对参观者的极力赞赏自然非常高兴，公开课结束后，他们举行了小规模的茶话会。牧口常三郎平时的表情很严肃，但让大家意外的是，他在茶话会上兴致勃勃地唱起了拿手歌《江差追分》。

得罪权贵，平调西町寻常小学

随着时间的推移，牧口常三郎的教育理念逐步得到实现。然而在大正寻常小学任职三年后，突然出现了排斥他的异动，原因是当地势力人物令牧口常三郎对自己的孩子给予特别关照被拒。在当时的日本，校长在地方实权人物面前没有任何反抗的力量，甚至有的校长仅仅因为没有顺从于权贵就被调职。

大正寻常小学教师重田千藏在1965年（昭和四十年）6月10日发表的《笔杆广场》一文中细致地描写了当时的情形：“突然就有牧口校长转任的谣言传出来。职员大为吃惊，一同向市长提出辞呈，发起留任运动。先是去西町御殿拜访了掌握东京市政的高桥义信并向其请愿，但他含糊不清地敷衍了事。……大家一夜未眠讨论善后政策，第二天一早就去岩田区长的私宅申诉，得到的回答只是说会充分考虑。”精于权术的高桥义信把持着东京市政，被称为“暗地里的东京市长”。他的住所因为极其豪华被称为西町御殿。高桥希望把刚直的牧口常三郎撵走，寻找迎合自己的人做校长，因此策划了排斥牧口常三郎的活动。

家长们决定“同盟休校”，运动持续了三天，许多家长在街头发表支持牧口常三郎的演讲。看到事件扩大到无法收拾的地步，东京府议会议长匆忙出面调停，找了个“已经发布了转任西町寻常小学的委任令，实在没有办法”的理由息事宁人，大家只好哭着

1920年，西町寻常小学毕业生合影，二排左七为牧口常三郎。

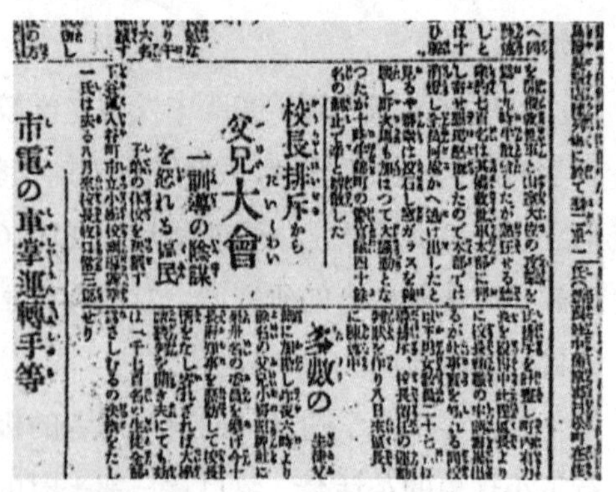

校長排斥から
父兄大會
一部輩の陰謀を怒れる區民
多數の
市電の車掌運轉手等

1920年12月11日，《朝日新闻》中关于牧口常三郎受到排挤的报道。

1918 年，户田城圣（后排中）与学生合影。

1919 年，户田城圣（后排右）与小学同学合影。

1922 年的户田城圣。

1923 年的户田城圣。

勉强答应了。

有大约 1500 人参加了牧口常三郎离开大正寻常小学的送别会。牧口常三郎像从前一样弯着腰站上了讲台，用平稳的语气致辞："今天就要离别与大家曾经游戏、学习的这所学校……"话未说完，最前排的一年级女学生哇地哭了，在场的许多学生、家长、教师都抽泣起来，哭声淹没了牧口常三郎后来的讲话。

1919 年（大正八年），牧口常三郎被调到西町寻常小学当校长。4 月的一天，一位身着奇装异服的高个青年，手持一封介绍信，来到牧口常三郎家中。他自称祖籍北海道，叫户田甚一（即户田城圣）。在滔滔不绝地介绍了自己的经历和对教育的看法后，他真诚地恳求道："先生，请一定要给我一个机会。我虽不才，但一定会成功的！"一直默默倾听的牧口也很坦诚地指出："以你的个性来看，要成功的话，就能建千秋伟业；要失败的话，就永世不得翻身。"他觉得这个年轻人身上有种与众不同的气质，当即答应聘户田为代课教师。

这一年，牧口常三郎 48 岁，户田城圣 20 岁。这次相遇把两人的命运紧紧地拴到了一起。

再遭排挤，来到三笠寻常小学

西町寻常小学位于高桥义信的老家，高桥为报复牧口常三郎，暗中将他调到自己的

户田城圣撰写的小说《人间革命》书影。

辖区，以便控制。西町寻常小学的历任校长就任时都要拜访高桥，厌恶阿谀的牧口常三郎一如既往地不屈服于权力，他并没有前往西町御殿。高桥怒火中烧，决定将牧口常三郎逼到无法发挥校长能力的地方。到任仅仅3个月，又出现了牧口常三郎要转任三笠寻常小学的传言。

听到这个消息，十多名教师为他的留任彻夜奔走。这次运动中，就有崇拜牧口常三郎的人格、被其教育理念吸引的户田城圣。户田在小说《人间革命》中，记述了当时的情形："我自己虽然也只是个末席教员，但也被允许参加这次运动，在倾盆大雨中，为拜访先生而被淋得浑身湿透。"

尽管家长和教职员奋力疾呼，甚至最后发生了联合罢课，但还是没有改变事情的结果。牧口常三郎到任半年后被调到三笠寻常小学。

1901年（明治三十四年），立足于教育机会均等的宗旨，日本政府专为东京的下谷、浅草、四谷、芝、本所、深川等地区的贫困孩子设立了多所小学，给予先免除学费，再供给一切学习用品等优惠。三笠寻常小学就是这样一所专门面向赤贫家庭孩子的特殊小学，在学校里，教师兼职为学生理发，下雨时备有雨伞借给学生，草鞋也由学校预备。

关于贫困家庭的生活状况，时为灵岸寻常小学校长的椎名龙德在其著作《病态社会》中有详细的描写。他对贫困人口的雨伞持有数量进行了调查，结果表明，500人中没有雨伞的就有140人。自1909年（明治四十二年）从青山师范毕业后，椎名龙德对贫民教育倾注了全部心血，《病态社会》一书就是根据十多年参与贫民家庭教育的生动实践写成的。

为了让白天不能上学的孩子学到知识，政府设立了三笠寻常夜校，牧口常三郎兼任夜校校长。牧口一家随着他的就任从目白搬到了三笠寻常小学内的宿舍。不久，户田城圣也调到了牧口所在的三笠寻常小学。

无论走到哪里，牧口常三郎都将关爱带去。一次，他像往常一样腋下夹着书本前往目黑车站乘车回家，途中遇见了一位女生。小女孩因为木屐带子断了，走起路来非常不方便，发现牧口校长走来，很是困窘。看到这，牧口常三郎边说着“哎呀，哎呀”边蹲了下来，迅速为她换了一副自己备用的木屐带子，帮她系好后用手拍着女孩的小脑袋说：“怎么样，漂亮吧？”牧口常三郎还经常备一些学习用品，甚至亲自为学生理发，有时还让孩子们在学校的宿舍内洗澡。

在三笠寻常小学，牧口常三郎潜心实施着惠泽寒门的教育。为了让孩子们坚持来上学，他像以前一样，挨家挨户去家访，不厌其烦地讲述教育的重要性，争取家长的理解和支持。学校的上课时间分为上午和下午两个时间段，许多学生来校时忘记带便当，他就自己掏钱为他们购买豆饼和饭团。为了资助那些特别贫困的学生，牧口节衣缩食，为他们供应三餐并准备午后零食。这一举动比日本实施学校供应饮食制度要早 13 年，可以说牧口常三郎是日本学校供应饮食制度的先驱。

经过牧口常三郎和教师们的努力，学生中的沙眼和皮肤病等疾病减少了许多，不当行为也变少了，家长的信任度也渐渐提高。

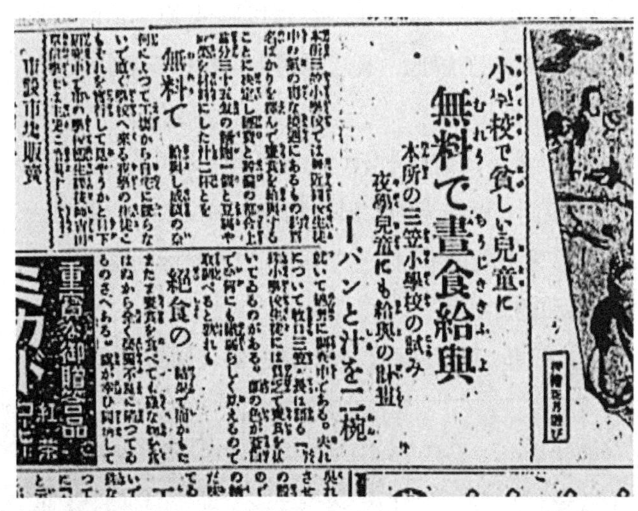
小学校で貧しい児童に
無料で晝食給與
本所の三笠小學校の試み
夜學兒童にも給與の計畫
パンと汁を二椀

無料て
絶食の

《东京读卖新闻》对牧口常三郎任三笠寻常小学校长时为家庭贫困的学生免费提供午餐的报道。

牧口常三郎任白金寻常小学校长时学校的门柱。

牧口常三郎任白金寻常小学校长时使用的学校日志。

1923 年，户田城圣创办的时习学馆开馆仪式。

在白金寻常小学度过十年黄金岁月

不懈的努力让牧口常三郎的威望越来越高，名气也越来越大，不仅在教育界和地理学界，在政界也有许多朋友。不过，在大正、西町寻常小学发生过的排斥事件又在三笠发生了。就在要对牧口常三郎发出免职令时，担任后藤新平东京市长第三助理的前田多门得知此事，马上向市教育课长做了汇报。教育课长被告知“牧口君是个很有前途的校长，请多关照他。他同我是二十多年的朋友，我很了解他，我可以用人格担保”后，改变了主意，并帮助牧口升迁。

前田多门和牧口常三郎同为乡土会成员，他们在学术讨论和实地调查中建立了深厚的友情。如果牧口常三郎早早拜托前田多门、民政党的太田政弘等有深交的权力者的话，就不会有那两次调任事件，但牧口常三郎总是刚正不阿，一身正气。也正是因为这种个性，他才深得学生和家长的爱戴，深受同事和朋友的信任。

在前田多门的帮助下，1922 年（大正十一年）4 月，牧口常三郎被调到白金寻常小学担任校长。

白金寻常小学创立于 1876 年（明治九年）1 月 15 日，最初叫做白金村寻常小学，有学生 30 余名。1903 年（明治三十六年）2 月改名为白金寻常小学。随着学生的增加，1927 年（昭和二年）5 月 1 日得以扩建。校舍是钢筋混凝土的三层建筑，拥有普通教室

1928 年，户田城圣（前排左六）与时习学馆女生合影。

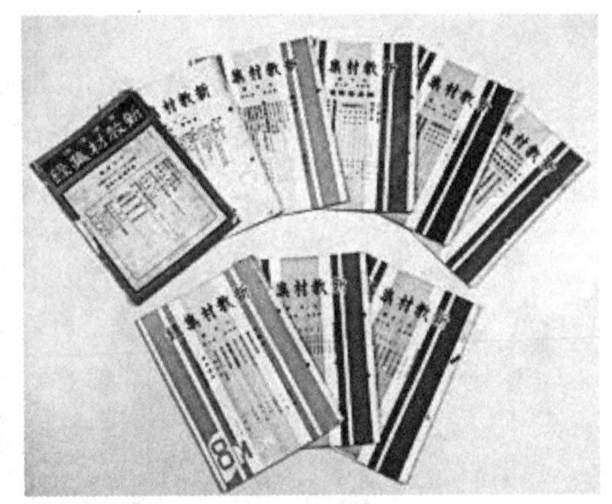
1932 年，户田城圣编辑出版的助学读物。

32 间，学校配有蒸汽暖房、净化设置等最新设备，还设置了游泳池、淋浴间、儿童图书室、家务实习室，校园环境在当时的日本是一流的。牧口常三郎到白金寻常小学上任时已 51 岁，他在这里度过了十年的黄金教育生涯。相比于在东盛、西町、三笠等寻常小学的短暂任职，牧口常三郎在这十年中更深刻地实践了自己的教育信仰。

牧口常三郎调任白金寻常小学的同时，户田城圣亲眼看到恩师不断遭贬的经历而对自己的处境感到担忧，1922 年（大正十一年）底，他辞去三笠寻常小学教职，至八千代生命保险公司做了一名外勤人员。后来，牧口常三郎劝他开办一所补习学校，并帮他在白金寻常小学附近的目黑幼儿园租了一间教室，这家名为时习学馆的补习学校成为户田城圣新事业的开端。

1922 年，牧口常三郎（前排中间）与白金寻常小学学生合影。

1925 年，牧口常三郎（前排左六）与白金寻常小学学生合影。

1930 年，牧口常三郎（二排左五）与白金寻常小学女生合影。

牧口常三郎（前排右二）与学生合影。

牧口常三郎（前排左七）与白金寻常小学学生合影。

白金小学现址。

牧口常三郎处处严于律己，为人师表。他提倡“教师必须先学一步”，首先以自己的实践予以带动。开设一门新课时，牧口常三郎总会购买并阅读相关的最新读物。书读完以后一定会放在任课教师的书桌上，期待他们读完后与自己共同探讨。剪下报刊中的好文章、记下别人说的有益的话，不管想法多么微不足道，他从不放过学习知识的机会。

牧口常三郎善于学习，乐于思考。教师们发现，牧口常三郎手里经常握着德国哲学家李凯尔特的历史哲学书以及其他方面的哲学书或刊物。他曾对一位名叫漥田正隆的教师说：“不要被书读了，读了书要好好思考，只有读后思考了才能成为自己的东西。”坐在桌前沉思也是牧口常三郎的习惯，有时他会像突然想起了什么似的，在用过了的纸

1928 年牧口常三郎（后排中间）与学生们远足时的合影。

张背面飞快地将所思所想写下来。这些积累的素材，成为他写作教育专著《创价教育学体系》的重要来源。

1966 年（昭和四十一年）3 月发行的白金寻常小学校刊《白金》90 周年纪念号中，牧口常三郎引用了儒家经典《大学》之语“苟日新，日日新，又日新”，用以勉励学生。牧口常三郎不仅决意自我反省，也希望师生们以日日新的决心前进。

办学水平的高低关键在教师，这是牧口常三郎一贯的看法。牧口在白金寻常小学也像在大正寻常小学那样，广求具有教育热情、有能力的人才，所录用的教师来自全国各地。他非常注重教师的科研能力，将教师素质的提高作为提高教育质量的突破口。牧口常三郎经常告诫教师们做到所学无类、知识渊博，同时时刻注意总结教学中正反两方面的经验教训。每周一放学后，他会利用 1 到 1 个半小时的时间集中全体教师，开展教学大练兵活动，组织教师们系统地学习教育理论专著，并就研究课题发表意见，有时会请专家

1923 年关东大地震后的废墟。

白金寻常小学学生创作的赈灾图画。

学者来做报告或组织学术交流。牧口常三郎自己也会发表演讲，以寻求大家的批评和意见。

“以孩子一生幸福为目的”是牧口常三郎的教育理念，在白金寻常小学，他充分实践着这一理念。自 1893 年（明治二十六年）做训导以来，他就一直主张教育内容要与孩子的实际生活一体化，教育的根本意义在于培养孩子的直观力、感觉和价值创造能力。这些在他的《人生地理学》、《作为教学统合中心的乡土科研究》和《地理教学方法及内容的研究》等著作中都进行了充分阐述。牧口常三郎与青年教师交流心得体会，一点一滴积累教育经验，不断深化自己的教育思想，他的创价教育思想得以成熟并形成理论体系。

来到白金寻常小学后，牧口常三郎对以往所探索的教学法进行了总结和发展，形成了一套非常实用的“骨架临摹和语法实用主义”教学法，并与教师们共同实践于课堂。

实践表明，在采用“骨架临摹和语法实用主义”教学法的班级，学生的作文和书法水平都提高得很快，这种教学方法得到了师生们的认同。然而推广之初难免遭遇阻力，特别是在爱好文学的教师间讨论得很热烈。有位教师曾在《白金》创刊 60 周年纪念号中以“十年一昔”为题写下了对当时的回忆：“当时牧口校长在作文中的文型主义常常成为讨论对象，从变得昏暗的教室转移到有电灯的职员室再讨论几个小时，而且他还笑着说：啊，已经到这个时间了，怎么样，还是明天再继续吧。”对于持反对意见的教师，牧口常三郎也很尊重，始终将是否在课堂上运用的主动权完全交给教师。

牧口常三郎坚持将教书与育人紧密结合，他要求学生不要为书本而书本、为学习而学习，而要紧密关注国家和社会。为此，他非常注意利用鲜活的社会生活来教育学生，提高学生的思想素质。

1923 年（大正十二年）9 月 1 日上午，关东南部地区发生了里氏 7.9 级的大地震，死亡 10 万多人，毁坏房屋约 50 万间，近 340 万人沦为难民，其中一半以上的受害者来自人口稠密的东京。幸运的是，白金寻常小学免于受难。牧口常三郎得知自己曾任职过的学校除了富士见、大正两校外，余者全被烧毁的消息后，痛心不已。他对地震救援很快作出了积极响应，呼吁白金寻常小学的六年级学生和毕业生前去救灾，并组成了一个由 250 名学生参加的小善会救灾团。

小善会的学生在救灾中，学到了书本里学不到的知识——关心和奉献。一名六年级的女生在作文《孩子的眼睛》中留下了这样的文字：“去年 9 月 1 日的大地震，仅仅回想起来就让人毛骨悚然。给度过那场大火九死一生的可怜人们送去略表寸心的物品，这是校长先生宝贵的盛情。为此，白金寻常小学六年级全体学生组成了小善会，决定两两分组围绕各个地方转。我和星野君按顺序一家一家地边走边问：我来自白金寻常小学，如果有什么不用的东西就请为了灾民捐出来吧。刚开始总觉得有点不好意思，但一想到这是为了可怜的人们就觉得没什么了。”

对于牧口常三郎组织小学生救灾这样的善意行为，校长委员会以及市当局都认为他

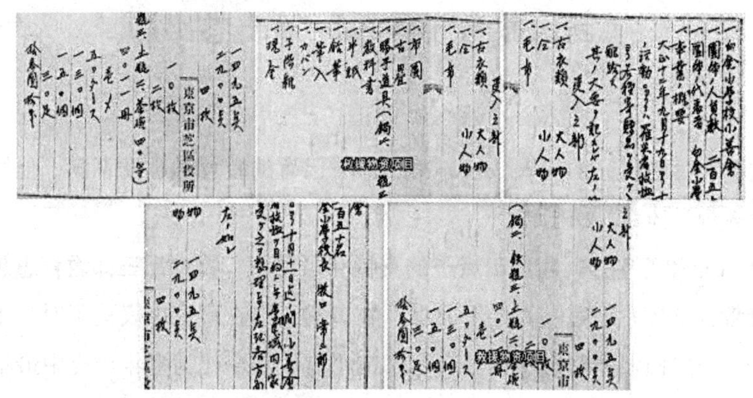

牧口常三郎组织小学生援助关东大地震时的物资清单。

初版《创价教育学体系》书影。

1930—1934 年出版的《创价教育学体系》书影。

1931 年的户田城圣。

“专断独行”而冷眼旁观，但是牧口常三郎不理会这些人的非议，始终坚定自己的教育实践。

为了提高家长的积极性，取得他们的支持，牧口常三郎对家长联谊协会的人员进行了改组，有权有势者一手遮天的联谊会变成了大家共同参与的组织。此外，为了加强学校和家长的联系，牧口常三郎创办了学校内部刊物《白金》。师生、家长在这里畅所欲言，广泛互动。

牧口常三郎的不懈努力，教师的刻苦钻研，学生参与的独特教育实践，家长的广泛支持，极大改善了学校的教育环境，白金寻常小学成为当时东京排名前五的名校。随着学校身价日益高涨，学生数很快达到了 1000 多人，成为区内屈指可数的大校。

《创价教育学体系》第一卷出版

随着教学、管理研究的深入，牧口常三郎对已有的教育学越发不满，他倾注心血完成了《创价教育学体系》的创作。

1930 年（昭和五年），在户田城圣的支持和帮助下，牧口常三郎教育思想和实践的结晶《创价教育学体系》第一卷终于面世。牧口常三郎在序言中表达了对户田城圣的感激之情：“……户田城圣君自由经营时习学馆小有成功，作为多年至交中最早的理解者之一，给予我信心，他同情我苦闷的境遇，决心为本学说的完成和普及耗费资财。现在的情形是主客颠倒，像是我被他拖着做这番事业一样。”

牧口常三郎曾计划以总论 4 卷、分论 8 卷，共计 12 卷的数量出版《创价教育学体系》。其中，第二、三、四卷分别于 1931 年、1932 年和 1934 年（昭和六、七、九年）出版，第五卷《道德教育研究》、第六卷《作文教学研究》、第七卷《读法 · 写法研究》、第八卷《地理科教学研究》、第九卷《乡土科理论》、第十卷《算术科教学研究》、第十一卷《理科教学研究》、第十二卷《历史科教学研究》的写作，由于日后终日忙于弘布佛法的社会活动，只拟订了标题，未能成书。

结束小学教育生涯

白金寻常小学声名鹊起，想谋取校长职位的人跃跃欲试。牧口常三郎大力倡导的“小学校长录用考试”和“取消视学”也惹怒了督学等既得利益者，一场在所难免的危机又来临了。

然而，鉴于牧口常三郎优秀的人格和工作业绩，教育部门很难找到解雇他的充分理由。但阴谋势力最终还是通过转任令的方式，把牧口常三郎撵到了已被决定一年后废止的麻布区（今港区）新崛寻常小学。1931 年（昭和六年）4 月，牧口常三郎被调到麻布新崛寻常小学任校长，兼任该校夜校校长。

新崛寻常小学一直到大正末期都被叫做绝江寻常小学，是以贫困儿童为对象的特殊小学，昭和初期始成为寻常小学。女教师浅野静江曾回忆说：“牧口校长对年轻教师一视同仁，任何问题都会仔细聆听，不断地让每个教师根据自己的设想进行教学，出了问题他会负全部责任。”牧口常三郎延续着他受人敬仰的校长的风格。

在新崛寻常小学的一年时光眨眼间过去了。1932年(昭和七年)7月7日，新崛寻常小学废校。热爱教育，却从不屈服于权力的牧口常三郎告别了二十余年的校长生活，永远离开了他心爱的学校教育岗位。

牧口常三郎使用过的钢笔和任新崛寻常小学校长时的名片。

西方大师的影响

钟情康德

牧口常三郎与同时代的日本国民一样，在青少年时期的教育经历中，充分享受着国家吸纳外来文明而形成的成果。担任教职后，牧口常三郎更是博览群书，深受欧美哲学家、思想家和教育家的影响。

1896年（明治二十九年），牧口常三郎发表的第一篇论文《观念类化作用》就与近代德国著名哲学家康德有缘。文中“观念类化”一词深受康德影响，这个词是由受康德代表作《纯粹理性批判》影响的德国教育学家赫尔巴特率先使用的。1903年（明治三十六年），牧口常三郎在茗溪会（东京高等师范学校校友会）主办的《教育》杂志担任发行负责人兼编辑，期间他非常注意推荐有关康德的文章。次年，哲学家朝永三十郎（1965年诺贝尔物理学奖获得者朝永振一郎之父）在该杂志第59、61期上，连续发表了《康德以后唯心主义的发展》的论文。

此后，牧口常三郎对康德的著作潜心研习，直至生命结束前夕，他还在反复体会康德的哲学。牧口常三郎从狱中寄给家人的最后一张明信片上写着“这几日一直在反复体会康德的哲学……”在寒冷狭窄的单人牢房里，牧口常三郎虽孑然一身，但仍有康德的著作陪伴他平静地走完人生的最后一程。

一定程度上，康德“真、善、美”的哲学是牧口常三郎所创“利、善、美”价值观

康德（1724—1804）。

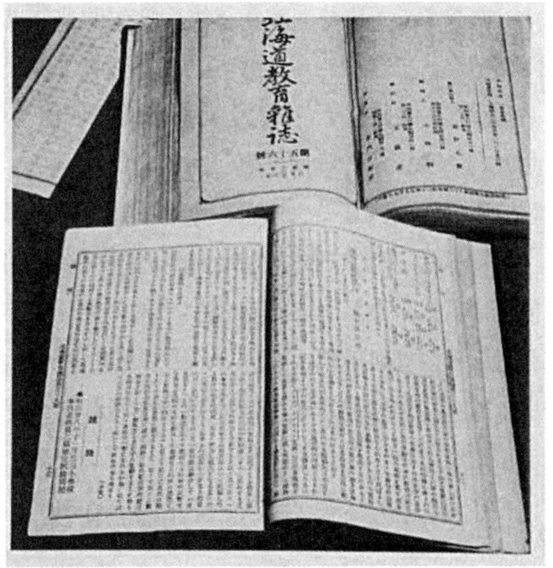

牧口常三郎在《北海道教育杂志》上发表的第一篇文章《观念类化作用》。

的基础；康德的宇宙观、人生观、和平观、宗教观等，或多或少地在牧口常三郎的思想中打上了烙印。康德关于“所谓人的价值，并不是得到了什么，而是做了什么”的思想便是牧口常三郎创价教育思想的哲学源头。

康德一生主张人权至上和建设和平世界，坚持以人为本。他认为，为了捍卫人权应建立“诸国家的联合体”，由此带来“永久和平”，这就是“政治的至善”。康德认同佛法，在他看来，佛法的宇宙观是“宇宙即我”“我即宇宙”，佛法着眼于“外在宇宙”和“内在宇宙”的一体性、关联性；宇宙是生（生成）住（安定）坏（毁灭）空（不存在）这一循环的周而复始；佛法是慈悲与调和的法，是普照和平与幸福之光的源泉。康德对佛法的认同无疑为牧口常三郎坚定自己的信仰增添了力量——身陷囹圄，但为了人类永久和平的心愿，不屈不挠，不惜粉身碎骨，在白色恐怖中固守一方净土。

康德认为，人类社会是一部善恶激烈交锋的历史，宗教应该为和平采取“善的行动”，否则就是纸上谈兵，毫无意义。“为获得善的胜利，为了善的实现和弘扬，有必要建立一个伦理共同体。在勇气之旗下，人们结合在一起，与恶作卓绝的斗争。”康德的这种和平观，正是牧口常三郎一生致力于创价教育和“大善政治”并为之牺牲生命的精神动力。

在教学上，康德非常注意培养学生的独立思考能力。此外，针对很多学者抱残守缺、闭门造车，把学问当成一种“满足虚荣的工具”的现象，康德明确指出：学问并不止于“知识”，而是止于“智慧”。有了智慧才能活用“知识”，才不会对“人必须要面对”的问题束手无策；学问的真正意义是为了他人；学问的终极目标是为了人类的福祉。从牧口常三郎的教育思想来看，康德的这些教育思想得到了他的认同，而且为其所吸收。

牧口常三郎之所以在《创价教育学体系》中详尽阐释 “价值论”，不仅因为他希望理清困扰日本教育界那盘根错节的问题，使孩子们获得幸福，更为重要的是他敏锐地洞察到社会危机的根本原因。在他的思想受到康德思想启迪后，希望通过对“价值”、“人生目的”以及如何创造价值等根本性问题的关注和思考，让日本乃至世界受益。

认同杜威

杜威（1859—1952）。

约翰·杜威是20世纪美国著名的实用主义哲学家和教育家。杜威的现代教育思想，尤其是他提出的尊重儿童个性、重视教育与生活的沟通、注重学校与社会的联系等一系列主张，是牧口常三郎教育思想形成和发展的重要来源。

在日本的现代化进程中，伴随着西方先进文化和教育思想的传入，杜威的教育思想也漂洋过海进入日本，并引起了日本学者的极大兴趣。杜威对日本教育最直接的影响莫过于在日本的演讲活动。

1919年（大正八年）1月22日，杜威夫妇乘坐“春秋丸”号客轮离开美国赴日，于2月9日上午抵达日本著名的海港城市横滨，随后开始了紧锣密鼓的演讲。据统计，杜威对东京500多所小学的教师和早稻田大学师生做了演讲。之后，杜威离开东京，去京都和大阪访问、演讲，并受到政府官员的欢迎。杜威此次访日时间虽然很短，然而他的教育思想很快在日本得到传播。

没有资料表明杜威在日本两个半月的讲学中与牧口常三郎相见。长期从事校长工作，并且善于学习、思想敏锐的牧口常三郎，在杜威的思想登上日本岛后，与其他的日本学者一样，对这位国际教育大师给予了极大的关注。

其实，牧口常三郎与杜威结缘已久。在《观念类化作用》这篇公开发表的论文中，牧口首次论及杜威。他在引用美国教育学家德加谟（Charles De Garmo）（1849—1934）的著作《新式教学法》时，对其中所述杜威《心理学》的一段话颇有共鸣，并称杜威是费尔巴特主义心理学家。牧口常三郎高度认同杜威的生活教育理论，他在《创价教育学体系》第一卷第二篇“教育目的论”、第二章“作为教育目的的幸福”的开场白中，就教育目的与生活的关系进行了透彻的阐述，并明确指出：“教育的目的在于使文化生活圆满达成。能够适当表达此含义的词语，除了幸福之外无他。根据数十年的经验和思索，我深信幸福是最切实、坦率地表达人们所渴望的人生目的之语汇。教育是要使受教者获得幸福的生活，应以受教者本身的生活为教育活动的对象，而非教育人员或父母为了自己的生活欲望而把受教者当作手段。受教者的成长，必须始终包含在幸福生活中。”他认为，杜威所说的“以生活为目的，在生活的情境里，透过生活去达成”，值得教育人员深省。对此，他直至晚年初衷不改，在1942年（昭和十七年）举行的创价教育学会大会上的发言中，他依然认为：“生活法不去生活的话是很难理解的。美国实用主义哲学家杜威的生活法就是在生活中通过生活才能理解的。这是铁的真理，不容被怀疑。”

牧口常三郎对杜威的《学校与社会》和《民主主义与教育》等译著多有研读，且体会颇深。他在《创价教育学体系》中对杜威所提出的教师要高度关注自身的教育方法和态度充分肯定：“改革教育方法更重要的是必须改革态度……只传授教育材料的知识，教育自然就能成功的话，这样的时代已经过去了。……我们可以进一步想一想，被委托去指导儿童获取知识的教育工作者，在教别人方法之前，首先自己必须深谙教育方法。因此，这种研究方法的关键取决于教师的态度，必须当作省察的问题来对待。这也是美国教育家杜威在他的著作中所强调的一点。”此外，在牧口常三郎对社会、学校与社会的关系，以及民主等诸多方面的看法中，都可以看到他从杜威教育思想中所汲取的营养。

佛教情缘

与佛法结缘

1928 年（昭和三年）是牧口常三郎人生的转折点，如他日后所说，人生真正意义上的“千锤百炼”，是在邂逅日莲正宗之后。

1928 年（昭和三年）6 月，57 岁的白金寻常小学校长牧口常三郎遇到了日莲正宗的在家信徒、时任目白学校校长的三谷素启。三谷素启对《法华经》和日莲的思想很有研究，曾于 1929 年（昭和四年）秋出版了《立正安国论精释》一书。

一天下午，结束了当天课程的孩子们从刚建好的校舍里蜂拥而出。这时，一位衣着华丽的男子手里提着东西，径直走进了教师办公室，在牧口常三郎面前恭敬地低下头，慢慢放下东西，在眼前摊开来，一看便知，他是专门卖教材的推销员。一般情况下，大部分教师都会害怕这些像地痞一样品格恶劣的推销员骚扰，即使没有需要也会买一些。但毫不畏惧的牧口常三郎不然，从圣教新闻社编写的《牧口常三郎》中的一段文字就可以看到这一点。

“这些东西全都不合适，不需要的，请回吧。”牧口的语气平静而又严厉。

“喂！校长先生，说这样的话好吗？”这名男子靠在校长的书桌上，找茬儿纠缠着。

> “没什么好与不好的，不需要的话就不买，就这样。”牧口说话的同时，眼睛直视前方，像是要射入男子眼睛里似的。牧口的威严，不由得让人联想起古代武士那样的风格。他那冷静沉着的眼神炯炯有神，有着不允许一丝邪恶的严峻。男子被压倒了，不仅不自觉地垂下了双眼，连头也低了下来，然后不好意思地说：“我认输了。不愧是传闻中的校长先生。不过即使如此，我是常年做买卖的，已经是第二次遇到像您这样的人了，第一次遇到的是叫三谷素启的伟大学者，他是《法华经》的信徒。”

从推销员的讲话中牧口常三郎得知，他认识三谷素启，三谷教过他《法华经》。牧口常三郎对男子的话一下子产生了兴趣，刚才还持对峙态度的他，现在却探着身子热心地听那位男子讲话，周围的教师看到校长这样都十分惊讶。有人担心道：“真为难啊，我们校长是个好好先生，眼看要被骗了。”

牧口常三郎不顾教师们的担心，接二连三地就《法华经》提出问题，逼得那名男子叫苦起来。“校长先生，我是个不用功的家伙，再回答不上来了。可以的话，直接去见三谷先生怎么样？”

想到就立即行动，这是牧口常三郎的个性，特别是对于自己不知道的事物和未知领域，不管对方是怎么样的人，都会真诚地请教。过去与坪井久马、志贺重昂、田边寿利等人的相见都是源自于他那旺盛的上进心和探求心，即使快要到耳顺之年，这种性格也

三谷素启。

《立正安国论精释》书影。

没有改变。

机缘巧合之下，牧口常三郎由商贩引荐，慕名拜访了神交已久的三谷素启。三谷素启生于1878年（明治十一年）8月1日，比牧口常三郎小7岁。1915年（大正四年）左右，三谷素启抛弃旧宗禅宗，皈依日莲宗。此时的三谷素启，还是日莲宗的骨干，一有时间就四处奔走宣扬日莲佛法。

三谷素启不失时机地以日莲《立正安国论》为中心，向牧口常三郎全面介绍了日莲佛法。镰仓幕府时期，饥馑、疫病、地震等社会问题致使国疲民困、人心惶惶，《立正安国论》是日莲于1260年（文应元年）向最高统治者北条时赖上的一部关于治国安邦的奏章。

通过三谷素启的讲解，牧口常三郎很快同心仪已久的宗教——日莲佛法产生了共鸣，并成为日莲佛法坚定的信徒。从此，牧口常三郎开始了充满艰难险阻的宗教实践。

验证《法华经》

《妙法莲华经》，简称《法华经》，共7卷28品，6.9万余字，收录于《大正藏》第九册，中文意为“妙法”，以莲花（莲华）为喻，比喻佛法之洁白、清净、完美。《法华经》是释迦牟尼晚年在王舍城灵鹫山所说，为大乘佛教初期经典之一，因经中宣讲内容至高无上，明示不分贫富贵贱，人人皆可成佛，故《法华经》被誉为“经中之王”。

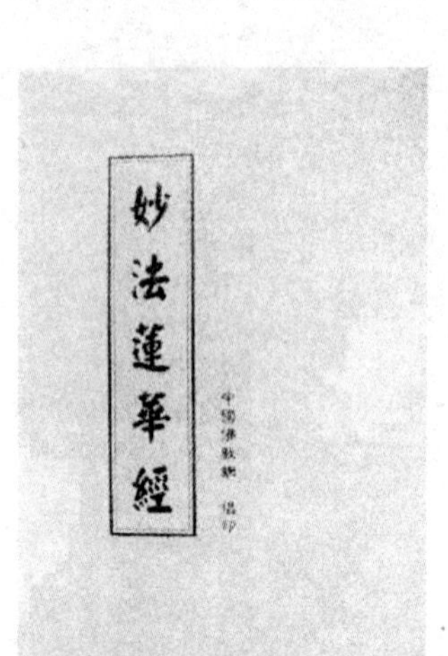

《妙法莲华经》书影。

在大乘佛法兴起的时代，就有以“声闻”“缘觉”为二乘或小乘，以“菩萨”为大乘的说法。《法华经》就是在这种背景下结集的代表作品，经中提出了融会三乘为一乘的思想，即以“声闻”“缘觉”二乘为方便（权）说，“二乘”终究要以成佛为最终目标，开启了“回小向大”的门径，这是一种崭新的学说，也是本经的主旨所在，在佛教思想史上占有至关重要的地位。

与三谷素启相识后，牧口常三郎燃起了对《法华经》的探求之心，尤其吸引他的是《法华经》中所宣讲的、被日莲证实的释尊涅槃后佛法变迁的预言。牧口常三郎对照从大正末年到昭和三四年时期的社会现象，一边为民众的苦难痛心，一边被释迦的预言应验的部分吸引。面对《法华经》，特别是面对日莲正宗的信仰问题和思想问题，他越钻研越感兴趣。在三谷素启家向着御本尊唱题时，牧口多次在中途停止，目不转睛地凝视着御本尊踌躇，怀疑由此是否能产生幸福的价值。将信将疑中，他坚定了“像教义讲的那样去实践，除此之外没有别的办法。除了通过我们自身的体验证得教义是否真实外，没有别的道路”的信念。

牧口常三郎决定“以身试教”。在这一阶段牧口常三郎的信仰得以确立，他的态度是努力实践教义：如果有了像经文所写的那样的效果，就真正去相信它；万一没有出现所说的结果，就主动研究疑问，重新思考。户田城圣在其小说《人间革命》中，这样描写了牧口常三郎当时决意归信御本尊的情形：“学说是学说，信仰是信仰，哲学是哲学，这些都牵动我心。只要去请教三谷素启君，不懂的地方就立刻消除了。明天又要见他，我在想要不明天也加入信仰吧。”

牧口常三郎渐渐发现，日莲正宗的教义与哲学原理并无矛盾，在生活中体验到的不可思议的现象全都与《法华经》的文证相吻合。牧口常三郎不仅对此很吃惊，且非常认同，甚至感到日莲佛教已融入自己的生活，通过自身体验达到了将近60年的生活方式完全改变的地步。牧口常三郎感到，追随这一信仰以后，暗中摸索的不安一扫而光，与生俱来的畏缩不前也消失了，比之前拥有了更远大的胸襟，产生了必须加紧进行国家教育改革这个大胆的心愿。

不仅如此，借着信解《法华经》，牧口常三郎发现，宗教和教育其实是在一个同心圆上的。《法华经》应该成为人们生活中总体性、根本性的东西。

成为坚定的佛教徒

第一次世界大战后，日本社会动荡不安。为应对危机，统治者对内加强法西斯统治，对外扩大侵略，白色恐怖笼罩全国。1928年（昭和三年），劳动者罢工和租佃纠纷不断，无产阶级运动引人注目。政府为极力压制大众日渐高涨的抵抗运动，在全国设置了特别高等警察（特高），根据《治安维持法》逮捕共产党员，解散左翼学生组织等。

在牧口常三郎看来，如此混乱反动的时代正是日莲描绘的“末法浊世”。 面对民

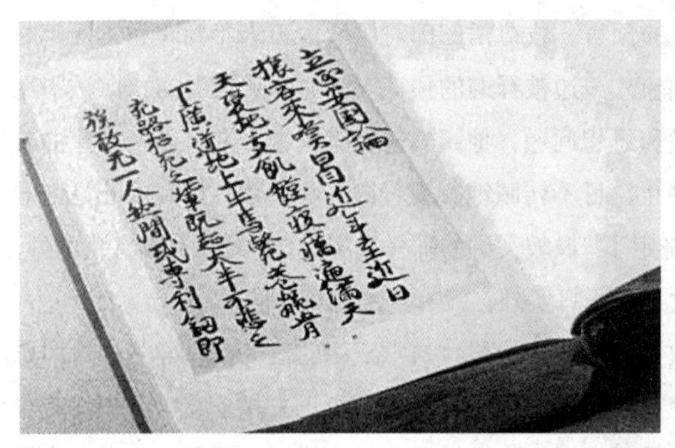

立正安国論
旅客来嘆曰近年至近日
天変地夭飢饉疫癘遍満天
下広迸地上牛馬斃巷骸骨
充路招死之輩既超大半不悲之
族敢無一人然間或専利剣即

日莲撰写的《立正安国论》。

牧口常三郎（左二）参加冷水浴活动。

众的痛苦，他迫切希望寻找到打破僵局、实现国家永久繁荣和人民幸福的出路。牧口常三郎深信，唯有教育可以担此重任。

随着对《立正安国论》理解的加深，牧口常三郎心头不禁涌起了只争朝夕地改造国家教育体系的宏图大志。《立正安国论》如同黑夜中的明灯，为他指明了方向，使他欣喜若狂，精神为之一振，生活方式也为之一变。从此，佛法澄清了他心中萦绕的种种疑惑。心中志向日益远大，恐惧畏缩逐渐消失，他成为一名坚定的日莲佛法信徒。

在牧口常三郎认识三谷素启之前的几十年间，他也接触过多种宗教。他原本生于禅宗之家（生父渡边长松的家），长于法华之家（养父牧口善太夫的家）。在北海道苦学力行的青年时期，很多亲近的师友都是基督教徒，但牧口常三郎仍不为所动。来到东京后，或学习儒教道德、参拜禅寺，或是听倡导无教会主义的内村鉴三等人宣讲基督教，这些都没能让他潜心信服。虽参加过十多年的古神道活动，也仅仅是对以古神道为基础的禊会冷水浴的价值予以认可。牧口常三郎虽自小与宗教多有接触，却全都没有深入到心里，直到 57 岁时才接受了日莲正宗。

牧口常三郎成为一名坚定的佛教徒，也与他的人生遭遇切切相关。牧口是一位刚直不阿、积极进取的教育工作者，在他历任校长的学校里，教学工作成效明显。可是他的耿直以及对学生一视同仁的做法时常开罪于权贵，以至几次被排挤。在家中，牧口常三郎是 8 个孩子的父亲，一家生活十分拮据。1924 年至 1928 年（大正十三年至昭和三年）的短短 5 年间，次子善治、四子长志和长子民城相继因病离世。长期以来工作中的波折和生活上的不幸，是牧口常三郎寻求宗教寄托的又一原因。

事业升华

拓展平台，创立学会

1930 年（昭和五年），在《创价教育学体系》第一卷正式出版前夕，为便于创价教育学从教育改革的理论真正成为教育改革的实践，牧口常三郎和户田城圣共同组织成立了创价教育学会。牧口常三郎任学会会长，户田任理事长，学会的事务局设在户田城圣创办的时习学馆。

1930 年，创价学会成立时牧口常三郎（右）与户田城圣合影。

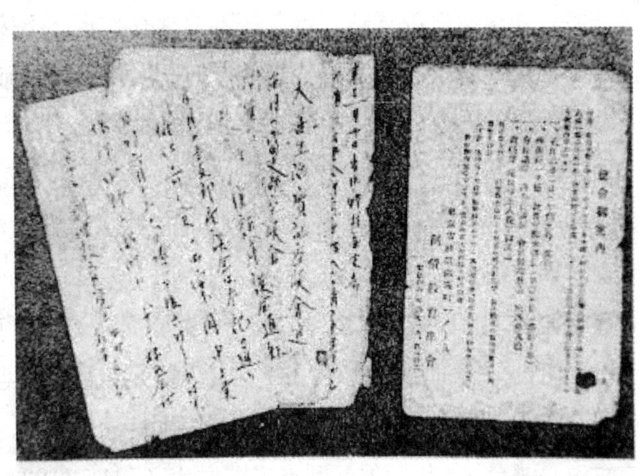

《创价教育学会总会 · 座谈会说明》。

创价教育学会的章程对学会的名称、目标、机构、活动内容以及会员、工作人员一一做了规定。如章程的总则中明确指出："本会称为创价教育学会；本会的目标是以创价教育学体系为中心完成教育学研究和优秀教师的培养，谋求国家教育改造；本会总部设于东京，其他地方设置分部。"章程的第二章规定："本会举行设置教育研究所，举办研究会、演讲会、讲习会，发行图书及杂志，进行其他适当的事业活动。" 第三章规定："本会由正会员（以正直的慈悲心为本会事业努力的人）、特别赞助员（对本会事业在精神和物质上给予特别援助的人）、赞助会员（赞助本会事业的人）和临时会员等四种会员组成。本会设置会长（一名）、理事（若干名）、评议员（若干名）和干事等工作人员。"

在创价教育学会顾问中，有原外交官秋月左都夫、贵族院议员古岛一雄、日本大学教授田边寿利、东京《朝日新闻》顾问前田多闻、柳田国男、学习院初等科长石井国次等人。

创价教育学会创立之初就确立了自己的行动纲领。创价教育学会的纲领以《法华经》为指导，强调身体力行，强调善的信念。主要有以下几条："本会不是个人主义的利己的集合，也不是虚伪的全体主义的集合……不是满足于做牛后的怯懦的小善人，而是宁做鸡口的勇敢的大善人……本会虽不以赢利为目的，却以最大的利善为目标；会员的信条是遵循《法华经》真髓——无慈诈亲是彼怨。为彼除恶，即是彼亲。通过化他来勤勉自我修行，拿事实来证明生活革新；对待说早早关门早早睡，免得人家说是非的恶师、恶友等恶魔，相信越接触善师、善友等善神越有收获，不接触的话反而有损失有报应；本会的目标在于，以日莲正宗流传的无上的三大秘法为基础，谋求教育、宗教、生活法的革新，明确忠孝大道，以此推进国家及国民的幸福。"

如今，创价教育学会在日本家喻户晓。它的"源头"是13世纪诞生于日本急剧动荡的镰仓时期的宗教家日莲（Nichiren）。

日莲俗姓贯名，幼名善日，1222年（贞应元年）2月16日，出生在今千叶县安房郡天津小凑町的一个渔民家庭。1233年（天福元年），日莲拜别父母，去家乡以北约8公里处的清澄山清澄寺求学，4年后正式出家。从18岁起，日莲开始游学当时的政治中心、佛教中心镰仓，4年后他又到自平安时代（794—1192）以来一直被视为日本佛教真理殿堂的睿山继续深造。

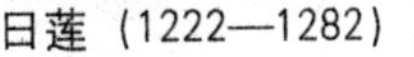

日莲（1222—1282）。

英文版《日莲书信》书影。

1253 年（建长五年），日莲结束了长时间的求学生涯，回到故乡，先后写下了《守护国家论》、《唱法华题目抄》和《立正安国论》等一系列文章。与此同时，日莲迫不及待地将自己的研究心血《立正安国论》呈献给幕府统治者。但是，他的言论遭到敌对宗派的反对，他也被幕府以“狂言惑众罪”发配伊豆。流放期间，他写下了《四恩抄》、《教机时国抄》等重要著作，形成了自己独特的宗教批判原理和变革现实的理论。两年后，日莲获赦返回镰仓，但他的斗争锋芒丝毫未减，再次遭到地头蛇东条景信的迫害。1271 年（文永八年）9 月 10 日，日莲被幕府流放佐渡。其间，他写下了《开目钞》（1272 年 2 月）和《观心本尊抄》（1273 年 4 月）等著作，形成了自己独特的宗教教义。1274 年（文永十一年）2 月 14 日北条时宗下令赦免日莲。3 月 26 日，日莲回到镰仓，并将精力转向培育弟子。5 月，日莲离开镰仓，走进身延山，并以此作为弘扬《法华经》的道场。不久，日莲写下了著名的《法华取要抄》一文，着重阐述了《法华经》的价值。12 月，他制作了一幅大曼荼罗，以示自己作为上行菩萨再生的信念。“曼荼罗”是梵文佛教名词，原指印度密教修“秘法”时为了防止“众魔”侵入而在修法处划一圆圈或建一土坛，上画有佛和菩萨像，以示佛与菩萨聚集此处，故而称之为“聚集”或“轮圆具足”。后来中国、日本将佛和菩萨像画在纸帛之上，亦称曼荼罗。1275 年（建治元年），日莲写下了《选时抄》这部重要著作，进一步充实和完善了他的理论体系。他认为，末法时期才是弘扬《法华经》的大好时机。他把未来宗教的精髓提炼成几个要素，即“本门的题目”、“本门的本尊”和“本门的戒坛”等所谓的“三大秘法”。1279 年（弘安二年）10 月 12 日，日莲将自己的“三大秘法”用曼荼罗的方式显示出来，这便是后来创价学会遵奉的本门戒坛的“大御本尊”。

1281 年（弘安四年）4 月，日莲撰写了《三大秘法抄》，明确指出“本门题目”是《妙法莲华经》。1282 年（弘安五年），日莲身患重病，同年 9 月离开人世，享年 61 岁。

不辞辛劳，广宣流布

1932 年（昭和七年），牧口常三郎从小学校长岗位退职后，便全力投入到普及创价教育学理论和创价教育学会的宗教革命实践之中。以牧口常三郎为首的全体会员包括教育学家、政治家、文部省的官员，以及哲学家三木清和谷川彻三等人，都积极地与各界人士接触，就教育问题展开对话，以求得他们对以教育改造为目的的创价教育学会的支持。为推动教育改革，牧口常三郎身体力行，不辞劳苦地奔波于各地作巡回演讲。

1936 年（昭和十一年）1 月，牧口常三郎去厂茨城，2 月访问了长野县，在取坊、松本、

1938 年，创价教育学会研究会上的牧口常三郎。

1935年，创价教育学会刊物《新教》（后更名《教育改造》）。

创价教育学会机关杂志《教育改造》。

长野、上田等地各停留了一周，1938年（昭和十三年）6月，北上北海道，与户田城圣汇合，分别在札幌、伊那、带广、创路，根室、网走、室兰等地做了热情洋溢的演讲。同年夏天，他还去了鹿儿岛，并在那里召开了一系列的座谈会。牧口常三郎不顾年事已高，经常通宵达旦地和年轻教师讨论交流心得体会，直至天色发白。

得益于学会上下的共同努力，会员很快遍布青森、宫城、新泻、长野、较城、神奈川、兵库、山口、宫崎、鹿儿岛诸县。

与此同时，牧口常三郎还积极编辑、宣传学会的机关刊物。从他晚年推行的宗教教育的实践中可以看到，牧口常三郎是虔诚的信仰主义者。自他信仰日莲教义那天起，便自觉地用日莲的佛教思想指导自己的生活。他确信，教育的指导原理、方法，包括社会改革的方针都必须以佛法为基础。为了更好地以日莲的法华精神解决现实社会中的各种问题，牧口常三郎刻苦钻研日莲教义。为更好地弘扬佛法，他十分重视经验交流座谈会和个别指导。只要是定了的活动，他都风雨无阻。任何座谈会，牧口常三郎总是第一个到场，即使只有一个听众，谈话也会准时开始。他会耐心倾听其苦恼，为其深入浅出地解答信仰上的疑惑。为了能把佛法讲得明白透彻，牧口常三郎经常绞尽脑汁、费尽心机。

1935 年，牧口常三郎与青年教师的合影。

1936 年，创价学会会员合影，二排右二为牧口常三郎。

1938 年 7 月，牧口常三郎在静冈门前留影。

1937 年，牧口常三郎（前排左二）与参加创价学会会议人员合影。

1938 年 7 月，牧口常三郎（后排左四）与第三次创价教育学会修养会与会者在静冈市留影。

有时在纸上写几个字，画几幅画；有时信手拈来几个随机应变的比喻，穿插几个笑话，让整个座谈的气氛缓和、轻松。他认为只有满腔热情地去做折伏（传教），才能加深对佛法的理解，驱除杂念，净化心灵，达到佛法的最高境界。凡是折伏现场，他都尽量前往，实在分身乏术，就认真听取其他参加人员的介绍，并提出许多有价值的建议。

对牧口常三郎来说，只要有人忧郁烦恼、快快不乐，不论有多远，他都会义不容辞地给予帮助。牧口常三郎这种“为了一个人”的精神，被创价学会继承至今。

为扩大影响，1930 年（昭和五年）学会发行了理论刊物《环境》，后来又创办了机关杂志《新教》（后更名为《教育改造》），由户田城圣担任编辑兼发行人。《新教》是学会重要的理论阵地，被视为实践学会宗旨的“自由、公正的论坛”，每期都设有“教

1939 年，创价学会第一次总会合影，前排中间为牧口常三郎。

1941 年，牧口常三郎（前排中间）与创价教育学会会员在九州福岡市合影。

育革命、宗教革命”栏目。与此同时，牧口常三郎还不断在刊物上发表文章，宣传自己的教育思想。1935 年（昭和十年）1 月 1 日，牧口常三郎在《带广市教育》上发表了《论教育的合理化》一文。1936 年（昭和十一年），他又给该杂志投去《以创价教育学为基础的国语（阅读、写作）教学的研究》一文，为《论教育的合理化》一文提供了实验证明的研究资料。

1935 年（昭和十年），为致力于创价教育学的研究和应用，创价教育学会对内部机构进行了进一步完善，设立了研究部，分为国语科（阅读、写作、书法）、算术科、地理科、国史科、理科、唱歌科、图画科、体操科、手工科、修身科等。

在会员们的共同努力下，创价教育学会得到了稳步发展。随着折伏的活跃，教师以外的从业人员也结成团体，在各自领域开展活动。

1935 年（昭和十年）8 月，创价教育学会在日莲正宗的总本山大石寺举办第一次夏季讲习会，并就宗教与教育、创价教育的理论与实践等问题进行了深入细致的讨论和研究。至此，学会会员已发展到全国各地，各地方支部也相继诞生。创价教育的理论不仅吸引了一批青年知识分子，还受到古岛一雄、秋月左都夫等达官贵人的支持。1936 年（昭和十一年）4 月学会举行的春季总会，聚集的虽然只有教师，但影响得到扩大。自那以后，大众也逐渐开始加入创价教育学会。

牧口常三郎在学习与实践中注意将自己的学说同日莲的教义结合起来，使日莲正宗在新的历史条件下重新找到了出路。随着折伏活动的步步深入，创价教育学会的性质逐渐从教育研究团体转变为宗教团体。会员除教员外，还有中小工商业者、工薪阶层。学

價値創造

價値創造

创价教育学会会报《价值创造》。

会的活动中心已由初期“教育改造”逐步转变为“宗教革命”，目的是要在日莲正宗所传三大秘法的基础上谋求教育、宗教、生活法的革新和国家、国民的幸福。教育色彩渐渐减少，宗教色彩与日俱增，创价教育学会进入了一个新阶段。

1939年（昭和十四年）12月，创价教育学会第一次大会召开。会后，学会以此为契机开始了以《法华经》为中心的广宣流布运动。1940年（昭和十五年）4月30日，学会在东京九段的军人会馆召开了第二次大会。会上，学会的体制得到了重新调整，本部设立了企划部、折伏指导部、教育研究部、教育者俱乐部、创美华道研究部、生活革新同盟俱乐部、印刷部、妇人部、青年部、少年部等十个部门。学会本部设在东京神田的锦町。从新增设的折伏指导部来看，宗教活动已被当作创价教育学会运动的重点。折伏是学会传教活动的主要方式，也是学会的中心任务。为了完成这项艰巨的任务，学会组建了青年部。在学会半个多世纪的传教史中，青年人一直被当作中坚力量，是学会的先头部队。

1941年（昭和十六年）11月2日，创价教育学会在神田一桥的教育会馆召开了第三次大会，共400人出席。会上，牧口常三郎以“大善生活法的实践”为题做了演讲。每个人听后都充满了信心，希望尽早成为以信仰为起点，能够实践大善生活的人。

创价学会第三次大会后，学会会员得到快速发展，各地支部达到22个，其中东京13个、地方9个，会员达2000名。1941年（昭和十六年）7月20日，学会应形势发展的需要创办了机关报《价值创造》，牧口常三郎亲自撰写发刊词。他指出：

> 由损得益、由害得利、由恶得善、由丑得美是我们的共同希望，这无一例外都是期望从渺小中获取远大，但我们最大的幸福必定是拥有情感并实现理想。这正是所谓创造有价值生活的含义所在。
>
> 与其他生活法相区别，能证明生活最大价值的是佛教，即“妙法”。我等称其为区别于世间以往小善生活法的大善生活法。众所周知，此为我等得以生存的途径，必须依赖的生活法。
>
> 道也好，规、则、律、宪、理、道理、道德等也罢，都体现于现实生活中。而人类往往会无意识犯错，导致罪恶，最终陷入不幸生活中。

牧口常三郎（前排中间）与青年合影。

牧口常三郎（前排左二）与创价学会会员聚会，后排左三为户田城圣。

> 创价教育学会的最主要目的就在于研究、证明、指导现实的生活法。因此，发表、交换合作研究成果，谋取国家社会昌盛，让人们最大幸福地生活，为我等的期望，亦为本报发刊的宗旨。

牧口常三郎在刊物中陆续发表了《大善生活的提倡》、《在大善生活即人间的生活中》和《大善生活法的实践》等文章。

创价教育学会的所有活动都是在日本对外侵略战争期间进行的，当时的社会形势日益恶化，在军国主义政权的统治下，创价教育学会被政府严厉监视。1939 年（昭和十四年）3 月，平沼内阁制定的《宗教团体法案》在众议院会议上获得通过，4 月 8 日，政府将其作为第七十七号法律予以公布。这是明显的剥夺宗教活动自由的行为。政府以“健全发展”敷衍，实则利用宗教，依靠强大的国家权力压制民众。

按照《宗教团体法案》，所有教派都应置于国家神道支配之下，并接受整编。当时文部省宗务局据此要求日莲正宗和日莲宗两家合而为一。创价学会认为，如果顺从政府，定会损害自宗的纯粹性，也会失去自身的尊严和威力，同日莲宗合并将意味着日莲正宗走上绝路。1941 年（昭和十六年）3 月 10 日，日莲正宗的僧俗信徒们在总本山大石寺召开护法会议，以牧口常三郎为首的创价教育学会坚决维护日莲正宗思想，并对动摇信心者给予了严肃批判，他的主张得到了与会的绝大部分代表的支持。经过日莲正宗上下一致努力，最终拒绝了合并的要求，取得了护法的彻底胜利。

1941 年日本偷袭珍珠港。

创价学会第二次全体大会后，牧口常三郎应 30 名政府官员的联合请求，做了一场演讲。讲话中，他直指日益泛滥的军国主义思想。当讲到“灭私奉公是毫无根据的，不可能做到，也不应该做到。单方面地牺牲自己是不可取的，必须兼顾公私两个方面……”时，会场内骤然响起歇斯底里的咆哮：“混蛋！现在最重要的是灭私奉公！”牧口常三郎泰然自若，用平静而威严的声音继续阐述自己的信念。

为更好地弘扬佛法，牧口常三郎对经验交流座谈会和个别指导十分重视。每周二、周五，他分别在时习学馆和目白的家中进行个别指导。其余时间，他会频频出现在各地的座谈会上。牧口常三郎还利用其中的间隙，去教育俱乐部和教育研究部给年轻学员上课，讲解创价教育的精髓，此外，只要时间允许，他还会到各地去做折伏。在他锲而不舍的坚持下，参加座谈的人越来越多，座谈会的影响越来越大。

1941 年（昭和十六年）3 月，日本军国主义政府为了全面战争，禁锢进步思想，颁布了新的《治安维持法》，规定政府可以以大不敬罪取缔合法的宗教团体、组织。同年 12 月，日本偷袭珍珠港，向美国宣战。为统一思想，政府强迫全体国民祭祀皇大神宫的大麻（神符），信仰其神道。牧口常三郎始终坚持自己的宗教信仰，对此表示公开对抗，并组织大家烧掉神符，禁止创价教育学会会员参拜神社。政府为了占领意识形态领域，

牧口常三郎（三排左三）同第四次创价教育学会修养会与会者在静冈市留影。

1942 年，座谈会上的牧口常三郎。

强行对宗教界的各门各派进行整顿。软弱的宗教联合会因为害怕政府的镇压而同反动当局同流合污、沆瀣一气，向全体檀林信徒颁布了“原地遥拜皇宫，遥拜伊势神宫”的通告。与军国主义大相径庭的是，牧口常三郎将大善（和平）作为学会前进的目标。他呼吁人们特别是学者和知识分子，应当深入到社会实践中去，注意学问和生活的结合，避免宗教与生活相隔绝、学问与实践相脱节。由于对军国主义政府做法的强烈反对，牧口常三郎及创价教育学会被反动当局视为眼中钉、肉中刺。

面对日本帝国主义者的对外侵略行径，创价教育学会会员进行了旗帜鲜明的斗争。太平洋战争刚开始一周，牧口常三郎便在机关报《价值创造》第五号上发表了《宗教改革无需费事》的论文，对帝国主义在思想上维持战争的精神支柱——神道，给予了猛烈的批判。战争开始后，学会仍组织信徒从事信仰活动，牧口常三郎本人除著述外，还到各地出席座谈会，指导宗教活动的展开。然而随着战火的不断蔓延，言论自由受到严格限制，学会的活动陷入困境。1942 年（昭和十七年），机关报《价值创造》在创办十个月后被迫停刊。

1942年(昭和十七年)5月17日,学会在东京神田的一桥教育会馆召开了第四次大会。会议报告了“实业家营业成绩”和“即身成佛的例证”等内容，还组织了书法、图画、地图以及创美花道的速成插花展览等，会场俨然成为创造美、利、善价值的实证场所。

对于此次会议的成功，牧口常三郎发表了如下感慨：“这次聚会与其他类型聚会的情形大不相同，即使是一鳞半爪也让人认为宛如大善生活法的综合展览会，我认为这是应当感到光荣的。遗憾的是，由于场所和时间等限制，不能充分发挥会员的能力。没有征收会费而召开如此盛会，与十年前相比较，真有隔世之感。我想这件事本身就可以作为大善生活的实证，值得我们安慰。”

《特高月报》。

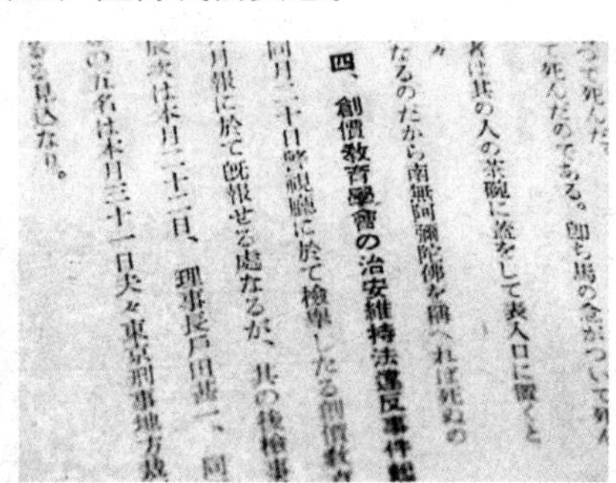
1943 年，《特高月报》报道创价教育学会违反《治安维持法》的新闻。

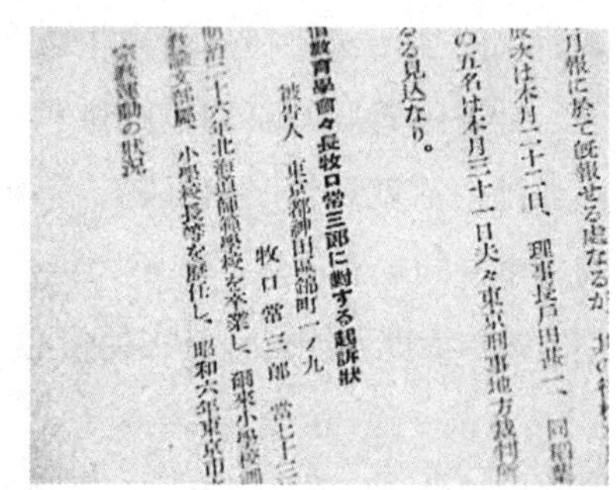
1943 年，《特高月报》报道对牧口的起诉。

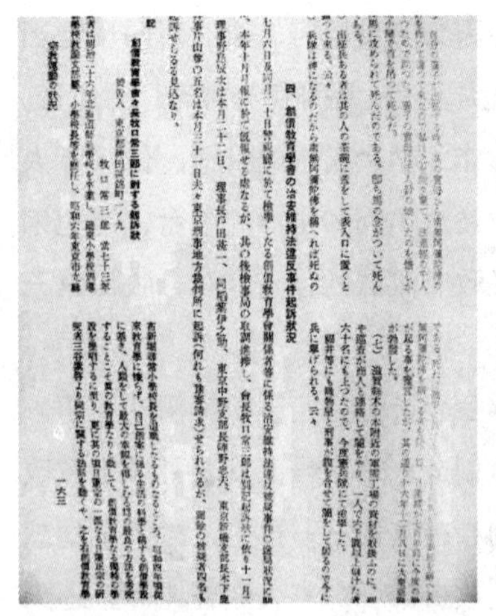

四、創價教育學會の治安維持法違反事件起訴狀況

1943 年，指控牧口常三郎违反《治安维持法》的报道。

时习学馆举行折伏座谈会时的合影。前排左四为牧口常三郎，右三为户田城圣。

1942 年（昭和十七年）11 月 22 日，创价教育学会第五次大会召开。此次会议的规模更大，有 600 人参加，比上次会议增加了 200 人。会员依次发表了《皈依后感悟》、《我最近的信念》等切身体验。牧口常三郎凝神倾听，最后登台给予了鼓励：“诸位，在这次总会上又能听到如此珍贵的生活体验，我想这是我们相互间无上的光荣。从早上开始的六个小时的会议中，各位全神贯注，我感激不尽。会员的体会，都是珍贵的珠玉。因为这是大家自己体验到的，不是从他人那里听来的，也不是从书上看到的。这些值得应用到各自的生活中，也值得留传给孩子。我自己也大受启发。”

在这次会上，牧口常三郎反复强调了实践的重要性。他说：“生活法不经过生活就不能明白。美国的实用主义哲学家约翰·杜威所说的生活法要在生活中根据生活来解答，是毋庸置疑的真理。就像任何生活法不经过生活就无法明白那样，不行菩萨行的中小善的生活者是不理解大善生活法的。不去做的话就不能得到真正的信心。”

牧口被逮捕的地方。

1943 年（昭和十八年），因战况恶化，日本国内生活物资严重缺乏，但军国主义

政府仍然鼓吹为“玉碎”而战，为了加强思想统一，强化法西斯统治，准备合并各教团。

宗教联合会召见牧口常三郎和户田城圣，向创价教育学会下达“接受神符令”的指令，遭到牧口常三郎斩钉截铁的拒绝。从此，只要牧口常三郎参加的座谈会，就有特高警察的影子；讲话涉及神符和国家体制，就会被粗暴地叫停。出现这种情况时，牧口常三郎总是先兜一个圈子，再回到原话题上去，但仍会被粗暴叫停。虽然言论被压制，但牧口常三郎对国家崇拜、邪教崇拜的深恶痛绝却是压制不住的。他想，即使自己将来因排斥神符、以大不敬的罪名被非法逮捕，也要在法庭上痛快淋漓地诤谏国家。牧口常三郎意识到，这一天迟早会来临。

为了纯粹地守护日莲教义，包括牧口常三郎、户田城圣在内的12名会员秘密结成了守护创价教育学会的富士俱乐部。由于他们的坚决斗争，日莲正宗没有被合并，并于1943年（昭和十八年）4月单独获得宗制认可。

信仰所在，生命所系

虽然日莲正宗单独获得宗制认可，但政府对创价教育学会施加了更大的压力，命令日莲正宗和创价学会一律参拜祭祀天照大神的伊势大神宫，并接受其神符，信仰其神道。牧口常三郎和户田城圣等人认为，邪教泛滥日本，护国的诸神早已弃国而去，神社成了空架子，为魔鬼所盘踞，参拜这样徒有其表的神社不但无益反而有害。他们断然拒绝了政府的要求，但是日莲正宗的部分骨干因害怕政府的镇压，决定接受伊势神宫的神符，

东京巢鸭拘置所全景。

东京巢鸭拘置所。

并向信徒们宣布了这项决定。1943 年（昭和十八年）6 月，牧口常三郎和户田城圣等学会的主要干部亲自来到总本山大石寺，表示决不接受其命令。

学会的严正立场终于触怒了当权者，7 月，政府对学会实行镇压。

从 1943 年（昭和十八年）春开始，牧口常三郎每天在学会总部的二楼给学生讲解《立正安国论》。其间，他被警视厅讯问过两次。5 月，牧口被中业警署拘留了一周，接受了关于对神符、神社不敬之类的问话。牧口常三郎自知不能幸免，于是开始安排自己的后事。他对家人说道："若我有什么不测，让户田城圣来主持一切。给我烧香时，叫户田城圣站在最前面，你们在最后面。"

牧口常三郎不顾一切地进行佛法的宣传。1943 年（昭和十八年）7 月 2 日，牧口常三郎明知一个星期前几名学会干部被淀桥警署逮捕，仍然不顾特高警察的严密监视，带着和泉美代、和岸浅子两个妇人乘坐早上 6 点 40 分的火车前往伊豆的下田折伏。牧口一行人在静冈县贺茂郡稻生泽村莲台寺（今下田市莲台寺）的中田旅馆（1945 年 1 月 21 日被烧毁）安顿下来，并在那里举行了折伏座谈会。

7 月 5 日傍晚，牧口拜访了位于贺茂郡滨崎村须崎（今下田市须崎）和岸的娘家（1953 年 3 月 10 日被烧毁），并在那里住了一宿。不幸的是，6 日清晨，72 岁的牧口常三郎被下田署的两名特高警察逮捕，原因是违反《治安维持法》，拟订罪名是"大不敬"。当晚，牧口常三郎被留在了下田警署，第二天被转移到了东京警视厅。

7 月 20 日，神田的创价教育学会本部被搜查，时习学馆（1944 年 5 月 25 日被烧毁）也被搜查，牧口常三郎的《乡土科研究》、《创价教育学体系》等著作全部被查抄。

与此同时，户田城圣等 21 名学会主要领导也被当局以"违反治安维持法"和对神

东京巢鸭拘置所一角。

东京巢鸭拘置所内部。

关押牧口的房间。

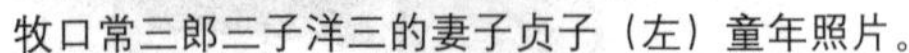
牧口常三郎三子洋三的妻子贞子（左）童年照片。

牧口常三郎三儿媳贞子。

社的“大不敬罪”逮捕，学会被解散。创价教育学会遭受到毁灭性打击。

牧口常三郎被捕后，创价教育学会的会员们大多因畏惧镇压而退转信仰。有很多人作为对牧口常三郎的知情人被警视厅传唤，且被严厉追问“日莲正宗在哪些方面贬低其他宗教”、“御书的意思是什么”、“创价学会组织是什么样的”、“座谈会上都讲些什么事情”、“日莲正宗和创价教育学怎么结合在一起的”之类的问题。

牧口常三郎在入狱后的一个半月中，几乎每天都要在警视厅五楼阴森恐怖、面积约为1坪（合3.3平方米）的审讯室里接受严厉的提审，但不管特高二科科长怎么审问，他始终铁骨铮铮，只是反复地阐述自己对日莲佛法的信仰，坚持“立正安国”追求永远和平的精神。

9月25日，牧口常三郎从警视厅被转移到东京拘置所。不久，户田城圣也被转移到了东京拘置所。有一次，户田城圣被允许短时间探望牧口常三郎，想不到这次见面成了师徒二人的永别。户田在牧口常三郎逝世7周年时深情地回忆道：“当我还是个小伙子时，

牧口常三郎在狱中给三儿媳贞子的书信。

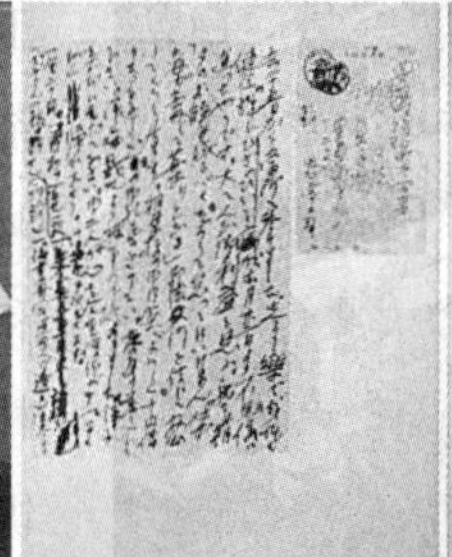
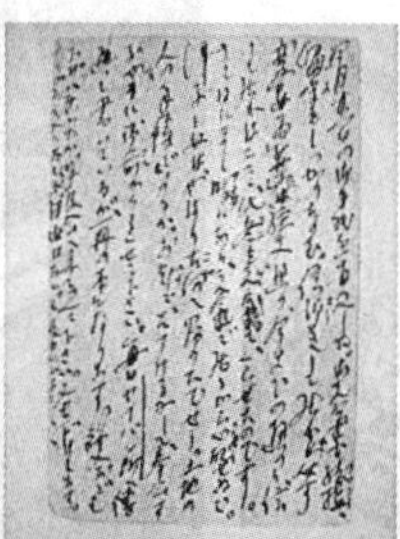
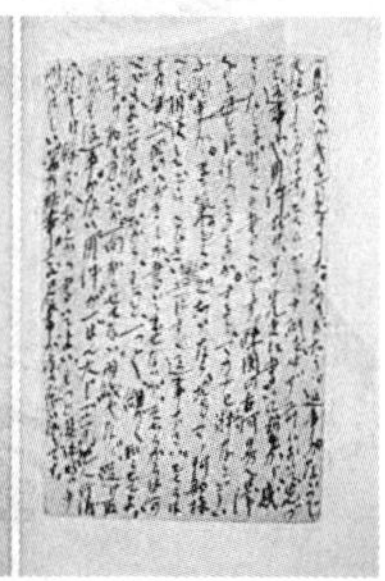
牧口常三郎在狱中写给家人的书信（一）。

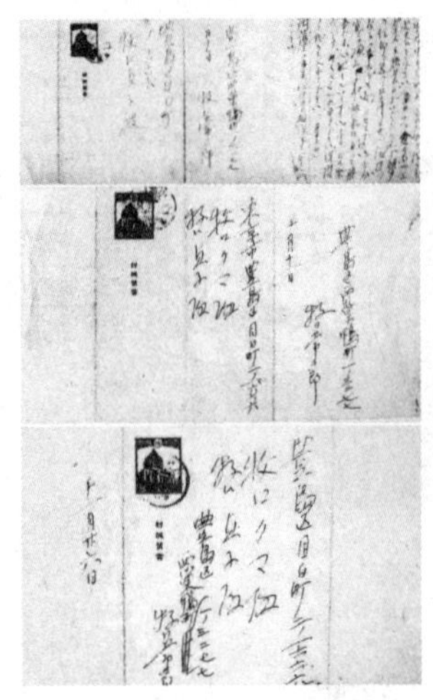

牧口常三郎在狱中写给家人的书信（二）。

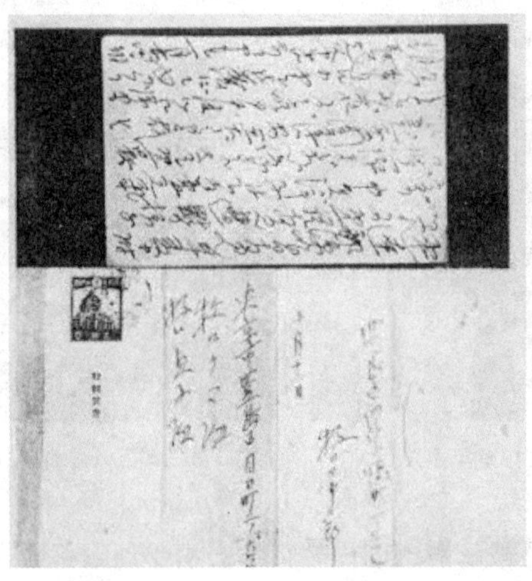

牧口常三郎在狱中写给家人的书信（三）。

牧口常三郎在东京目白的家。

先生年事已高了……我真希望先生能早一天脱离樊笼，只是我力不从心。1944 年（昭和十九年）先生在狱中去世。当有人告诉我牧口死了之后，我心如刀绞，万念俱灰。那天晚上，我在牢里哭了整整一夜。”

牧口常三郎被关押在所内第四舍二楼的一个单人房间，房子采光很差，一天到晚阴沉沉的。到了冬天，外面寒风呼啸，屋里冰冷彻骨。遇上这样的天气，他肘关节炎的老毛病发作，以致彻夜难眠，手指也被冻得伤痕累累，惨不忍睹。

东京拘置所的饮食有咸菜、酱汤、米饭等，但随着战局的恶化逐渐变差，米饭换成大豆、小米饭、玉米饭，酱汤变成盐水，咸菜成了茶渍，且吃饭时间极不合理，三餐时间分别为上午 11 点、中午 12 点和下午 1 点。牧口常三郎生活很简朴，原本自己付钱让狱卒出去买盒饭，但他总是说：“老年人嘛，也吃不了什么好的。”

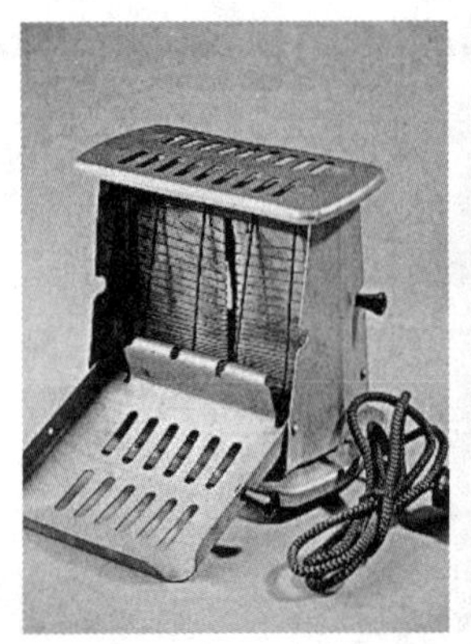

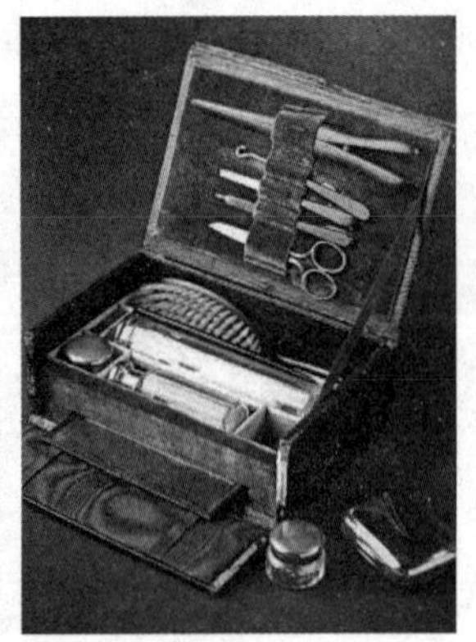

牧口常三郎在监狱中使用过的电器和生活物品。

在这样的生活状况下，牧口常三郎早晚修行，阅读日莲的遗文等书籍。一天中只有十分钟的运动时间，而且被监视着，碰到其他被捕的会员，连一句话也不允许说。

牧口常三郎从不将自己的痛苦告诉别人，为了不让家里人担心，每封书信都洋溢着乐观向上的情绪，在十天一封的家信中经常安慰家人："独处便于思考问题，我很喜欢。"

从牧口常三郎写给妻子和三儿媳牧口贞子的书信中，可以得知他的乐观、坚强和对信仰的坚定："从个人来看是灾难，但从国家来看必定如经文所讲由毒药变作欢乐，我相信这点，也专心于信仰。请你们两人要同心协力，不要松懈了早晚的经文功课。我与负责调查的山口检察官也颇为融洽，他对我的价值论给予理解。""要是与佐渡大圣人的困难相比，我所经历的就算不得什么了。……就像经文和御书讲的那样，只要努力相信本尊，这里所出现的各种业障全都可以消除。……现在是寒冷的顶点，病已痊愈。请勿担心。最期待的是书，请速送进来。……我现在没有任何不安。每天以诵经和读书度日。书和杂志是我的朋友。""十一日，牧口看到了与外褂、夹衣、布袜、干菜一起送进来的儿子洋三战死后的御文，大吃一惊，也很颓丧。与这个相比，我是多么挂念你们两个啊，但看到你们共同的出色觉悟，也就放心了。……精读哲学……而且自己立下了对《法华经》的信仰……对此，我自己也很惊讶，因此三障四魔纷起也是当然的，就如经文所讲……"

牧口常三郎的信件免不了遭到审查，当局认为不妥的词句都会被删掉。

1944 年（昭和十九年）4 月，一审在东京刑事裁判所正式开庭。牧口常三郎和其他

关押户田城圣的牢房

户田城圣在狱中串起的用以代替佛珠的牛奶瓶盖，及记录念佛次数的本子。

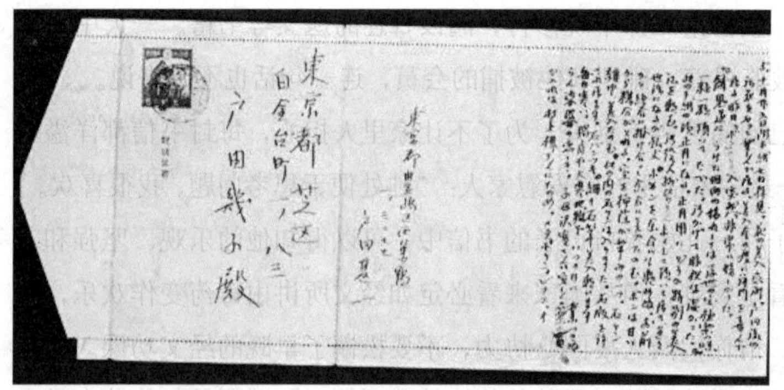

户田城圣在狱中写给妻子的书信。

户田城圣在狱中写的家书。

15 名被关押者戴着手铐，头顶草帽，手握念珠，乘坐一辆巴士，从东京拘置所被法警押送到了裁判所。在最后的审讯中，牧口常三郎仍向审讯员滔滔不绝地讲解佛法，为人类和平的美好愿景同日本军国主义政府进行了无畏不屈的斗争。此前，牧口常三郎在东京拘置所的单人牢房里，写了整整一个月的自辩状。他的自辩状厚得像一本书，可惜再也没有第二个人知道其中的内容了。日本战败后，初审法官为了免祸，偷偷地把自辩状销毁了。

严酷的单身牢房生活无情地攻击着高龄的牧口常三郎的身体。他逐渐衰老，营养严重失调。1944 年（昭和十九年）11 月 17 日，也就是他去世前一天的早上，他提出了转入病监的要求。可能是预感自己的生命将要终结，他把贴身衣服全都换下，穿上了外褂和夹衣。

11 月 18 日零点，牧口常三郎永远离开了人世。

当天，牧口常三郎的遗体被蒙着毯子送到了他离开了一年零四个月的目白的家。跟随左右的有三女津名的丈夫渡边力。11 月 20 日，亲友、同事与学生十余人为牧口常三郎举行了葬礼。

1949 年 7 月出版的创价学会刊物《大白莲华》。

后继有人，影响深远

尽管牧口常三郎于 1944 年（昭和十九年）在狱中去世，但他的影响并未消失。

1957 年，户田城圣在创价学会会员达到 50 万的庆祝大会上发言。

户田城圣在做关于日莲的报告。

1945 年（昭和二十年）8 月 15 日，日本天皇裕仁通过广播向全世界宣布日本无条件投降，至此，长达 14 年的日本帝国主义侵略战争终告结束。在日本宣布投降的前一个月，即当年的 7 月 3 日，户田城圣在丰多摩监狱被释放。出狱后，他发誓要秉承牧口常三郎的遗志，自觉担负起重振创价教育学会的重任，为传播牧口的教育思想贡献余生。户田城圣在东京靠做投机买卖为生，后从事出版、金融和土木建筑业，成了小资本家。为重建学会，户田在公司的办公楼挂出“创价学会”的招牌，传授《法华经》。不久，战前的伙伴重新聚集起来。11 月 18 日，他在欢喜寮举办了牧口常三郎逝世一周年纪念法会，并在会上以理事长身份发出了弘扬妙法的宣言。

在 1946 年（昭和二十一年）5 月 1 日的一次领导会议上，户田城圣被任命为战前即担任的创价学会秘书长，他曾一度拒绝担任会长一职，这一职务自牧口常三郎去世后一直空缺。直到 1950 年，户田的公司破产后他才同意出任会长。他认为公司破产的原因是他没有把主要精力用于创价教育学会的重建而受到惩罚。

户田城圣重树创价学会大旗后，组织力量制定了新的学会纲领和有支部组织发展的具体措施和大纲，并迅速启动了布教工作。1946 年（昭和二十一年）5 月，学会召开了第一次干部会议，同时健全了学会内部的组织架构。在学会本部设置了总务部、讲义部、财务部、企划部、情报部、妇女部、青年部、组织部等部门。

户田城圣认为，之前创价学会之所以遭受毁灭性打击，是因为教学上的薄弱。学会重建后，他十分重视讲习会和座谈会的传教方式。1946 年至 1950 年（昭和二十一年至昭和二十五年）的五年中，他不仅亲自主讲《法华经》、《立正安国论》和《开目抄》等，还举办了十期讲习会和座谈会，为学会培养了大量中坚力量。此外，学会定期在日莲正宗的本部山大石寺举办登山会和夏季讲习会。通过这些行之有效的活动，创价学会很快重新打开了局面。1946 年（昭和二十一年）11 月 17 日，学会为牧口常三郎举办了纪念法会。之后，学会召开了第一次全体会议。同年，恢复发行机关报《价值创造》。

1947 年（昭和二十二年）10 月 19 日，创价学会在教育会馆召开了第二次全体会议。由于组织得力，宣传声势日益扩大，学会发展快速。据统计，重建学会的第一年，新会员达 200 余人。到 1948 年（昭和二十三年）底，学会会员恢复到战前最盛期的 3000 人。学会乘势而上，1949 年（昭和二十四年）7 月，创办了机关杂志《大白莲华》。

战后初期的日本，民不聊生，通货膨胀、失业、贫困现象极为严重。1950 年（昭和二十五年），朝鲜战争爆发的同时，美国在日本进行“赤色整肃”，镇压日本的进步力量，导致日本民族矛盾和阶级矛盾进一步加剧。户田城圣充分认识到学会发展的大好时机已经到来，提出了“折伏大进军”的号召，并采取了一系列措施予以推进，如创办学会机关报《圣教新闻》，以作传教活动的武器；1951 年（昭和二十六年）5 月，户田就任第二任会长，确立领导权威；向日莲正宗总寺院富士山大石寺领取了“大御本尊”，供奉在学会本部；成立学会男子青年部，将其作为全国传教运动的核心力量；发动了全国性传教运动；编辑发行教团最高教典《日莲圣人御书全集》等。

1951 年（昭和二十六年）2 月 9 日，户田城圣在学会青年部设置了参谋室，并请池田大作出任参谋。1952 年（昭和二十七年）10 月，学会得到东京都知事安井城一郎的认可，取得了地方宗教法人资格而成为法律上的独立教团，之后创价学会获得长足发展。据学会公布的材料，1951 年（昭和二十六年）会员只有 3000 户，1954 年（昭和二十九年）底，会员发展到 164270 户，1956 年（昭和三十一年）底一跃增加到 50 万户。

1957 年 6 月，户田城圣在创价学会学生部成立典礼上讲话。

20 世纪 50 年代中期，日本宗教界为了自身的生存和发展竞相改革。很多教派希望重新创立系统的教义，以便跨出民族宗教的界限，成为全国乃至国际性宗教。1954 年（昭和二十九年）6 月，60 多个佛教宗派共同成立了“全日本佛教协会”，以加强相互合作，同时积极扩充地方组织，开展各种社会教化活动，大力推动僧俗一体运动。传统佛教和新兴宗教也注意改善关系，由对立走向联合和相互补充。

1954 年（昭和二十九年）3 月，美国在太平洋的比基尼珊瑚岛上试验氢弹，使正在公海上航行的日本金枪鱼渔船第五福龙九号 23 名船员受到放射性核辐射。半年后，该船电台长久保山爱吉不治身亡。这一事件很快在日本国内掀起了一场旷日持久的呼吁禁止原子弹和氢弹研制、试验的运动。日本宗教界在这场运动中始终走在最前列，并同海外宗教界加深了宗教和平运动的交流。

受牧口常三郎“协作与共存”思想的影响，户田城圣始终认为，不能为了日本民众的幸福而牺牲其他国家民众的幸福，也不能为了美国民众的幸福牺牲日本民众的幸福。要创造一个世界人民都能幸福快乐的繁荣社会，在这样的社会中，每个人都能幸福快乐。

为巩固自身的地位，面对宗教界的新形势，以户田为首的创价学会认识到只有选择政治这一新的突破口才能战胜其他教派，求得生存和发展。唯有利用政治渠道，佛教的影响方能真正浸透到社会当中。为此，随着“折伏传教”的步步深入，学会工作的重点逐渐转移到了政治。

1954 年（昭和二十九年）底，创价学会会员发展到 16 万人，该会领导人认为时机已成熟，便提出了创价学会“必须参与政治”的口号。

1955 年（昭和三十年）学会提出：“要在富士山设立国立戒坛，使日莲正宗成为国教。二十年后在国会必须占有过半数的议席。”创价学会领导者认为，参加选举活动是一个“加强传教活动，使更多的群众了解创价学会宗旨的机会”。学会把参加选举活动看成是实现“广宣流布”和“王佛冥合”的战斗。1955 年（昭和三十年）4 月 30 日，创价学会第一次推出自己的候选人参加地方选举，旗开得胜，时任创价学会理事长的小泉隆在东京太田区得票数排第一位，当选为东京都议会议员。此外，还有 52 人分别当选为东京都特别区议会议员和市议会议员。创价学会势力从此进入日本政界。参加地方议会选举后，学会认真总结

1956 年，户田城圣（左）与高僧。

1956 年，户田城圣（右）在研讨会上发言。

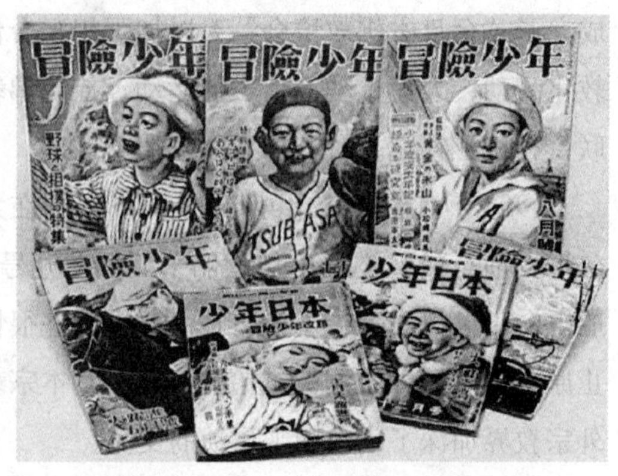

《少年日本》、《冒险少年》书影。

1957 年，户田城圣呼吁消灭核武器。

1957 年，户田城圣（右）与池田大作一起演奏乐器。

经验教训，准备在日后选举中进行选举动员，强化政治宣传，赢得更多的席位。学会于同年 5 月 19 日在东京都实行区域制。区域制是相对于纵向组织系统而设立的横向组织，每个区域的划分均从实际需要出发，大致相当于每个选区。区域制很快推广到全国。

1956 年（昭和三十一年）4 月，学会以大学生为对象设立了学生部。学生部的设立增加了学会的活力和能量。5 月，学会的传教工作突飞猛进，当月的本尊发行量达 28973 户。7 月 10 日，学会参议院选举开始。竞选中，创价学会提出了“税制的合理化、公明选举、1000 万移民、政治劳动行政的明朗化”等口号。

创价学会参议院候选人，首先由创价学会的人事委员会、政治部和支部等负责干部共同协商提出，最后由理事会根据会龄长短、信仰心强弱、能力高低、人品好坏等条件决定。创价学会在这次选举中推荐的6名候选人有3名当选，当选数在参议院跃居各宗教议员人数之首。参议院中宗教事务的发言权随之从佛教和天理教转移到创价学会。这一变化加快了创价学会走向宗教政党的步伐。

自1956年（昭和三十一年）8月起，户田城圣在机关杂志《大白莲华》上连载长篇文章《王佛冥合论》，强力宣传世俗政治和佛法的有机结合对实现社会和平、繁荣和个人幸福的重要性和必要性，为学会参与政治奠定理论基础。

1957年（昭和三十二年），户田城圣身患重病，仍不忘为和平运动作贡献，同年9月8日，创价学会青年部在横滨的三泽竞技场召开第四届东日本体育大会，户田城圣抱病参加，面对5万名弟子讲演了《禁止原子弹氢弹宣言》。他指出，无论哪个国家，只要使用原子弹，无论胜败，都是宣告整个人类被判处死刑。他告诉弟子们，哪个国家要想利用原子弹来征服世界，就是恶魔的行径，他号召全日本的青年男女将这一思想传遍

1958年3月，户田城圣（右）与池田大作。

中国の歴史学者 章開沅教授と対談

地道な一対一の対話こそ歴史を動かす真実の力！

池田名誉会長は昨年12月13日、中国を代表する歴史学者である華中師範大学の章開沅教授（同大学元学長）を東京牧口記念会館（八王子市）に歓迎。歴史を学ぶ重要性をはじめ、教授の少年時代の思い出や周恩来総理との出会い、教育への信念などをめぐって語り合った。これには同大学の馬敏学長、李佩雲・日本語言文学部長らが同席した。

◆東西の歴史対談◆

池田名誉会長　かつて私は、西洋を代表する大歴史学者であるトインビー博士と、長時間にわたって対談しました。

博士との対談集（『21世紀への対話』）が発刊されて、今年（2005年）で30年になります。

その節目に、東洋を代表する大歴史学者である章先生と、新たな対談を始められることに、深い感慨を覚えます。心が躍動しています。

"若いあなたは、世界に対話の波を起こしていってください"

——トインビー博士は対談を終えるに当たり、私に、こう託されました。この博士の心に応えて、私は、ローマクラブの創設者であるペッチェイ博士をはじめ、世界の各界の識者と対話を重ねてきました。キリスト教やイスラム教、ヒンズー教、儒教など、さまざまな宗教や文化を代表する人物と「文明の対話」を行ってきました。発刊した対談集も、38点を数えます。

章教授　よく存じ上げています。

名誉会長　トインビー博士の自宅で、博士と語り合っていた時のことです。テレビで、ある国の首脳同士の会談が大きく報道されていました。

その時に、博士は毅然と言われました。

「政治家同士の話は華やかに見えるが、一時的な現象にすぎません。私たち二人の対談は地味だとしても、後世の人類のためのものです」

博士の言葉通り、この対談集は26の言語で出版され、世界で大きな反響を広げています。

今、21世紀の世界は、先が見えない。大変な時代に入りつつあります。そうした中にあって、確かな歴史観や哲学が、どれほど重要か。

だからこそ、私は章先生から多くのことを学びたいのです。

◆トインビー史観との出あい◆

教授　私が、トインビー博士と池田先生との対談集の中国語版を手にしたのは、1985年のことです。80年代の初めまで、中国は閉鎖的で、国外で何が起こっているのか、よくわかりませんでした。

DIALOGUE TOWARD PEACE

日本关于池田大作与中国历史学家章开沅教授对话的报道。

全世界。《禁止原子弹氢弹宣言》后来一直被当作创价学会关于和平问题的基本理论。

1958 年（昭和三十三年）是户田城圣生命的最后一年，也是他一生中特别辉煌的时刻。3 月 1 日，总本山大石寺的法华本门大讲堂宣告落成，病情日益加重的户田城圣参加了庆祝仪式。4 月 1 日，户田城圣病情进一步恶化，从富士山大石寺回到东京后住进日大医院。4 月 2 日，户田城圣逝世，享年 58 岁。临终前，他将身后进行宗教革命的重任正式托付给自己最信任的亲密弟子池田大作和一手培育起来的青年部部员。

池田大作于 1928 年（昭和三年）1 月 2 日出生在今东京都大田区大森北的一个贫穷家庭，父亲名叫子之吉，母亲名一，出身大户农家。全家一共七男一女八个孩子，池田大作排行第五。1923 年（大正十二年）关东大地震过后，池田家道中落，特别是父亲的病故，致使一大家人失去了主心骨。

当然，比天灾更可怕的是日本军国主义政府发动的侵略战争。池田大作的整个少年时期都被笼罩在这场风暴之中，他的小学生活一直伴随着嘈杂的军靴声。1945 年（昭和二十年）初美军对东京实施空袭，使池田的家化成一片废墟。池田大作的四个哥哥相继走上战场，大哥不幸被战争夺去了生命。对现实灾难的切身体验使池田对战争的意义产生了疑问，渐渐走上了反对战争、热爱和平的道路。1946 年（昭和二十一年）停战日即将来临之际，池田大作在一个偶然的机会参加了一次“关于生命哲学”的会议。在这次会议上，他遇到了改变自己人生道路、成为人生导师的户田城圣。户田充满魅力的人格感染了他，并让他坚定地走上佛法之路。1947 年（昭和二十二年）8 月 24 日，池田在东京中野的日莲正宗寺院受戒，真正成为创价学会的一员。自此，池田与户田同生死共患难，成了户田的得力助手，并被户田当作心目中最理想的接班人。户田去世后，学会明确提出了团结的口号，并很快形成了以池田大作为核心的新的领导层。

1958 年（昭和三十三年）5 月 3 日，创价学会在东京两国国技馆召开了继往开来的第十八回春季总会。会上，池田参谋室长总结了学会的过去，展望了学会的未来，进一步统一了思想。他把 1930 年创价学会的创立作为起点，将“广宣流布”实现之日作为终点。他把学会发展的战略步骤划分为七个时期，同时明确提出了不同时期学会发展的具体时间和任务：1930—1937 年（昭和五年至昭和十二年），约 200 户； 1937—1944 年（昭和十二年至昭和十九年），5000 户；1944—1951 年（昭和十九年至昭和二十六年），5000 户；1951—1958 年（昭和二十六年至昭和三十三年），76 万户；1958—1965 年（昭和三十三年至昭和四十年），430万户；1965—1972年（昭和四十年至昭和四十七年），755万户；1972—1979年（昭和四十七年至昭和五十四年），789万户。

1958年（昭和三十三年）6月30日，学会加强组织建设，新设置了总务部、庶务部、出版部。池田大作担任第一任总务，成为学会最高负责人。学会秉承户田遗志，团结一致，在新的形势下积极推进宗教政治活动并在地方选举中取得了重大胜利。

1959年（昭和三十四年）4月，学会在各级地方议会中的席位由56席上升到272席；6月的参议院选举中，全国选区的小平芳平等5人以及东京地方选区的柏原易全部当选，得票数共计248万张，占投票总数的8.5%。

1960年（昭和三十五年）5月3日，年仅32岁的池田大作正式就任创价学会第三任会长。在池田大作成为学会的最高负责人之后，学会每年都确定一个相应的中心任务。如1965年（昭和四十年）为“胜利之年”，1966年（昭和四十一年）为“黎明之年”，1967年（昭和四十二年）为“跃进之年”，1968年（昭和四十三年）为“光荣之年”，1969年（昭和四十四年）为“建设之年”，1970年（昭和四十五年）为“革新之年”等。在他的领导下，学会不断创新开拓，日新月异，从组建公明政治联盟走向公明党成立和独立发展，从追求会员的扩张走向学会的规范化、制度化。

1961年（昭和三十六年）6月，学会确立了全国性的综合区域制。与此同时，为保证组织工作的有效运行，本部设立了“创价学会政治联盟”并将其作为专门性的领导选举活动的机构。

1962年（昭和三十七年）1月，创价学会为便于进行政治活动，组织了政治团体“公明政治联盟”，在全国各地设立了77个支部，其政治主张是：通过宗教手段把个人幸

东京创价大学校园。

美国创价大学校园。

福和社会繁荣结成一体，建设人类持久和平和全世界各民族共享繁荣的新社会主义。1962年（昭和三十七年）7月参议院选举时，公明政治联盟提出四项基本政策：反对制造、试验和使用核武器；反对修改日本宪法；举行正大光明的选举，纯洁政界；确立参议院的独立性。此外，学会还提出了19项具体政策，其中包括促进日中贸易，收复北方领土（色丹、齿舞），减轻中小企业、农民、渔民的赋税，实现中小企业的现代化等。从各项政策的具体内容来看，提出了一些改善人民生活的具体措施，强调实行有利于中小企业和中小渔业资本家的政策措施。创价学会还主张设立调整劳资关系的权威机构，在参议院和地方议会排除一切党派活动，进行独立自主的政治活动。学会的这些主张取得了明显效果，得到了更大范围的支持。1962年（昭和三十七年）7月20日，根据日本宪法规定，创价学会在参议院内成立了有交涉权的团体——公明会，获得了单独提出法案和参加讨论议程的资格。

在1963年（昭和三十八年）4月的地方选举中，创价学会在361个市、22个（东京）区和46个都、道、府、县的议会中共有815名会员当选议员，入选率为98%，加之改选的村镇议会和未改选的地方各级议会共拥有1078名地方议员。其中，学会参加东京都议会、五大城市议会和东京都区议会竞选的候选人100%当选。同年8月，创价学会会员增加到360万户，约占日本家庭总户数的1/7，即当时日本每七户中就有一户是创价学会会员家庭。

创价大学校徽。

创价学会日益成为日本一支重要的社会力量，不仅在国内占据了一席之地，而且将触角延伸到了国外，

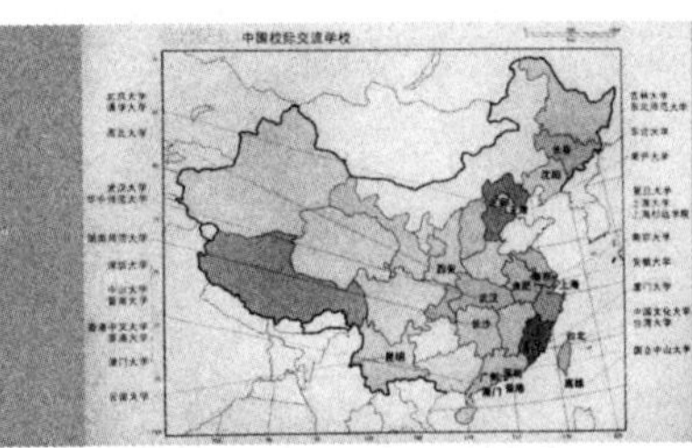

创价大学与中国各地大学开展校际交流示意图。

2008 年 7 月 15 日，长春工业大学创价精神研究会成立大会暨揭牌仪式。

创价大学北京办事处。

1960 年（昭和三十五年）10 月 23 日设置了第一个海外机构——美国总支部。不久，在南北美洲和东南亚等地设立了积极开展海外布教活动的机构——海外部，且很快在欧洲、美洲、东南亚以及中国台湾、香港等地成立了海外支部或联络站。

池田大作就任会长伊始，便高举和平大旗，着手海外的传教事业，当年访问了美国、巴西、加拿大，之后又先后访问了印度、斯里兰卡、缅甸、泰国、柬埔寨、丹麦、西德、荷兰、法国、英国、西班牙、瑞士、奥地利、意大利、伊朗、伊拉克、埃及、希腊、巴基斯坦、土耳其、黎巴嫩、菲律宾、澳大利亚、捷克斯洛伐克、匈牙利、挪威、墨西哥、葡萄牙、秘鲁等国家。在池田会长的领导下，通过广泛的国际交流，学会影响日益扩大，真正成为一个国际性的宗教文化团体。1975 年（昭和五十年）1 月 26 日，51 个国家的代表齐集关岛，召开了第一次世界和平会议，正式成立了国际创价学会（SOKA GAKKAI INTERNATIONAL，简称 SGI）。此后，创价学会在国际上取得了飞速发展，截至 1976 年（昭和五十一年），国际创价学会会员达到 43 万人，其中北美洲的会员约 237500 人，中美洲 8000 人，南美洲约 135000 人，东南亚约 39000 人，欧洲约 8600 人，中东和非洲约 2400 人。截至 2001 年（平成十三年），创价学会会员遍布近 200 个国家和地区，会员约 1200 万人，成为世界宗教界一支不可轻视的力量。

特别值得一提的是，1971 年（昭和四十六年），创价学会继承和弘扬牧口常三郎创价教育理念，创办了创价大学，把世界当作舞台，积极推进为了世界市民的联合的教育理念，给牧口先生的教育构想中注入了新的血液。创价大学自建校以来，以“成为保卫人类和平的要塞”为根本出发点，积极推进与世界各国大学的交流。截至 2008 年，交流横跨欧亚非、南北美及大洋洲，涵盖 40 多个国家地区，100 多所大学。其中，创价大学与 30 多所中国高校进行了友好交流。

创价教育思想的三大基石

以价值为主线的哲学思想

牧口常三郎对价值问题十分重视。“价值”一词是牧口哲学思想的中心词，也是理解牧口创价教育思想的切入点。这一点，从他在1931年（昭和六年）出版的《创价教育学体系》第二卷的原版序言中可以得知：“为什么我是如此密切地涉身于这困难的价值问题，以致全心致力于对它的研究呢？这也许是因为我研究的课题始终关于日常生活方面的缘故。《创价教育学体系》的目的，在于寻求指导学生生活的因果律。无需说，人类生活的目的在于追求价值。在学习这门科学时（它和人的生活是密不可分的），价值问题必定是不能回避的前提性的问题。”

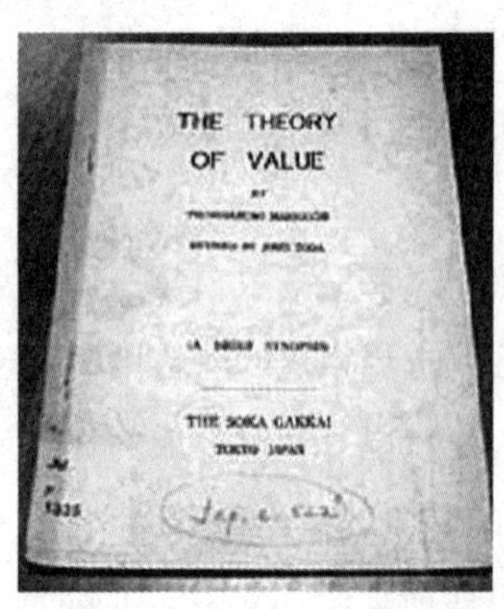

1953年，户田城圣出版的牧口常三郎《创价教育学体系》修订本。

《价值哲学》书影。

牧口常三郎的哲学思想主要涉及真理、价值、认知与评价以及人生等方面，紧紧围绕“价值”进行阐释。虽然“创造”是贯穿其哲学思想的主题词，但牧口并没有对其进行深入透彻的专题分析，更多的是将其融入“价值”的论述中。

牧口常三郎的哲学思想主要体现在《创价教育学体系》第二卷中，在他逝世十周年之际，其门徒、创价学会的第二任会长户田城圣对此卷进行了修订再版，并命名为“价值哲学”，以兹纪念。

价值范畴是牧口常三郎创价哲学思想的核心所在。牧口常三郎把正确认识价值作为理解其创价哲学的切入口，认为没有对价值的正确认识，就难以理解创价哲学，而要弄清这一问题又必须从理解人生活的目的开始。

有一次，白金寻常小学的一位教师就价值问题请教了牧口。

“校长，能说说什么是价值吗？”

牧口很吃惊，他没有想到眼前这位平时并不习惯于交往的教师对价值问题感兴趣。

牧口沉思了一会儿，微笑地进行了讲述：

“价值与人类生活紧密相联，脱离了实实在在的生活，是没有价值可言的。我们每个人生活的目的在于追求价值，生活的最高和最终的目的是幸福。不管一个人是否意识到这一点，幸福始终是人生活的一种状态——一种人人都渴望的理想的状态。幸福是有无数的层级的，但是人活着总想获得最高级的幸福。”

如实描述客体的真理观

1934 年（昭和九年）9 月的一天晚上，毕业于北海道寻常师范的两个朋友前来拜访牧口，两人都是教师。

“你认为人生的目标是什么？”牧口开口问道。

“……”两人面对突然的提问不知如何回答。

“归根结底是幸福吧，它的内容很有价值啊。”牧口进行了引导。

“说到价值的话，是康德所说的真善美吗？”

紧接着，牧口进行了耐心解答：

“不对，真理和价值是完全不同性质的。什么是真理？当一个人想要发现真理时，他总努力要抓住一些共同的或普遍的东西，使之与宇宙间的各种各样的对象区别开来。一个事物被如实地陈述出来时，我们说这是事实或真理。比如，我们说这是一匹马，当对象既不是牛也不是羊而正好是被社会公认的马时，即事物正好如其所是的那样被陈述出来时，我们叫它真理。如 $(a+b)^2=2a+2ab+2b$ 这个等式，不论时间、空间和人的不同，都被公认为是真的，我们才说它是真理——否则它就要被称为谬误。

真理总是真理，它绝不能同好恶这样的感情纠缠在一起。假定有一个瀑布，在这种情况下，说这是个瀑布，就是真的；而说这是一条河，则是假的。无论表述如何，是瀑布的现实是不会改变的。因此，在瀑布确切地被认作瀑布时，不管它与人的生活的关系如何，这表述都是真的。不会存在这样的情况，即由于某物是真的人们就喜欢它，因为它是假的人们就恨它。人们喜欢真理而不喜欢谬误，就像人喜欢美、利、善而不喜欢丑、害、恶一样。确实，无人喜欢撒谎的人或骗子，可在这样的情况下，我们不喜欢的也只是撒谎者而非撒谎本身。

真理，作为对从客体的变动的偶然的因素中抽象出来的不变属性的准确描述，当然是不变的。从这一点来看，真理是绝对的。

如果实体与主体相关联，对主体生活有一定的影响，那么，这就不容许主体以一种静观的态度去冷静地考察它。他不会像一个旁观者那样客观地去对待它，而是会带有强烈的主观感情，这样会得出不同的看法。从这个意义上说，真理具有相对性。

不管怎样，真理不能被创造，而是被发现。真理是对为我们的五官所反映的事物的正确陈述，但是，其中掺进了主观的观点。”

“如何证明对一个事物的认识是否可靠呢？”一位教师继续追问。

牧口回答说：“是不是真理，在谨慎的实验后才能知道。当然，在我们用实验决定真理和谬误时，会出现两种情况。一种是我们得到了相同的结果从而肯定一件事实，这样我们就容易同意一个判断。另一种情况是结果与我们所期望的不同，我们被迫要否定一个判断，这就很容易作出草率的决定。

所以，我们必须小心谨慎，不要由于几次结果很不满意或是未能产生确定的成效就形成判断不真的草率结论。我们应该多角度进行考虑，反思是否存在自身或者技术的原因。草率的结论只会暴露一个人的无知。在我们处理复杂事情时，我们要越发慎重呀。”

两个年轻的教师面面相觑，他们初次听到价值论。三个人从傍晚 6 点半开始谈起，不知不觉就到了凌晨。两位教师被牧口高深的理论和独到的思考所吸引，临走时，其中的一位教师说：

“今天我们受益匪浅呀，改天我们再来请教。”

“我也是一个门外汉，一起学习吧。”牧口笑着目送他们走了很远。

以美、利、善为核心的价值观

价值是一种关系力

几天后的一个晚上，两位教师再次敲开了牧口常三郎的家门。

“真是冒昧呀，校长今天能再为我们讲讲价值问题吗？”

牧口收拾了一下书房，让家人沏了茶，很快进入了正题。

“价值，说得简单些，就是对主体和客体关系的陈述。它是客体与人生活之间的感情关系。比如我们说这匹马是美的或这匹马是有用的时，我们便对价值进行了表述，描述了马与人的关系。而那些对人没有影响的事物不会引起人的注意，人们甚至连它们的存在都毫无意识。人会注意那些影响他生活的事物，感觉到他和它的关系；对那些威胁他生活的事物，他会更加注意。”

“校长的意思是说主体与客体间有一种力量存在吗？”

“是的，我表述的就是这个意思。价值是客体和主体之间的相关力。它意指二者之间这种相关力的质和量，即客体影响主体在质和量上达到什么程度。一个客体与我们发生关系，丰富了我们的生活，我们称这种状态为价值。”

“价值大小取决于客体与人之间的关系力，是不是可以这样理解呢？”

“正是。”牧口看到两位教师对自己的讲述有了深入的理解，高兴地说。

接着，他就关系力进行了讲解。

“客体是否有价值，价值到底多大，要看客体与我们的关系。客体能满足我们的需要时，我们就说它有价值。比如一套特别脏的衣服，对一个富人是没用的，因为这样的衣服不能满足他的需要。但这脏衣服对一个有许多孩子需要供养的穷人来说，可能就有很大价值。

价值大小根据客体与评价者生活的关系的大小而不同，通常用利或害来表达，评价者通常也都是个人。

比如，在明治时代，拥有一盏纸糊的灯罩的油灯是很大的幸事，但在电灯已经普及的时代，油灯已变成了无人留意的无价值的存在，有时人们甚至把它当作讨厌的东西，虽说在停电时它的价值还能恢复。因此，即便是同一客体，其价值也根据时间的推移而变化。同时，价值还根据评价主体的不同而不同。有价值的事物可以变成无价值或负价值的事物，也可以从无价值或负价值的事物变成有价值的事物。”

“校长，还有无价值的事物存在吗？”

“当然，事物对评价主体的需要为零时就称为无价值。假设有 10 袋木炭，在一个冬天烧掉了 5 袋，其余的 5 袋没用。在这个冬天开始时，每一袋都具有相对的有用性，因为木炭所有者不能准确地知道需要多少袋木炭。可是到了夏天，剩下的 5 袋木炭对于评价主体的生活就没有价值了。这 5 袋木炭尽管都可以盼望在下一个冬天重新获得价值，但至少在夏天，出于取暖的目的来说它们是无价值了。而在下一个冬天来临时，出于取暖的目的它们又重新获得价值，创造了与在上一个冬天它们所具有的同样的价值。这样，我们就能认识到，在夏天，就取暖的目的而言，这些木炭的存在是无价值的。我们可把它在这几个月中所失去的价值理解为相当于零或者无价值的概念。”

“那么价值中到底含有哪些要素呢？”

“我个人看，价值可以分为评价主体、评价客体以及它们之间的关系三个重要内容。我们还可以把价值的要素分为客观要素和主观要素。”

三人的这次交谈，不仅让两位前来讨教的友人豁然开朗，也使牧口对价值问题有了更明晰的思考，从后来牧口出版的《价值创造》一书中不难看到。现简要列举如下。

价值存在与不存在并非绝对

价值的存在与不存在并不是绝对的。一个被作为无价值而被忽略的事物，根据人、时间和价值具体条件的变化，碰巧创造了意想不到的价值。比如，打碎的瓦片一般被认为是无用的，但为了平整土地或改造低地，它被建筑工人用于平整或填充的土块，此时就能起到好的作用，也就创造了价值。因此，只有在一个事物被发现是有用时，它才创造价值。在这个意义上，我们可以说在一些条件下即使客体存在，它也没有什么价值，这在经济学上就叫作“愉悦递减”规律。在重复已经体验过的快乐时，愉悦程度就相应地递减，第一次所体验的愉悦感会消失。

牧口常三郎的著作。

价值只能被创造

创造意为人们发现和评价一个自然存在的客体和人生活之间的关系，并使之与人的生活建立起更密切的联系，同时通过人的力量改变这种联系，从而产生一种新的价值。创造即是借助于人手把自然的通常次序改变成特殊次序，从而增加它对人的生活的有用性。严格意义上说，创造只能被用于价值。

价值的要素是美与丑、利与害、善与恶

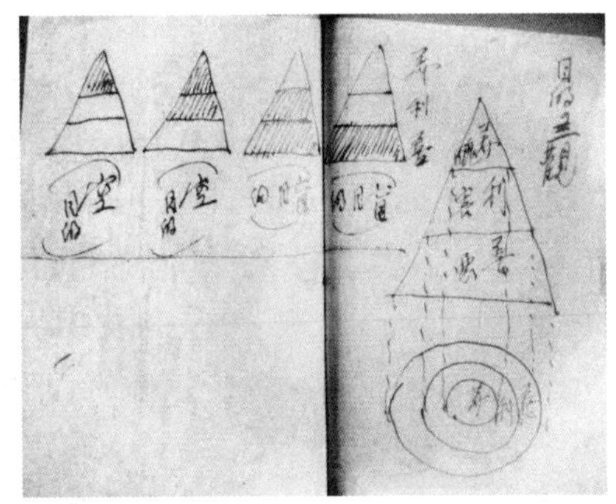

牧口常三郎对“美、利、善”三者关系的图解。

价值的要素是美、丑，利、害与善、恶。

美和丑是可感的易变的价值，是人通过视觉、嗅觉、听觉、味觉和触觉而感受到的，是感觉价值。美与丑对感觉器官有直接影响，而对个体的生活产生间接影响。利和害是一种直接影响个体全部生活的相关力，是关于个体整个生活的个体价值。所以，可以把它称为个体的或整个人的价值。对个体构成的较大群体——社会有影响的相关力，可以称之为集体的和社会的价值。善和恶是关于集体生存的社会价值。一个人的有益的行为被叫作“善行”，相反则为“恶行”。善和恶表示社会评价，而利和害则表示个人评价。

价值类型的差别归结为评价主体反应态度的差异

衡量价值的标准或尺度是评价主体接触客体过程中产生的反应性态度。

根据客体性质的不同，可以将客体分为道德客体、审美客体和经济客体。三者之间的差别并非基于客体性质的差异，而是基于评价的标准或尺度，即主体态度。对于一个人的行为，人们从各自不同的观点出发，以不同的标准进行评价。例如，一个醉汉的粗野举止好像一出滑稽剧般令人发笑，和他没有任何关系的儿童或碰巧从旁边经过的年轻姑娘和妇女都会嘲笑他。然而，自认为有责任建立公共道德和强调严格纪律的人，不会满足于“令人发笑”或“滑稽可笑”这样的轻蔑评价，他会在道德上为其感到遗憾，并试图通过谴责、劝告使醉汉反省。和他有直接关系的亲戚、朋友或相识将会以不快或痛苦的强烈感情对待这种行为，好像对方与他有关似的。如果使他的名誉蒙受耻辱，或者损害了他的人格，他对对方的态度自然会改变。最终他将在经济判断的基础上评价对方，并按照自己的意愿行动，或反对，或屈从，或逃避。

肯定的价值为正价值，否定的价值为负价值

如果对生活有用的方面被认作是有价值的，那么，将否定的方面称为负价值，这比称为无价值更为恰当。如果价值归于零后，再沿着同一方向进展，就会达到负价值的状态。

我们可以将外部世界的现象分为两种，一类对人类的存在具有积极的作用，另一类

牧口常三郎写给户田城圣的信件。

则是有害的。与善相对的恶，与利相对的害，与美相对的丑，代表了人类生活的否定方面，我们叫这些否定的价值为负价值，反之，我们称之为正价值。负价值不能被叫作无价值，因为它的存在会妨碍生命的保存和延长。正价值和负价值之间的相互关系，相似于数学上的正号和负号的关系。不过，负价值与正价值可相互转化，即负价值可创造正价值，正价值也可形成负价值。比如一个人得了伤寒病，这病是负价值存在的例子，可是他由此获得了后天免疫力，变得比以前强壮了，这时芽孢杆菌则具有了正价值。外敌和动乱这样的负价值如果使得一个国家更强大了，就产生了正价值。

经济学上价值的两种意义：效用价值与交换价值

经济学上价值有两种：效用价值与交换价值。效用价值是对效用的衡量。效用和价值的关系是不可分割的，难以想象价值能够不依赖效用而存在，没有效用，价值就不存在。交换价值，意味着当一个事物的效用比率与其他事物的效用比率相比较时，那种被表示的财产价值。

效用价值意指每个个体主观的利益，而交换价值代表社会普遍赞成的效用价值。当主观和个人的利客观上为一般公众所承认时，我们就把它叫做交换价值。

善只能被社会规定

牧口常三郎指出，像善和恶这样的评价术语，只为社会所独用。

善的定义是“公共的善”。“公共的”，意指由个体和家庭构成的、被称作社会群体的共同体。“公共的善”不是个体的利或者一个家庭的利。当“私人的利益”和“公共的利益”相冲突时，“那种不顾公共善的自私的利是恶”。换言之，和公共善相矛盾的自私的利是恶，和自私的利相对立的公共善是善。

善的意义是根据社会背景确定的，善只能被社会规定。利和美是从属于个人的价值，善则是社会的价值。后者之所以具有优越性，是因获得利、害、美、丑价值的评价主体是作为社会一个成分的个体。因此，利、害、美、丑的价值直接与个体相关，不能进一步扩展到社会，因为这些价值有时会产生相反的效果（恶）。评价公共善和公共恶的主体是社会本身。而且，被确定为善和恶的客体，仅仅是作为评价主体的同一个社会的要素即每个个体的有意行为。所以，这个评价客体和利、害、美、丑不发生直接关系。

善的意义随着社会条件的变化而变化。在古希腊，善表示力量、勇敢和慷慨。此时，社会处于原始的、不安定的状态之中，人为了在与自然的关系中生存下去，不得不极端强有力和勇敢。当今，个人主义者会说，善是爱自己，而一个基督徒会说，善是爱他人。很明显，善的意义不是永恒不变的，而是随着社会条件的变化而变化的。

善恶、利害具有相对性

利可以有许多层级，从小的、眼前的到大的、长远的利益。害也可从小到大排列，从暂时的到长远的分类。这种分类对善恶也同样适用。根据时间和空间条件，依照它们的程度，人们作出关于善恶、利害的决定。一个在此时是善的行为，随时间的推移可能被评价为恶的。在这种情况下，这种善的价值就叫作较小的善。一个在几十年或几百年以后都被认为是善的行为可称为较大的善。一个被社会的一小部分人认为是善的行为，在被大多数人认为是恶时，它也是较小的善。相反，一个所有人都公认为善的行为可被称为较大的善。

如果较小的善反对较大的善，它就被评价为恶；较小的利与较大的利相比，也是害。比如一个行为在东京被认为是善的，但它伤害了日本，所以也就被认为是恶。即使被一个民族认作是善的行为，如果它伤害了全世界，它也被称为恶。各种善，包括最小的和较小的善，相比于较大的善都是恶。

邪恶之人既不会安全，也不会幸福

不顾利害，被眼前的小利诱惑，是愚蠢的。与那种短暂的喜好和厌恶相比，利害是持久的。被甜言蜜语欺骗的人，也属于蠢人。与作为个体本性的利害相比较，善和恶是相对社会而言的。迷恋利害而不顾善恶是恶，那些受个人和家庭利益蒙蔽，做有害于社会和国家福利的恶事的人是不健康的。不履行义务的人，尽管他们的品行未必违犯国家的法律，同样也是邪恶的人。这种不考虑社会的邪恶之人，既不会有个体的安全，也不会有个体的幸福。

牧口常三郎生前使用过的眼镜。

不行善即是恶

不行善事就等于在作恶。假定我骗取你1000元钱，你的一个朋友尽管知道我的行为不对，但既不劝阻我也不警告你，其结果是那位不行善的朋友和作恶的我同样是不当的。那位知道你面临危险而不警告你的朋友，可以说比我更应受到谴责。再比如，把你的朋友放在一旁，设想你和我进入了直接商谈。如果你有着生气勃勃的生命力，我就不能找到欺骗你的机会。如果你失去了这样强盛的生命力，你像我一样应受到谴责，因为你的钱被骗走不是行善。这听起来似乎令人奇怪，但事实证明，你不仅遭受了1000元钱的个人损失，而且帮助我作恶，这是你生命力虚弱造成的。行为邪恶的人接受惩罚自不待言，缺乏积极的生命力的好人必定遭受惩罚也是真实的，他会招致日常生活的直接损失，遭受精神上的损失，最终他也许会变为病态或走向衰竭。

只警告他人不要行不当，而不指责他人不行善，这是不合理的，这不能提供任何根除社会恶的根本手段。

善恶在一定条件下转化

相对大善，满足于中善，意味着作了恶；相对中善，满足于小善，也意味着作了恶。在大善面前，各种中善和小善都是恶。假定在一个漆黑的夜晚，你需要一盏灯。我有许多手电筒和纸灯笼，但我只借给你一个纸灯笼。你虽然感到不方便，但还是用了。事后你知道我有方便得多的手电筒而瞒着你，这时你会憎恨我，而不会感谢我借给你灯笼。灯笼只是在电灯不适用或缺乏电灯的时候才有用，所以当有电灯的时候，一个人首先感到的是灯笼不方便和黯淡。善的价值就是这样，大善出现之前，小善是有用的，但是如果一个人发现了大善而不去做，或者对遵循大善的其他人怀恨在心，他所行的中善或小善就变成了恶。

恶能成为善。与大恶背道而驰走向中恶，意味着向善；与中恶背道而驰走向小恶，也意味着向善。

善恶程度依行为人的社会地位高低而升降

小恶随着主体社会地位的升高逐渐变成大恶，大恶则成极恶。善的情形相反，主体的社会地位越高，善的效果越大。无论是普通公民、政治家、警察局长、地方长官，还是一位政府部长，假定他抢劫一个贫穷的家庭，或者他直接或间接地残害一个安宁的公民，当然，罪行都一样；但是，因其社会影响的不同，对罪行的惩罚会由于罪犯的社会身份不同而各不相同。基于同样的理由，向河的源头投毒的佛教徒和神道术士干的恶行，是需要予以最重惩罚的极恶。如果一个人站在大恶一边反对大善，或者因赞成大恶对大善怀恨在心，那么他自然会因为他的行为而被处重刑。这个原则更适用于善人而不是恶人，更适用于地位高、受到尊敬的、著名的领导人，而不是普通的善人。一个人越是值得尊敬，越应当深思熟虑并因此控制自己。如果孟轲反对孔子，这位“亚圣”会立刻被降低为一个邪恶的人的形象。

当今世界是可怕的、病态的。释迦牟尼在3000年前预言的腐败的末法世界必须归咎于身处高位的僧侣、貌似有伟大美德的人、有智慧的人和地位显赫的有学问的人。这些人憎恨和轻视大善，奉承和支持极恶，尽管他们看起来似乎是有智慧有美德的，但为的只是竭力维持他们的职位和既得利益。确切地说，这些显赫的人所作的恶远比偷窃者和谋杀者的大恶更坏，远比右派分子和左派分子所导致的社会邪恶更坏。

善的基础越牢生活越稳定

一种生活观确立后，一个人的日常生活归于稳定。反之，没有明确的生活观，生活就变得不稳定。基于社会善，包含个人的利和美的价值的日常生活如图1所示。如图2，在日常生活中一个人根据喜欢或厌恶进行判断，不仅忽视了毕生的利，而且也没有考虑善。图1所显示的生活是稳定的，因为它具有一个大的善作为基础，而图2所显示的生活却是不稳定的，因为它是由小的善构成的，基础不牢固。

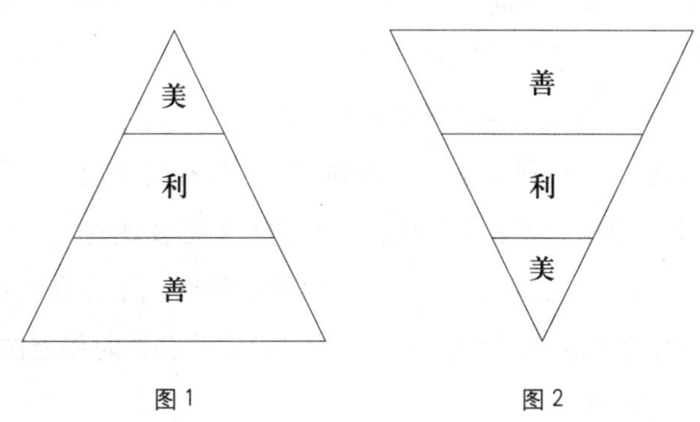

图1　　图2

忽视个人利害而谈善恶是不现实的

要求对国家或社会作贡献而完全不考虑个人的利和害（即个人的生活权利）的善和恶，是不现实的善和恶，这种善和恶只是空中楼阁。迫使人们在自己的日常生活中遵循这种超常的道德是困难的，一个人只是在特殊时期才应该冒生命危险为公共利益服务。“高于自我的服务”这个在太平洋战争期间日本提出的口号，在日常生活中是行不通的，因为通过消灭他的自私欲望来破坏人的生活是不可能的。只有当至高无上的目的观在人类生活中树立起来时，这一口号才应该成为一般的要求，否则是没有意义的，法令会可耻地死去。

“如果个人为国家和社会服务，一切都会成为幸福的”——这个主张在某种意义上是有理由的，但国家和社会的幸福与个人的幸福同一，如果忽视个人幸福，也不会有社会幸福。

美的价值在感觉中获得

善行并非必然是美好的行为，美好的行为也并非总是善行，两者之间有时存在着很大的差异。但是，在大多数情况下，丑的行为与邪恶的行为相同。美的价值最显著的特征在于它是在和感觉的联系中获得的。当美的心灵通过表情、姿态、举止等体现出来时，这些行为具有了美的价值。在看一场演出或者听一个滑稽故事的过程中，当人们给令人感兴趣的事情以极大的注意力而不考虑时间和社会尺度时，尽管他们避开了善行，但这个事实证明存在着审美价值，审美价值主要是从兴趣这个层面而言的。

注重客观事实的认知观

认知观，是牧口哲学思想中的重要内容。牧口在《价值哲学》一书中就认知的内涵、意义、途径等问题提出了一系列独到的见解。

认知是主体对客体性质及其与主体关系的了解

认知意味着感知客体的性质，获得客体的概念。认知是了解客观实在的性质以及它与主体关系，形成不同或相同观点的过程。认知的对象是客观的。

认知主要根据事先设定的客观标准，确定客体的存在或不存在、相同或不同。认知的客体有固定的，也有变化的、流动的。认知的主体在对待客体时要遵循客观观察的原则，将主观因素减少到最小程度。

评价是对客体和主体之间相关力的衡量

仔细地审视一下我们的日常生活，会发现评价有两种，一种是在完全认识了一定环境中的现象或实体后再进行的评价，另一种是先评价然后再认识它。在日常生活中追求某些东西，也有两种情况。一种是仔细地考察某物和我们日常生活的关系，即认识了事物的价值后我们才想要得到它。另一种是因为某物很时兴，或因为别人说它好，我们才认为它是好的。在这两种情况下，人们都根据客体与自身的关系大小来作出评价。

总之，主体在一定程度上意识到客体的影响时，主体就相应而动，这个活动就叫作评价，评价是主观的。评价的客体是对主体的存在有影响的现象。评价是对客体和主体之间相关力的衡量。

经验活动和交接活动相当于认知与评价

经验活动意味着认知客体，在经验状态下，主体忽略客体与他的生活的关系，并尽可能精确地观察外在的和内在的现象。经验是感觉与理智的互动，主体以第三者的身份冷静而客观地观察事物，排除情感和主观因素。交接活动则意味着评价客体，在交接的情况下，主体对客体不能采取静观的态度，而是把客体作为与人有关系的事物去观察，考虑其对人的生活的影响。主体在这一过程中产生了情感反应，享受客体对他的影响，同时也有所付出。

友谊是感觉或情感的互动。在这种情况下，主体不把客体看作无关的存在，而是作为与他的生活有密切关系的人格存在。因此，主体对客体就不能采取漠不关心的态度。如果他正和一个姑娘约会，他会控制不往内心的颤动，虽然他在理智上尽力克制。这就像一首古诗里说的：

> 虽然我尽力藏隐，
> 我的爱还是显露。
> 直到别人问我，
> 为什么我在出神。

在这种情况下，他不是在仔细考察对象，而是被对象感动。

人接触外部世界的方式不同，对对象的态度也会有差异。在相当于认知的经验活动中，主体对对象始终持有纯粹理智、冷静的态度；在相当于评价的交接活动中，人与对象则基本上是情感交接。

认识事物必须通过经验活动和交接活动共同进行

牧口常三郎的书信原稿和他爱用的钢笔。

为了理解外部世界，经验活动和交接活动必须联合进行，共同起作用。如果缺乏其中之一，人就不能熟悉对象，不能理解事物的真理。一些优秀的科学家总倾向于仅靠理智来思考事物，把他们观察到的东西认作是事物的本质。他们高度评价自己认识的结果，不关心研究的过程和情感的方面，满足于没有具体思想内容的虚假的、模棱两可的概念，事实上，仅靠理智的分析不能达到明了事物的真正目的，只有感情的交接才能搞清楚内在价值。当然，仅有密切的关系也不足以清楚地理解事物。日常生活中，有些人失败是因为太理智化，一味按理智办事。所谓的书呆子气、迂腐，表现的正是过于理智化的知识分子的缺点，而有的人失败则是因为太爱动感情。

经验和交接似乎是相反相成的概念，它们实际是整体和部分的关系，正像理智和感情是整体和部分的关系一样。有时，尽管我们采取了一种中立的态度，也不可能把握住事物的本质，只有在与客体进一步的交接中，有了进一步的交流后，我们才能真正认识事物。

认识事物需经过直观与思维两种方式

认知客体可以有两种认识，一种由直观而来，另一种由思维而来。前者由刺激各种感官而获得的直接感觉所构成，被称为知觉。后者意味形成抽象概念的过程。在这个过程中，思维把各种具体观念分开，对之进行比较，分析和综合每个观念包含的性质，抽象出所有观念共同具有的性质，抛弃那些非共性的要素。根据这些抽象概念，具体观念中所包含的那些作为客体一部分的同一性质就被认作和理解为同一类，应用于我们的日常生活，这就是思维过程。

思考、思想、推理、论证，这些词的意思有所不同，但它们都代表着相同的精神机制。思考并非学者的专利，在日常生活中每个人都在实际地使用它，虽然人们通常并不知道自己正在使用这种方法。推理或思考并不是通常认为的只是由思想家所从事的困难的任务，它不过是我们比较客体概念，找出其中的同一性质的过程。

思维的最终目的在于形成概念，意识对直观的内容经过一定的加工之后，我们才能达到最终目的。这种加工机制就是把直观到的内容相互比较，从不同的现象中发现共同的特征，挑选出始终如一的因素，抛弃不具有共同性的因素。

人要认知事物，不仅要有观察能力，而且要有比较并将之加以区分的思维能力。在形成一个概念的诸因素中，除了直接观察的识别力外，还要有推理或推论的思维能力。因为通过思维，人们可以比较外观上各不相同的事物，从中抽象出同质的因素，形成种的概念，认识事物的本质。

一定要透过现象找本质

在观察事物的过程中，我们从不断变化的现象中挑选出那些不变的东西，把它认作是本质。至于那些可变的部分，我们则把它们同本质的因素区别开来，丝毫也不去注意。

我们必须全面理解知识与日常生活的关系。没有知识的生活是在黑暗中摸索的生活，而离开生活的知识则是空洞的理论。每个人判断的基础限于自己经验的范围，因此在出现规律同以往的经验不一致的情况时，人们认为这种情况是不正常的，除非规律完全符合经验，否则就无法作出判断。如此，他的思维活动只是在回忆的范围内进行而不能超越它，这就是一个人缺乏经验时的缺憾。就像一个老人，依据其经验和努力，经过自我奋斗获得了成功，受到社会的尊重，他是如此确信他的经验，以致在一件事同经验出现不同，或是他能用经验轻而易举地分析一件事时，他就无法听进他人的意见。即使接受别人的建议，他既不理会别人的解释，也不试图照别人建议的去做，固执地坚持自己的经验而缺乏灵活性。虽然说他根据对本质的认识而获得自信，然而他不考虑超出自己理解范围的事情，不能了解事物为什么如此的基本原因，也不能系统地把握抽象的规律。这种状态是未受教育的无知的人们常用的思维方式的结果。这一点对那些脱离日常生活知识的学究们同样适用。由于把通过无评价伴随的认知而获得的片面知识当作是全体，即只通过经验而没有与别人交接，这就形成了错觉，对人们产生了有害的影响。为此，认识事物时，我们应该先对同样的事实做广泛的观察并进行比较，将非本质的现象与本质因素区别开来，并透过现象找到本质的东西。

没有什么比混淆认知与评价更为糟糕

由于缺乏思辨力而混淆认知和评价，是我们认识的巨大障碍，甚至在高级知识分子每天的谈话中，也能发现这种混淆的现象，所以必须将它们作严格区分。混淆表现在人们根据自己的好恶随意下判断，如此导致的结果常常使人在思想和行为方式方面都误入歧途。恰当的评价必来自对事实的正确认识，奉若神明会导致许多恶行。

假定一个学生问他的教师："这是什么？"教师却严厉地申斥他："像这样的事你都不懂！"他就明显地把认知同评价混淆了，学生并非是让教师评价他的能力，提问仅仅是因为他不明白某事，正寻求指导。对一个人的评价，诸如有能力或无能，只有在了解了他以后才能作出。所以，一个教师欲使学生有更好的理解力，却把学生的注意力转移到别的他并未寻求的事情上，这就是没看到问题所在，甚至吓唬了学生，这样的教师是一个忽视学生智力的教育者。在这种指导下，落后的学生会变得更加迟钝。在指导孩子们准备功课时，父母、兄长或姐姐们易于责备他们，因孩子理解力差而烦躁恼怒，想当然地认为责备能达到促进孩子学习的目的。实际上，这却是由混淆评价和认知引起的误解。相似的情况在社会的各个层次——政府部门、贸易公司和较小的企业、工厂中都能经常看见。

认知和评价的混淆往往导致世人处于各种混乱的状态中。大多数人倾向于把真、善、美放在同一水平线上，或认为它们是三个部分之间的关系。可是，善和美的概念是不应同真放在同一水平线上的，因为它们与真没有关系。在实用主义那里，真理被认作是一种逻辑价值，真理就等于价值，其实不然。

个人评价用利、害，社会评价用善、恶

同一个客体既能表述为利、好，也能表述为害、坏。如果国家准备修一条铁路而占用土地，一个农民不得不把他的土地捐献给国家，在这种情况下，修铁路对国家是有利的，但是对被迫献出土地的个人来说却有害。因此捐献一块土地的行为对个人来说是害，而它对国家则是善。这件事也就被国家认为是善而给予赞扬。

评价词善和恶，是社会评价作为该社会之个人行为时所使用的词，这种评价只是被社会认可的价值判断。只有在社会赞扬或制裁个人时，善和恶才是适当地被大家认可的评价术语。在个人之间，善、恶也常常被使用，但是它们只能限于有限的范围内，不能被看作具有被一般公众认可的普遍有效性。可见，同一客体被看成是利、害或善、恶，这依赖于评价主体——主体是个人时，用利、害来表述价值；主体是社会时，则用善、恶表述价值。

一切为了创造价值的人生观

没有远大社会抱负的生活是黑暗的

当代社会最严重的恶在于缺乏远大的社会抱负，人们只是为自己的个人利益而生活。一些人为了薪水，或者为了养育孩子而工作，还有些人以一份工作为目标而从学校毕业。然而，人们对于怎样用他们的钱，把孩子培养成怎样的人等问题并没有明确的观念，他们的未来是黑暗的。这些人对财富和安逸充满燃烧着的欲望，他们为眼前的小利所引诱。由于没有走出自我的小圈子，因而不断地抱怨。正如大圣人日莲所说，我们生活的世界充满着贪婪、愤怒和愚蠢。如果没有确立远大的社会抱负，只满足于个人获得的小利和小善，他们将继续像从前那样。

人应该活得有价值，有价值的生活才是幸福的生活。幸福的实质和要素是价值，利、善和美是价值的内容。为了大的价值，我们必须放弃小的和中等的价值，追求以大善社会价值为基础的生活，这是人类生活的终极目的和达到绝对幸福的途径。

地位和财富不等于幸福

那些视积聚财富、谋取高位为人生目标的人所持的幸福观只是以偏概全，根本难以达到完全幸福的境地。牧口以财富为例，对那些只顾囤积财富、愚昧地虚耗人生的人进行了劝告。他指出，没有其他东西像财富那样，会对个人的幸福和整个社会的利益造成如此严重的破坏。富翁不断积累财富，认为拥有财富和地位便等于拥有真正的幸福，他们深信自己的财富会变成孩子的幸福，于是越积累财富就越感不足。其实，一切只是幻觉。把大笔财产留给孩子往往适得其反，孩子习染了种种敛财的卑劣行径，只会令他们不幸。在这个充满无情竞争、实利主义的时代中，我们应当谨记“幸福是不能像财产一样继承的”这句重要的训言，与其天天胆战心惊害怕别人超越自己，倒不如通过了解生命之源去寻觅心境的宁静，体验施予的恩德和快乐。

只有分享和承担社会的成败，才能获得真正的幸福

获得幸福的客观因素分为个人和社会两个层面，两者互不排斥，且后者更具影响力。真正的幸福不能单从个人的范畴来决定，因为人不能离群独居，人与人是息息相关的，周围的社会环境会直接或间接影响我们。若忽视这一事实便会堕入狭隘的自我主义中，而且这种自我意识跟幸福毫无关系，更不是教育的目的。事实上，生活在守卫森严的华丽大厦中，我们或许能在短期内过着无忧无虑的生活，但终有一天会觉醒到自己的自私和思想狭隘。坚持只从个人利益出发，个人和社会之间的摩擦便会抵消个人的利益。因此，我们不应单单追求个人利益，而应牢记个人承担着与社会共荣共存的责任。

幸福与创造的价值成正比

人的生活方式既不应是“受力型—依他型”，也不应是“自力型—独立型”，而应是“授力型—奉献型”。真正幸福的人生是“奉献型生活”，不是简单的自我享受，更不是以自我为中心的对外界的索取。真正的幸福在于本着对社会的责任感创造并奉献“利、善、美”，而且，一个人的幸福与他创造的价值成正比。为此，培养社会人理应成为教育改革的出发点。

人是社会的产物，个人的发展依赖于社会，受制于社会，人的身心发展的各个方面

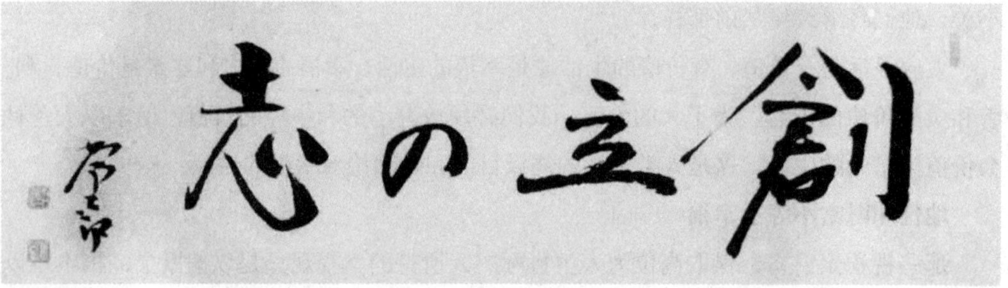

创价教育学会创立时牧口常三郎亲笔题写的“创立之志”四字。

都靠社会提供营养，人的一切都从社会中来。人之所以为人，只因他生活于人群之中，参与社会生活。教育改革应该立足于社会，使受教者的家长所组成的社会团体感到满意，得到社会的认同。教育的目的与人生目的是一致的，而且教育目的应符合人类共同的生活方向，顾及父母和国家的需求。虽然教育的目的是让儿童获得幸福的生活，然而，如果想要祈求真正的幸福，只限于个人的范围是绝不可能得到的。因为在孤立的生活中，只要碰到社会环境的阻力，幸福可能完全归于零。只顾自己而不管他人，此种自私自利的幸福不值得称道。以自己为核心，意识到我们的生活与社会共存共荣，是得到幸福的前提。幸福的人也是能为社会创造价值的人，真正的幸福，唯有将自己融入社会，和民众苦乐与共才能获得。

人格价值根据社会对其需求而定

在社会生活的过程中，人与自己所属的社会有着某种关系，或积极或消极，这种关系叫做人格价值。如果一个人对社会缺乏重要性，他就是一个具有微小价值的凡人，他的存在在某个重要场合可能碰巧是社会的积极活动的障碍。平常，这样的平庸之辈和能力特殊的人之间看不出区别，但是，当所有人都需要尽力渡过严重危机的时候，人格价值的高低就会清楚地显示出来。人可以根据社会对他的需求划分为以下三种。

第一种人是人们期望他出现的人。这种类型的人在和平时期不引人注目，但为所有人所热爱。在非常时期，人们会谈到他，盼望他的出现。这种人的人格价值最高。

第二种人是出现或不出现都没有影响的人。他的出现几乎不为周围人所赏识。这是平凡的人。

第三种人的出现是一种严重妨碍，他总是威胁着社会或起扰乱作用。这类人作为罪犯为社会所憎恨。自然，人格价值最低。

信奉大乘佛法的宗教思想

宗教对牧口常三郎一生的影响深远，教育力作《创价教育学体系》的出版，创建创价教育学会，以及与日本军国主义政府不屈不挠的斗争，很大程度上得益于宗教的力量。

牧口常三郎将教育学和宗教信仰有机地联系在一起。宗教信仰在他的教育学说中占据着重要位置，被视为教育的核心和灵魂；尽管政治和经济是确立国策的重要因素，必须认真加以考虑，但是它们毕竟只是枝叶末节，如果离开了教育改造这项基本国策，所起的作用不外乎是对世间生活做些枝叶上的修剪。而且，教育改造如果仅仅停留在传统的“注入式”的教育制度和教育内容上，不触及教育的核心问题即宗教上的革命，将徒劳无益。

宗教是生活的基本法则和标准，是调节个人生活的基本教义。从某种程度上讲，宗教不是认识或研究的对象，而是即刻被相信和在生活中被实践的评价对象，对宗教应根据价值概念来评判。总体上看，没有宗教，讨论价值和幸福是不可行的。基于此，对于那些对宗教无知或者一知半解的人，应取消他们争论幸福问题的资格。过去，学者和一般人因为不知道美丑、利害、善恶的价值标准可以对宗教做出价值评判，所以，他们常被异教引入歧途，错过了获得幸福的机会，堕入烦恼和迷惑的深渊。

宗教与太阳、半岛、山、风等自然现象密不可分

人类普遍崇拜太阳

对于比人类强大的力量，人们会怀有敬畏之意。太阳拥有无尽的力量，太阳的光和热给万物以恩惠。对于万物的本源——太阳，我们对它的功德怀有感激之情，随之产生虔诚之意，自远古时代便将它作为生灵的本体来崇拜，这比其他的自然崇拜要先进。日本的国号“日本”、国旗“太阳旗”以及皇室祖先“天照大神”都表现了日本独特的太阳观。

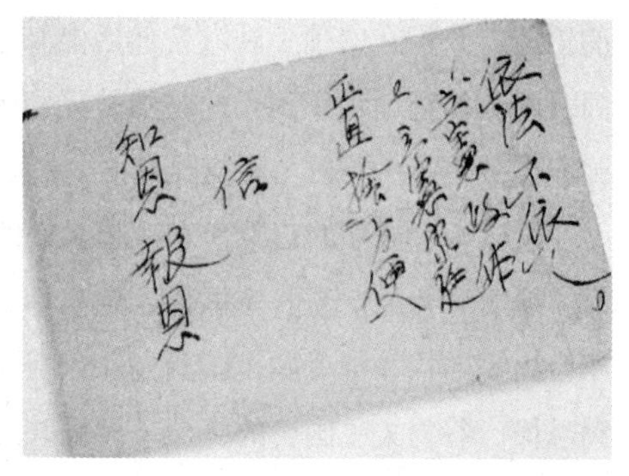

牧口常三郎立下的〝依法不依人〞的座右铭。

牧口常三郎读过的日莲的著作。

牧口常三郎读过的《御书》。

宗教的产生同半岛有神秘关联

半岛对于宗教的产生亦有影响。纵观历史，基督教以及伊斯兰教都发源于阿拉伯半岛，佛教发源于印度半岛，儒教起源于中国的山东半岛，宗教改革的巨人——日莲，出生在房总半岛，这也是不容忽视的。当然，这些现象都存在着偶然性，但对于这种不可思议的一致性，不得不说其间有着某种共同的原因。

山是宗教家修行的好出处

自古以来，被称作伟人的人，大多修行于山中，以山陶冶情操，宗教界的伟人更是如此。这世上，最静穆、寂寞、幽深、脱俗的地方莫过于山间，对人类精神的升华而言，也非山间莫属。坐禅，是一种使精神升华的方法，达摩大师所获得的大感悟正是通过此法实现的。宗教家通过山中修行通览全局，日莲修行于身延山，空海修行于高野山，最澄修行于比睿山，他们都开创了各自的宗教门派。日本的宗教是通过山得以发展的，世界上的大宗教亦是如此。比如，释迦牟尼佛在喜马拉雅山脉中的灵鹫山中，打下了佛教三千年的根基；摩西在西奈半岛的山顶上得到了神的“十诫”，那里至今还建有大会堂；当大洪水暴发的时候，诺亚在阿拉拉特山上躲过了浩劫。在一定程度上，山唤起了人们的信仰，我们在山顶上观察，然后能知道天，了解天，与天融合。在一点一点接近天的同时，我们渐渐认识到天的力量是无穷无尽的，在对比中知道自己是微不足道的，领悟到我们被更高一等的力量支配着。

风以一种威猛的自然形态唤起人们的宗教信仰

地震和台风，是日本国民永远也躲避不了的两大灾难。强烈的地震灾害虽然隔数十年会出现一次，但受灾范围只是小部分地方。而风害年年岁岁永不消停，让日本国民感到恐怖。谷物关乎国民的生命，而风害给生活带来了巨大的灾害。

定期的风害，或多或少地对日本人的宗教信仰产生了影响，这一点决不能忽视。佛教最为兴盛的地方，以及各宗派的寺院在经济上有所依赖的地方，首先是与风有着直接关系的农业地区，其次是渔业地区。每年，大自然一定会在同一时期，在天气平稳舒适的时候，时不时地显现它强大的力量让人们叹服，这同尼罗河每年通过定期的泛滥来激起埃及人的宗教信仰如出一辙，台风来源于自然的威力，唤起了人们的宗教信仰。弘安四年七月份的最后一天，被世世代代称作神风的强烈台风，给岛国增添了援助，令10万元军覆灭。这次神风与每年在日本肆虐的台风是同类的，却助力了战争的胜利。

佛教最高经典是《法华经》

当今宗教和科学不相容已成为事实。人们认为科学家不可能去追求获得通往上帝和佛的世界之路，科学世界和宗教没有任何关系，科学研究的结果和科学的态度都与宗教世界无关。

宗教真正的研究态度实则是科学的，它的结果在逻辑上必须能系统化，在科学上能被证明。此外，宗教的原则和准则必须具有普遍的有效性，它必须明确回答论题和研究对象，而且宗教建立的原则不应该受时间或空间的影响。宗教不应该只是在日本产生影响，而在印度不重要，或者在100年前有效而在今天无效。

佛教是一种不与科学矛盾，能在科学上得到证明的符合逻辑的宗教。这种宗教的哲学对象是生活，人类、社会、国家，以及大千宇宙的生命都是佛教的研究对象。佛教把重点放在人类生活的研究上，就其追求幸福生活的目的而言，它和科学是相似的。科学追求发现真理，将科学研究应用于人类活动为人类建立幸福的生活；在人类活动中实行佛教，是为了带来生活的幸福。这种宗教最高的、最重要的原则也不是纯粹的理论，而是通过被物质化为“大御本尊”以建立个人和社会的幸福。“大御本尊”四字体现了佛教的精髓，它与宗教的关系就像墓碑与墓主的关系一样。

《法华经》书影。

“无论什么宗教都一样”的观点是极其荒谬的。“相信”或“崇拜”的意图也许相同，但在生活中所显现出的结果则不同甚至相反。大圣人日莲建立的“三大秘法”中的“南无妙法莲华经”，是无可比拟的无价之宝，它可以处理所有人共有的问题，给人带来幸福。其他肤浅、劣等教义应该被抛弃，它们使个人受到损害，因为它们提供的只是暂时的安慰性的利，而不是永恒的利。

如果一个人相信大御本尊并面对它唱“南无妙法莲华经”，他的祈祷就会得到回答，他就能获得充满活力的生活力量，一个和平的社会也会被建立起来。正如日莲所说，“风将不再围攻枝丫和大树枝，雨猛烈地灌下也不足以打破泥土。世界将变得像中国古代的伏羲和神农时代那样安宁和平静。灾难将从这个世界上被驱走，人的生命将延长”。

宗教哲学的研究在释迦牟尼的时代就已开始，释迦牟尼详述的最高经典是《法华经》，而经名又是其精髓，因此，诵读经名就等于通读了整部《法华经》，同时也就能够获得通读所有经典的功德。非但如此，此题目包括了大千世界，浓缩了宇宙的精华，诵读此经名，人就能得到无穷的力量。牧口认为在《法华经》出现后，其他所有经典都已被详述，而且那些现在被教的经典和将来可能出现的经典将会被抛弃，如同太阳一旦升起，星星隐而不见。天台宗创始人天台大师对《法华经》做了进一步的研究，并在他的《摩诃止观》中完成了佛教理论中的“一念三千间”原理，这部著作所解释的是天地万物生活的实际条件和佛的实际面貌。所谓“一念三千间”，即只要对《法华经》一念随喜、一念信解便可同佛成为一体。为了达到这种状况，天台大师教了一种沉思的思想方式，即日常生活中的沉思，这是佛教的有意义的哲学，是远远超过一切科学研究的最深刻的哲学原则。《法华经》第一次在佛教中阐明了生活的真正本性，超越了西方哲学的认识论，只有相信《法华经》，才能达到佛性的境界。

大御本尊与《法华经》具有同等功力。在末法时代，人是原始的、未教化的人，他们与释迦牟尼或其他的佛没有任何联系。所以，末法时代的真佛大圣人日莲以普通凡人的形象再临，深思所有经典中的哲学原则，并为拯救全人类雕刻了崇拜的对象——大御本尊。

大御本尊与释迦牟尼的《法华经》和天台大师的“一念三千间”理论是相同的，是给世界上所有人带来幸福的手段。所以，追求幸福生活应抱着对大御本尊的信仰唱“南无妙法莲华经”。

真正的宗教必须给人的生活带来幸福，这是个体和社会利益中的“利、善、美”价值标准的基础。然而深感遗憾的是，由于虚假宗教的错误引导，人们很少有机会接触释迦牟尼和日莲的深奥哲学，很少有机会为了过上幸福生活而实践真正的宗教。

宗教是调节个人生活的基本教义

宗教是“信赖的源泉”，人们在痛苦或欢乐的时候，都会日夜祈祷。所以，信仰越深，所崇拜对象的影响越大。崇拜对象也许叫上帝或佛，但信仰他们是愚蠢的，除非他们作为崇拜对象所具有的能力或功能被阐释清楚，他们的真正本性被揭示出来。

1937 年，创价教育学会发行的牧口常三郎撰写的小册子《创价教育法的科学的超宗教的实验证明》。

人有依赖超人能力的倾向。许多动物有着人不能达到的能力，鸟在空中飞翔，鱼在水中生活，狗和马不会忘记它们经过的道路，小鸟能用它们的小嘴在地上啄虫，蛇和狐狸的能力更是不可思议。可是，尽管它们被赋予了某些超过人类的能力，但没有一个人会仅仅把蛇和狐狸作为他的崇拜对象，相信它们是所有人类生活的根本基础或标准，从而创造比他所希望获得的更大的幸福。不过，还是有过多种崇敬这样的动物的宗教。

也有那样一些人，他们赞美“自然能力”，把自然看作崇拜的对象。然而，这些人已经陷入大自然，确信它会给日常生活以恩赐和安慰。在那些把自然看作崇拜对象的人中，有一些人主张自然是上帝，无所不在。但是，这只不过是不适合我们日常生活的唯心主义，因为上帝真实的本性还是唯心主义的。

在原始时代的宗教中，人们把山或天体作为崇拜的对象，向它祈祷，这是可以理解的。但是在今天，当科学已取得了显著进步，我们日常生活的每个方面都是科学的，这种落后于时代的宗教必定会在短时间内崩溃。在过去，佛人或圣人也被树为崇拜对象，将圣人的教义作为日常生活中应遵循的规则，被认为是有宗教价值的。但是，把他供奉在寺庙或圣祠里，崇拜他而不服从他的教义，这是不可取的。所以，首先必须深究我们所信奉的教义。如果教义是不合理的或忽视因果律的，它们就完全没有宗教价值。

尽管人应该尊敬、报答那些伟人或恩人的功绩，但是祈祷和相信他们很可能引起混乱。盲信“不可理解的”上帝或佛是一个重大的错误。牧口常三郎指出，持“我寻求宗教作为我的精神支柱，以获得精神上的满足”态度的人，对宗教的真正价值是无知的。一些人为了寻求精神安慰和精神食粮而去听精神科学方面的讲座，不加选择地读宗教和哲学书籍。如果宗教只起安慰和精神支柱作用，我们不必称它为宗教。拥有这种思维模式的人容易犯把宗教看作纯粹自我满足的错误。

每个存在都由十法界组成

“一念三千间”原则，是佛教中有意义的哲学，第一次在佛教中阐明了生活的真正本性。与对外部世界研究的进步相比较，对生活的研究不应被忽视。如果人的欲望被忽视，万事万物只能被看作没有价值。如果人类生活主旨被忽视，关于价值的讨论都不过是空幻的唯心主义。

根据这个原则，每一个存在都由十法界构成，每一法界又有十法界。十法界包括地狱、饿鬼、畜牲、阿修罗、人法、天法、声闻、辟支佛、菩萨、佛。一般有学问的人对十法界一无所知，更不必说每一法界中的十法界互具，具有一千真如的一百法界和“一念三千间”。在这个末法时代，他们实际上不可能理解“一念三千间”，除非他们在大圣人日莲铭刻的大御本尊面前祈祷。

葬礼、追悼仪式、拜祭清扫墓地不能算是宗教

在某种程度上讲，道德只是一种精神戒律。大多数信奉佛教的日本人认为，只要拜祭祖先的坟墓，给祭士提供捐款，在盆会节清扫祖先的坟墓，就是宗教。如果这是宗教，那么释迦牟尼只需要教“怎样对待死”或“怎样背诵经典”就够了。

1942年冬，牧口常三郎在家中的留影。

我们所有人都为追求幸福而生活，宗教应该是起基本原则的作用和给我们带来幸福的那种东西，像葬礼和追悼仪式这样的俗套本身不是宗教。

宗教是教育的核心和灵魂

教育是确立国策的基础，宗教是教育的核心和灵魂。政治和经济如果离开了教育改造，所起的作用是不容乐观的。就当时的日本来说，寻求一种同科学文化相一致，并同日本国体完全契合的“真实的宗教”应该成为国民的头等大事。为达到这一目的，有必要改变过去那种教

育家不懂宗教、宗教家不懂教育的状况。

学习佛法贵在觉悟。觉悟之人就能真正放下“我”，只有迷人才有争执。学佛菩萨，就是学觉悟，学看破、放下，真正做到与人无争、于世无求，自然身心自在、智慧增长。学佛之人要想成就，不能不知晓这个道理，不能不认真学习慈悲，热诚助人。在助人的过程中，绝不可有“我”执，绝对不能为了名闻利养、五欲六尘，要永远保持清净平等心，没有贪嗔痴慢。一定要晓得虚空法界跟自己是一体的，要懂得舍己为人，念念为众生想、为社会想、为整个宇宙整体想。

人生的过程是不断追求快乐的过程。快乐的人生即是有价值和有意义的人生。在这大千世界，各种诱惑纷至沓来，但一切皆流，无物永驻。面对世间万事万物，只要能够放下，就会安享心灵的平和与安静，同时会得到幸福和快乐。放下就是心地清净，不染着。放下即自在，放得下，是真正的福报。不要为一时的得失而迷惑，不要因世俗的偏见而移志。学佛，要从放下开始。放下一切，才能见到事实真相。如果不肯放下，一心妄想执着，智慧永远不会出现。没有放下就苦、就难，放下就觉悟，放下就正果，放下就得大自在。放下不仅不是消极，而且事情做得比别人还要积极、还要好。

主张大善的政治思想

政治是意识形态的一个重要组成部分，政治问题是每一个关爱人生、关爱自然、关爱社会的人都会面临而且必须回答的问题。富有博爱之心、高度社会责任感和强烈人生使命感的牧口常三郎对政治进行了解读。

牧口常三郎的政治思想主要体现在提倡个人、国家和社会幸福一体化，倡导世界和平，呼吁构建人道主义竞争的社会三个方面。

个人、国家和社会是一个利益共同体

社会是一个团体，团体中的个体之间保持或多或少的永久性的关系，我们则是其中的一分子。家庭是一个小社会，它由很多成员组成，彼此之间有关系，如父母与孩子、妻子与丈夫、兄弟与姐妹、主人与仆人，每一个人在家庭生活里都扮演几个角色，如果其中的一名或几名成员忽视了他们的角色，家庭就会受损，家庭的和谐就会被破坏，家

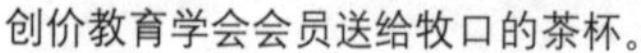
创价教育学会会员送给牧口的茶杯。

牧口常三郎生前使用的怀表。

庭的幸福就会受到威胁，甚至可能分裂瓦解。学校同样地也可以看成一个小社会，其所有成员在一起工作，达到教育年轻人的同一目的。在更广泛的范围内，山村、城镇、城市以及其他的地方团体等，也可以看成是社会，而国家则是最大、最完整的社会。

“社会”这个词，有时用来指种族团体，甚至指整个世界。社会可定义为“一个具有共同目的，个体之间存在永久的精神联结，并共同居住在一定地区的团体”，具体包括以下几个方面：社会由各种个体构成，恰如生物体由各种细胞组成；社会成员有意识或无意识地具有一个共同的目的；社会成员之间存在精神上永久的关系，如生物体各细胞之间的关系；社会成员在某个特定的地理区域一起生活。

人体的每个部位总是服从于全身的新陈代谢，部位发生变化，但身体继续存在、生长和发展，社会也是如此。虽然个人和团体不断产生、消亡，但是社会本身不仅在规模上而且在智力生活上，继续存在、发展。社会历史中某个特定时期取得的成就，没有随着人们的死亡而消亡，而是以口头的传说或记载的文献保存下来传给后代。随着一代又一代人将新发现的财富补充到社会发展的智力生活中，社会变得越来越丰富、广博。

社会的各部分随着社会进步而分化，在个人或团体中劳动的分配和合作更加广泛、密切。最终，社会变成一个混合体，每个部分都很和谐。今天的社会，是历史进化的结果，同时也是历史的参与者。

社会作为一种生命体，规模不断扩大，随着内部组织的分化和增殖而发展。社会的进化就如其他有机体一样，部分不能脱离社会，社会也不能没有部分。每个成分与其他成分都存在密切关系，如果其中一个成分发生改变，就会影响其他成分；每个成分都有不同的功能，与其他成分的合作是为了整体的存在。每个社会都有为全社会提供营养、促进循环和管理自身的系统，如果一个或几个组织瘫痪了，别的组织会接替它们继续发挥作用，社会本身也就恢复如常。从这个意义上讲，社会的生命是持久的。

社会现象之间相互依赖、相互作用，社会才得以生存和发展。因此，社会中的一些个体生产生活必需品，另一些人根据自己的意愿和能力，成为行政官员、学者、教师、保护社区的警察、牧师或企业家。随着时间的推移，越来越复杂的专业分工在社会的进步中得到发展。当把社会看成一个整体时，分配被看成相互依赖的活动，恰如身体的耳目手足和大脑的协调活动是为了整个身体的发育成长一样。

个人、国家和社会三者是一个利益共同体，互相联系、相互依存，一损俱损、一荣俱荣。为此，应该同时兼顾三者利益。国家由人民组成，社会亦由个体组成。有了人民才有国家，先有个人才有社会。当个人感到成长和满足，社会就会繁荣、丰盛、健康；相反，当人受到压抑，社会也会衰败。

在处理个人和集体、个人和社会的利益矛盾时，小善应该服从于大善，个人必须服从于集体、社会，这是判别善与恶的标准之一。如果一个人损害他所属的社会，即使这个行为对他个人有利，也不能称为善。而一个社会所认可的善的行为有时也会被与它相对立的社会认作是恶。另一方面，集体、国家和社会应该充分尊重和保障个人的利益，否则也就无法实现其利益。“仓廪实而知礼节，衣食足而知荣辱”，人必须先求得自然生存，然后才能去完成社会生存。私人生活无法充分满足，却要奔走于公共生活，这种情形只有已经能满足人生最底线欲望的伟人才能做到。其实，当把国家目标的发展特性与人的愿望发展进行比较时，我们会发现二者之间具有显著的相似性，因为国家不能脱离个体存在，国家的目标包含了反映每个个体自我实现的共同愿望。国家和社会的幸福与个人的幸福应该是同一的，如果忽视个人幸福，就不会有社会幸福。

国家、社会和个人的最终目标是实现人类最美好的生活

每个人是世界的一员，是一名世界公民。

牧口常三郎继承了日莲的“若要祈求自己的幸福，首先要祈祷周围的和平”的思想，认为如果没有世界的和平及稳定，也就不可能有个人的幸福，创价教育就是要培养致力于人类和平的大善之人。

早在 1903 年（明治三十六年），即日俄战争爆发的前一年，报纸上连篇累牍地歌颂战争，美化侵略。即使在这种疯狂的年代里，牧口常三郎也始终保持清醒的头脑，坚

决反对战争，呼吁和平。牧口对帝国主义的侵略行为进行了严厉谴责，指出“现代文明使人类竞争的战场扩大到世界的各个角落，每一方都渴望伺机去攻击另一方。今天，许多国家总是高度警惕，试图寻找机会去控制和制服邻国。为了满足自己的野心，他们毫不犹豫地实施侵略甚至认为帝国主义模式是自然而可行的。具有讽刺意义的是，我们处于一个这样的时代：当一个人偷了某一个人的东西，他会被当作盗贼受到逮捕和惩罚；而当一个人掠夺整个国家的文化及其百姓时，却会受到英雄般的欢迎。”

“现代世界充满着邪恶的人。以个人为例，他有时充满了恶意，有时又抱有善良的意图生活。但是，充满恶意的人在数量上比善人多得多。因而我们遭受着在当代日本能见到的那样的社会混乱。更糟糕的是，现代日本的社会道德已经堕落。所以，说在日本的今天没有什么东西比良心更不可靠，一点也不过分。”人们应该超越狭隘的国家意识，自觉地、普遍地进行个人联合，共同创造一个美好的世界。也只有这样，才会有个人的幸福。

当时的社会正处于帝国主义阶段，国家为打造其民族个性相互竞争，而且欧洲列强总是认为，其帝国主义的开拓和伟大崇高的目标是一致的，甚至在滥用职权如水晶般清晰可见的时候，还提供似乎可信的证据来支持上述观点。因此，我们不可以相信帝国主义是符合高度发达的、开明的阶层的理想。如果欧洲国家继续独自致力于扩大他们的民族势力，装备军事武器，进行军事侵略，不顾其侵略行为会扰乱其他国家和平与稳定的局势，而且造成本国国内的危机，那么最终可能以目击本国的崩溃和灭亡而告终。

帝国主义至多只能被认为是一定阶段暂时的客观特征，这一阶段强调民族权利和民族实体的发展。德国哲学家黑格尔关于“国家目标本质是道德的”这一说法是正确的。国家、社会和个人的最终目标，只有一个而且应该是相同的，那就是实现人类最美好的生活。不过在到达理想社会前，人们还要走很长的路。

黑格尔（1770—1831）。

大善是“惠泽全人类的善行”

牧口常三郎将善分为小善、中善和大善。他认为，大善是“惠泽全人类的善行”，只有大善才能创造出最高价值的人生。因为只有一个人心向“大善”，才会赢得创造的良好环境，不断地创造出新的价值，使自己迈向幸福生活，构筑全人类的和平与繁荣。坚持大善的关键之一，在于即便是在遥远的国度里发生的事也要当成自己的事。大善是最高的价值，是把握事物本质的关键。

万物互相联系，人们应该以人类和地球的视点审视自然和社会环境，对世界、国家和故乡感恩。牧口以“我身上穿的一件绒衣，原产于南美或者澳大利亚，然后在英国由英国工人通过开采的铁和煤加工制作而成；我的鞋底是美国皮革做的，而鞋的其他部分是印度皮革做的；我书桌上的煤油灯一声不吭，但里面的煤油或许正在说：我沿着里海海岸线，从高加索山的山底涌出，走了数千英里才来到这里；我眼镜的镜片是德国人精心制作的”这些生活事实为例，向世人揭示了世界普遍联系的哲理。

我们的生活依赖于世界，世界提供给我们各种珍贵的物品，相互依赖是我们大家需要经历和必然经历的过程，眼光只局限于自己的世界是愚蠢的。世界给予我们很多恩惠，这些恩惠与我们的关系如此密切并深入到日常生活中，以至于我们觉察不到它们的珍贵，时常忘记感激、报答，有时甚至认为自己国家给予我们的恩惠是理所应当的。

故乡对于人生极为重要，我们每个人都应该深深地感激故乡，因为她给予了我们生命，并在我们无能为力的婴儿时期养育了我们。故乡的定义随着人类观察事物的角度变化而变化——在婴儿时代，故乡仅仅局限于起居室和花园；对同一所学校的学生来说，故乡的范围依据来自不同的乡村而定；在同乡会的老乡们看来，故乡也就成了某个县、某个地区或者某个旧的领地；对于置身国外的人，故乡就是一个国家或一个民族；如果从宇宙的角度讲，我们可以把地球自身看作人们的故乡。我们应该把自己同世界、国家和故乡紧紧联系在一起，深深体味地球所给予人们的滋养，体会大自然的价值和美丽，树立“世界市民”、“地球家园”和“地球人”的理念。人们应该在与动植物，甚至与无生命的事物相处的过程中，把人类、动物、树木、河流和岩石当作人们自己，并认识到与这一切存在很多相同之处。

人类竞争的最终阶段是人道主义竞争

社会的发展水平在某种程度上取决于商业状况以及商业活动对于社会福利的重要性。如果忽略商业，只是努力发展政治、军事和教育团体，社会最终会走向崩溃。国家的一切政策必须立于富国政策的基础之上，但良好的生活决不会出现在只发展商业团体的社会中，商业活动只是完成更高尚的社会目标的手段和第一步。

只有内部团结，国家才能专心致力于发展和富强，在生存斗争中与他国竞争，而团结又必须通过相应的政治活动。政治活动分为两部分，保护社会成员不受敌人侵犯，以及有效立法保护本国成员的人权。政治活动的作用在于调整、激发和鼓励其他内部社会活动，其质量依赖于从政者的能力，而这又依赖于教育、科学和宗教。政治活动依靠商业的发展，但如果没有通过政治活动达到的社会稳定，商业发展也不会成功。

国家是人类生活的公共体，具有完全管理自己事务的能力。通过观察现有政府即主权国家行政代理人的活动，我们可以获悉国家应该履行的职能。国家主要有四项职能：保护自身不受内部干扰，反对内部分裂的力量，积极推动内部统一；保持自身独立，反对外来干涉和进攻；确保个人自由和保护人权；促进国民幸福安康。

建国初期，人民内部的统一和抵御外来威胁至关重要，国家唯一的目标和当务之急是巩固政权。当国家独立，公民已经接受国家制定的法律和秩序时，意味着已经为公民创造了更自由的环境。此时，在认识到每个公民都享有神圣不可侵犯的生存权的基础上，国家的任务从保护个人不受人身侵犯，转为保护个人不受国家的侵犯。在国家发展的第二阶段，建立和承认这一原则是其主要目标。

国家目标的发展是一个渐进过程，即当完成一个阶段的目标，它就成为下一个阶段目标实现的平台。当然，国家在实现发展目标的过程中离不开竞争。

生存竞争是一切物种共同具有的，适用于各种社会现象，但是竞争的形式随着时间的推移而发生改变，这种变化首先是竞争单位的变化。回顾人类历史，可发现竞争单位随着时间的变化而变化：个人与个人的竞争、家庭与家庭的竞争、乡村与乡村的竞争（社区）、部落与部落的竞争（种族集团）、国家与国家的竞争（国家）。我们现在就处于国家之间竞争的年代，每个人都处于多层竞争之中。

随着竞争单位的变化，竞争形式也会随着时间的流逝而变化，如军事竞争、政治竞争、经济竞争或人道主义的竞争。不同的竞争形式呈现不同的特征。

在军事竞争时代，战争的范围越来越广阔、深入，战争越来越残酷，武器的发展就是充分的证明。从古代最有效的武器剑、枪、矛，到后来居上的能更快地射中和损伤远距离目标的小火器，进而发展到有可能在一次进攻中完全摧毁由上千人组成的一个团的大炮；从个人之间面对面的战争到集团之间的战争。各个国家通过不断扩充军事武器的数量与能量，进行军备竞赛以取得胜利。

在政治竞争时代，各国统治者及时将国家之间的竞争形式从军事转向政治。虽然各国加强军备竞赛，努力将其作为最后一招以扩大其权力的影响范围，可是国家只有在不可避免的形势下才愿意动用武力，所以宁愿迁就谈判对手，尽可能获得有利的生存条件来进行谈判。当完全和平的谈判不可能时，他们会试图表明其军事能量，而不会真正动用武力来确保自身的生存。在这期间，为了在国际关系中取得成功，国家把能干的外交家部署在战略地位重要的地方。

在经济竞争时代，国家领导人逐渐认识到，如果没有物质收入水平的增长，领土的扩大将是毫无意义的。此外，由于领土扩大需要大量的投资，以确保新征服领土老百姓的同化，谋求经济目标比政治目标更加有利可图。于是，竞争的形式逐渐演变成为商业和工业的“和平战争”。虽然与军事战争相比，经济战争本质上是连续的、经常性的，而且因其渐进的过程而不常被意识到，但是从最后的结果来看，经济战争比军事战争的破坏性更大。

在人道主义竞争时代，有识之士开始意识到，生存竞争中的最后胜利者未必是经济竞争中的优胜者。这种竞争是通过无形的道德影响，而不是依靠军事实力或者赤裸裸的经济实力，去实现个人和社会目标所作的努力。人道主义竞争取代了靠武力恐吓、强迫的降服，力图通过彼此尊重谋求人们的自愿合作和忠诚，而不是以自私的方式扩大领土和征服其他国家。在这个时代，即使是最富裕的亿万富翁也不能保证生存竞争取得胜利。尽管把这样一种方法应用于当今国际关系的真实世界中似乎是不现实的，可是，这种方法的有效性已经在国际关系中得到了证实。

用人道主义的方法处理国际事务并不像我们预期的那样不现实，它将最终取得胜利。人道主义方法并不是一个定义明确的具体方法，而是指无论采取政治的、军事的，还是经济的战略，都尽力采取人道主义方式进行处理。重要的是，人道主义的目标是改善他人，实现包括自身在内的所有人的人身安全和幸福，而不仅仅关注个人利益的增加。通过这种方式，使人们的做法自利、利人。要创造一个更加和谐的共同生活，我们需要持续的努力，并花费相当多的时间。

我们尚未达到竞争发展的最后阶段，即凭借道德品质进行竞争的阶段，而且，到目前为止，人们认识到的还只是一个有限的范围。要达到人道主义竞争的阶段，我们还有很长的路要走，但是有一点将愈加明晰——人们对道德品质的重视将逐渐取代早期的竞争形式。血迹斑斑的军事竞争偃旗息鼓，更多的和平竞争形式得以出现，这将是一个值得关注的显著转变。

以人为本的创价教育思想

牧口常三郎将创造与价值联系起来，关注创造的结果，把创造价值甚至将价值最大化作为教育终极目标，并把创造价值作为其教育理论的主轴。牧口以价值哲学为基石，创立了比较完整、系统、富有时代气息的创价教育理论，其基本原理包含几个方面：人与自然、人与人、人与社会和谐相处的世界观，以幸福人生为目标的教育目标观。

牧口常三郎的创价教育理论集中体现在其教育代表作《创价教育学体系》之中，其思想博大精深，现就其关于教育目的、教育功能、教育制度、教育内容、教育方法、教学的组织形式、校长和教师等几个方面的思想进行粗略的介绍。

教育目的在于培养创造“利、善、美”价值的人

《创价教育学体系》（1—4卷）书影。

“创价”是创造价值的简称。此词最早由来于1929年（昭和四年）2月牧口常三郎与户田城圣的一次交谈。

有一天傍晚，牧口去户田家造访。

牧口说：“户田君，作为小学校长还没有一个人发表教育学说。我想在小学校长任职期间，把这

个教育学理论留给今后的小学教师。”

“老师的教育学目的是什么呢？”户田问。

牧口答道：“创造价值。”

户田马上建议：“老师，那就叫创价教育吧，简称创价。”

这一提议得到了牧口常三郎认同。此后，“创价”便成了牧口常三郎教育思想的核心概念。在牧口常三郎看来，幸福的基础是价值，但价值不会从天而降，必须经过我们的双手创造出来。人能否过得幸福就在于他能否创造价值，或者说，人生的价值在于能创造价值。所谓有价值的人格，意味着创造价值的能力充沛。“创价”的目标就是要实现每一个人的幸福和社会的繁荣。

牧口常三郎认为，人生的主旨是为了幸福地生活——幸福生活靠的是创造价值——创造价值必须培养能创造“利、善、美”的人。

创造是人区别于动物的一个根本特征。创造的目的就是为了获得价值，就是为了人的利益，促进社会的福祉。创价教育学的目的是最大限度地发挥人内在的特质、个性和创造力，发挥其日益增强的自立能力、价值创造能力，为人类的幸福与社会的繁荣、世界的和平作出贡献。可见，创价教育的落脚点在于培养创造“利、善、美”价值的人。创价教育就是“培养创造人生目的与价值的人才”的教育。只有能创造“利、善、美”价值的人才是幸福的人，因为他们懂得只有创造价值的人生才是幸福的人生。教育的目的就是要增进人格的价值，创价教育学的旨趣在于阐明达成这一目的的方法。

旧有的教育哲学与现实生活脱节，祈求的是现实生活以外的存在，这是教育难以走出困境的真正原因。生存是每个人的第一需要，生存是人的命运，是人人所渴望的。如果不想生存就不需要顺从“不许不”、“当为”的法则。既然命运注定人要生存，就有“不许不”或“当为”的法则，要达成生存的目的，就要了解和适应环境，就必然要遵守“不许不”或“当为”的法则。舍此别无选择，这是人类共同的命运。自古以来，人类会尽量收集口碑、传说、文献或遗迹，了解前人如何适应自然现象的因果法则，其目的就是为了避免重蹈覆辙，以增进生活的幸福。人类与动物的区别在于，人类把自然现象之因果法则加上人类意志的人为因果关系作为研究对象，去比较观察，从不断变化的外观去发现恒常不变人为因果的法则，予以抽象化，以此作为新生活的标准或原则。各种动物所接受的教育是灌输，这可以让动物潜在的某种本能发展，然而并不能使动物进入崭新的生活。动物主要是凭借其与生俱来的各种本能机制而生存。至于人类，虽然个人和团体不断产生、消亡，但是社会本身不仅在规模上，而且在智力生活上继续存在、发展。社会历史中某个特定时期取得的成就，没有随着人们的死亡而消亡，而是以口头的传说或记载的文献保存下来传给后代。随着一代又一代人将新发现的财富补充到社会发展的智力生活中，社会变得越来越丰富。

社会生活所需的各种技能非常复杂，而这些复杂的技能不可能存在于我们的身体组织中，不可能从这一代遗传到下一代，要完成技能的传递只有靠教育。所以，教育的首要职能是有效地传授人类一代代积累的知识和经验，使人类有创造性地、更好地生活。

教育不能脱离或忽视受教者的生存这一直接目的。教育的作用首先在于意识到受教者应该达成的目的，有意识、有计划性地探索并确立当为的法则，并把既有的生存法则应用到人生的目的上，即让人生顺应存在法则，遵守法则并通过活动来达成目的，完成生活。教育的作用就是要使无目的的生活变为有目的的生活，无意义的生活成为有意义的生活，无价值的生活成为有价值的生活，反向价值的生活成为正向价值的生活，低价值的生活成为高价值的生活；使无意义的行为成为有意义的行为，有害的行为改成有利的行为，不良的行为改成善良行为。

教育功能归根到底在于对受教育者生活加以干涉与指导

牧口常三郎的教育功能观与他的教育目的观自成一体，教育功能观是在对教育目的定位的基础上对教育作用的认识。牧口将社会背景作为落脚点，不仅认识到教育传递、改造和创造的作用，认识到教育在改变和完善人自身，妥善处理人与人、人与社会关系方面的重大意义，而且对教育在培养人的创造力，帮助实现人生价值方面的作用给予了更多的关注。在他看来，尽管教育的作用很多，但教育功能归根到底在于“对受教者本身所进行的生活加以干涉与指导”。

群栖是人的本性。从人的“群”性来看，人们应该和谐相处。在社会中，通过相互联系不但能提供人们基本的需要和安全保障，而且能确保人们的生活更加完善。认识到这一点，人们就会将对某一特定的人或物所产生的情感普遍化。例如，如果意识到受惠于社会，就能激发我们对社会的感激之情和对社会的责任感；如果认识到受惠于称为祖国的社会，就会感激她给了我们丰富的物质，从而产生爱国之情。如果人们的同情和感激能从对极少数的个人开始，逐渐扩展到对广大的社会，乃至扩大到对整个世界，就为人道主义世界的建立创造了良好的条件。

人的概念不仅指有形的身体，还包括以身体为基础的精神。然而社会远远超出了人们生活的具体环境，它是人们共同生活构成的一个无形的关系体。社会不单是人的简单组合，也是精神和灵魂的联合体；社会不只是人的群集，也是精神的结合体。要幸福地生活，首先得了解个人与社会相互依存的关系，特别是对社会的作用要有足够的认识，进而在每一个人生命中形成“社会部分”。忽视这一点，就是狭隘的自我主义，那样的人终究会成为吝啬和心胸狭窄的人。因为真实的幸福不完全是个人的，而是来自于与他人和社会共同实践和分享成功。为此，我们必须牢记“如果个人的幸福要得以长久的话，就需要进行社会合作和奉献”的道理。

教育是社会化的一个重要方面，教育的作用在于帮助个体社会化。社会为我们提供了衣、食和住，还保障了我们的财产和生命。社会是我们生活的一个组织，没有它，我们就无法生存。人不能仅仅考虑自身的基本需要和安全，还要考虑构成幸福的各个方面。许多人只意识到私生活，把公共生活的恩惠置于脑后，因此，只知主张权利而忽略自己应尽的义务，不关心与权利相伴的责任。教育的失误就在于让人们只意识到社会为每个人提供的幸福，而没有让他们认识到必须与他人和谐相处、遵守道德以及除了参与社会的有效创造获得幸福而别无他途的道理。没有这种交换，也就没有公正和人性的社会。教育必须改变冷漠的态度、自我中心意识，形成社会责任意识，必须让受教育者认识到自己应该对自己生活的社会和国家负有责任，成为社会的价值创造者，使他们懂得如何适应社会并为社会尽其所能地作出贡献。教育的作用就是要让那些本来就是社会成员之一、仰赖各方面的恩惠生存却毫无意识的人去意识到社会生活，并且促使他们去研究使自己和他人都能过着幸福生活的办法和途径，使其领悟到唯有尊重与顺应共存共荣的社会生存法则，才能达到人己共荣的和谐。如果可能，还要使其率先进入感恩的生活，努力去创造可以营造幸福安乐的社会。

人类要生存，就要去创造。依赖物质生活是每个人必须迈出的第一步。只有具备了最基本的物质条件，才能谈得上精神生活。而不管是物质生活还是精神生活，都必须依赖人的创造。创造是人的本质特征，每个人除非其创造潜能被窒息或毁灭，否则一定会表现出创造性。人类不能增减自然物质，但他有创造价值的能力，有能力根据生活需要改变物质形式。创造价值就是人性，当我们赞扬人的力量时，实际上就是承认创造价值的能力。不过，这种能力能否得到培养和发展，只能通过教育获取，不能通过遗传获得。

创造价值方向的定位，关键在于教育。教育的根本问题是引导人去创造价值，使每个人按照社会的需要去创造生活。人应该运用其创造能力最大限度地提高自己的生活并为社会创造利益，此为创造价值的真意。在牧口常三郎看来，人一出生即要参与团体、维持社会生活，就得顺应环境，承担一部分工作来贡献社会，此外会在他人帮助之下安心生活，这就是这个世界的常态。共同生活是每一个人所面临的现实，而共同生活的重要前提就是进行创造。只依靠他人的长处，而自己没有相对长处者，终究只能寄生于他人的生活，被他人蔑视，而无永久的共同生活可言，即使亲戚故旧之间有共同生活，也难以长久维持。幸福的程度取决于创造价值的大小，教育的作用就是要让人懂得幸福的含义以及幸福同每个人为社会创造价值的大小成正比。

教育在人的社会化进程中，帮助人们正确地认识自我，处理好人与自然、与他人、与社会的关系，唤起其社会意识，促使人们去研究如何才能使自己和他人都能过着幸福的生活，使其领悟到尊重与顺应共存共荣的社会生存法则，特别在增进人的创造力、实现人生价值等方面起着不可替代的作用。

必须对现行教育制度进行考量

在现行的教育制度下，日本教育不容乐观。虽然对教育的关注超过对国民生活水平的关注，但教育的效率并没有得到相应提高；大多数学校沦落为上级学校的预备校，而与国家存在目的一致的真正教育并未得到实行。这一弊端的根源在于毕业生把因毕业享受到的特权作为获得幸福生活的唯一手段，以此为目标而努力升学。而学校将教育当作牟利工具，已完全偏离了整体的人生目标，以“利、善、美”的价值创造为目的的教育并未得到充分实施。社会深受非实用教育的毒害：轻视智能教育，教育的效率无法提高；德育方法欠缺，造就了道德意识薄弱的国民；陶冶情操的鉴赏教育——主要是美学教育，暂时没有定论。

新式教育实施60多年，却依然处在摸索的阶段，没有丝毫进展。教育当政者与实践者在教育目的观上缺乏明确认识，同时，对教育政策进行审议的机关依然不完备，无法制定出合适的方案，自然无法顺利实现改革目标。而超越限度的行政权干涉，打压了教育者自主研究的热情。此外，由于教师培养与鉴定制度的不完备，教师无法达到需要的标准，即使偶尔出现优秀的教师也会另谋出路；在教师的录用上没有一定的标准，完全由行政官一手任命，难以避免人情世故的影响；对教师的监督指导缺乏标准。国家要想制定百年大计，必须就现行的教育制度进行讨论。为了弥补现存的缺陷，以便将来能制定出堪称完美的改革方案，首先应确立评判标准。

建立新的教育制度，至少从以下几个方面着手：要对明治维新时新式教育制度效果做出透彻的检讨；虽然与欧美先进国家的教育进行比较研究的方法很有必要，但也要与中国这样的后进国家进行比较，意识到各国因各自国情的不同而各有所长；更为重要的是，要对教育的本质有比较系统、科学的认识。

只有综合学者、名士、教育实践家以及教育学者的经验，才能提出较完美的改革方案。牧口常三郎以30多年的经验为基础，归纳思考，提出了一系列学制改革要点：

1. 把教育的重心放在传授知识与价值创造的指导上，不追求专攻学问的片面生活，而是以学、业并行的生活为目标，并且通过更有效率的手段来实现这一目标。

2. 谋求不同阶层、学校教育的实际化。即使不实行强制就学，学校也能正常地运营，尽量使教育更生活化。

3. 对特殊职业所需求的人才，设置特殊的考试制度。

4. 追求学校教育的社会化，培养社会成员的社会意识，推进教育的改革，使生活更富于计划性。

5. 追求教育的大众化，不让智能超群的优秀者或者特权阶级独占学校，对于弱势群体，公立教育机关要多多给予照顾，以体现教育面前人人平等的精神。

6. 提高教育效率，奖励在教育方法上有研究成果者。

7. 培养能担当以上改良教育重任的人才，必须进行师范教育改革。

8. 改革教师的审查制度和任用制度。

9. 为了实现教育权的确立，在对监督权加以限制的同时，还要利用自治机关对学校进行指导。

10. 对教育行政和教育统治的各机构进行整顿改革。

11. 对教育争议调停机构以及教育拥护机构进行指导和奖励。

12. 设立教育研究机构。

13. 在改良教育方法的同时，着手国学的改良。

教育内容应该紧紧围绕生活来设计

在教育内容方面，牧口常三郎反对脱离实际，反对毫无顾忌地因追逐眼前利益而抛弃优良传统，反对把孩子和青年人整日关在学校，切断他们和自然环境、家人以及社会的联系，并强迫他们学习违反教育规律和人的身心发展规律的知识。他主张教育内容应该紧贴生活，围绕生活设计课程。如果学问和生活、教育和生活之间是隔离的话，那么孩子的健康成长是不会实现的。学问来源于生活又回归生活，没有学问的生活只能是暗中摸索，脱离生活的学问是空虚的；学问来源于生活，所以必须回归到生活中去，它能引导我们的生活，又能提高我们的生活。我们不能将学习看作是为谋生作准备，而应该在生活中学习，在学习中生活。不应将学习与实际生活看作是两条不相交的平行线，在人的一生中，它们彼此联系、彼此促进，只有以生活为学习内容时，学习对学生们来说才是真实的。也只有这样，学生才能在学习上真正有所造诣。

自然从来都不是与人相隔离的，人的生存从来就没有离开过自然，自然也总是在与人的交往中展示出其丰富的规律和韵致。也正是与人的这种关联性，使得自然界蕴涵着非常丰富的生命意义。

人是串联自然环境的核心元素，自然是人的生活的组成部分，二者你中有我、我中有你。一方面，人始终受到所处自然环境的塑造。人不仅在肉体上依赖于自然，而且在精神上也依赖于自然，彼此之间进行着广泛的精神上的交往。自然一旦与人发生关系，它就不再是静谧冷峻的、独立的、客观的王国，周围的各种自然现象，会持续地以各种不同的现象来启发我们，启迪智慧和情感。牧口常三郎将人在精神层面与自然的交往划分为八个方面：知觉的关系、功利的关系、科学的关系、审美的关系、道德的关系、同情的关系、公共的关系、宗教的关系，而这些交往本身就是生活。另一方面，人又可以很好地利用自然。要做到这一点，人就必须了解自然，明白自然与自身之间共生共存的关系，这就是教育必须从生活开始的理由。此外，由于人们与自然的交往首先是从乡土开始的，所以乡土知识的学习应为学习一切知识的核心，教育内容应该从乡土生活开始。当然，人们生活在一个开放的世界中，教育还应该让人们超越乡土情感或狭隘的国粹意识。

教育就是要向人们提示人与自然的关系，让人们了解自然对于人的生命的意义所在。教育学应该从观察日常教育生活着手。可惜的是，传统的地理学教科书只是僵化的知识拼凑，仅仅是简单罗列山川、湖海、人口、都邑而已。牧口常三郎并不否认地理教科书给人们讲述山脉海洋、矿藏物产、大气运动、动植物分布等知识的必要性，他所反对的是传统教育中单纯从知识到知识的死板做法。

人虽然依赖于自然而生存，但是人又生活在社会中。人在社会中会形成相应的社会意识，产生对社会的归属感。认识社会、了解社会进而形成良好的社会关系，理应成为每一个人的重要任务。教育的重要性在于它在培养具有良好道德品质的人方面有着不可替代的作用，这依赖于人们是否认识到了与周围的自然和社会现象的相互联系，只有通过人的某个部位对现象的亲身体验才能发展这种认识。牧口常三郎指出，课程应由周围的自然和社会现象组成，书和其他第二手材料是学习者为个人经验所作的后备材料，无法替代直接经验。孩子们只有与他身边的自然环境、社会环境进行直接、主动的交往，他们身上所具有的人性的全部潜能才能得以发展。如果没有直接经验，人类品性就不可能朝着有益于人类社会的方向发展。教育真正的任务是让受教育者了解自己所处的自然、社会环境的意义，让自然和社会融汇在生活中，指导他们通过享受所有人创造的价值而去追逐幸福生活。

在社会、自然中进行直接学习非常重要，因为道德品质的发展、感激的态度、支撑人生命的对自然和社会系统的好奇心及责任感，对于个人的幸福和社会的健康是不可缺少的，而这些品格除了身临其境走进自然、走入社会外，是不可能通过其他途径来培养的。牧口断言，间接式、依靠媒介进行的二手学习，在日本已发展到了愚蠢的地步。首先，作为从西方文化背景下移植的产品，这种间接式的教育系统将学习者局限于教室之内，强迫他们去完成毫无意义的课程，正如前面提及，记忆然后忘记，再记忆，再忘记，周而复始。实践证明，现在的老年人中，有很多人虽然在少年时代学过《论语》和《孟子》，但是他们在长大以后却不解其意。因为他们知其然而不知其所以然，所学的没有与自己的自然生活相联系，没有切身体验，更谈不上消化。如果长此以往，不仅学无所获，而且会导致个体的不愉快和严重的社会问题。

牧口常三郎还从天才培养的角度，对教育内容生活化的必要性进行了论证。在他看来，历史上的天才与一般人的差异不是遗传的问题，那些天才并非生来就是天才，而是他们所拥有的巨大潜能得到了充分开发。由自然环境、家庭环境和邻居，以及部落环境组成的、离孩子最近的地理群落，不但应该成为孩子们学习的环境，而且也应该成为孩子们学习的全部课程，因为全世界和任何方面，都能在孩子们身边的小世界里得到反映。

教育必须讲求“方便”、讲究自然

教育不是灌输知识，而是要将开发文化宝库的钥匙交给学生，即授之以“渔”。牧口常三郎主张教学“讲求‘方便’、讲究自然”，关键在于因材施教，为孩子打开创造之门。学习应出自每位学习者因自身爱好和动机而滋长的好奇、多问的探究心理，是一个诱导、启发的过程。教育要重视每个孩子的情感和认知差异，“随机施教、应病与医”。牧口曾以日本地理教学的死板为例，怒斥扼杀孩子天性的僵化的教育体制。日本的教育体系，从小学到大学都是基于唯一的标准，即通过考试来量化知识的掌握水平，并借此判断学生的某个科目是否及格。尽管我们周围充满了丰富的事例和信息，但令人震惊的是，如此多的人特别是教师忽略了意义深远的观察法，而只坚持死记书本知识。在日本的学校，没有一个学科的教育像地理学那样可悲和荒谬，小学、初中皆是如此。学生们死记硬背山脉、江河、湖泊以及城市名称和人口数字，却不可能长久地记住这些杂乱无章的事实，所以在他们考完试离开后，脑海中只剩支离破碎的知识。牧口常三郎始终坚信，每个人生下来都拥有崇高和仁慈的品质，但是，由于教育方法与自然背道而驰，致使多数人天生的潜能停滞，只是从表面现象去“看见”事物，从来没有发展那种生命之初直接与自然现象打交道的能力，而宁愿变成书的奴隶。遗憾的是，带着这种肤浅的理解，

赫尔巴特（1776—1841）。

夸美纽斯（1592—1670）。

裴斯泰洛齐（1746—1827）。

即使读过上千册书，他们依然对那些真正重要的观点一无所知，更加认识不到自己人生发展受阻、潜藏的巨大能量沉寂的真正原因。

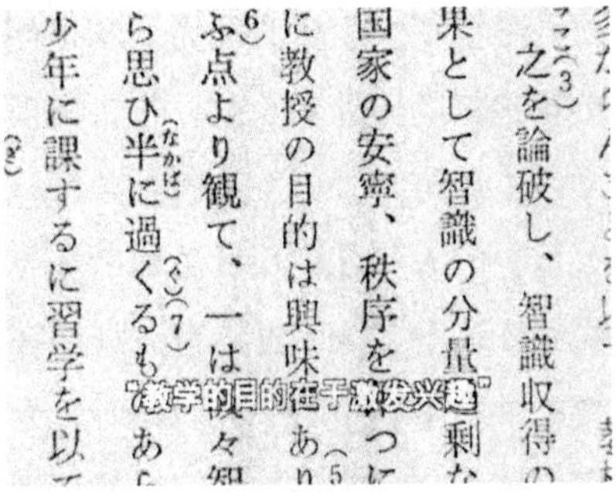

教学的目的在于激发兴趣。

牧口常三郎虽然不赞同传统教育所提出的“三中心”论，但非常赞赏赫尔巴特趣味性的教学方法。他认为，教育不是机械的灌输，应该根据个性与志趣不同，分门别类地施以适当的教育。教学就像饮食一样，父母认为有营养，无论如何都应该吃下去，于是强迫儿童吃下不喜欢的、无法消化的食物，效果会适得其反。要么肠胃不能吸收，通过消化器官排泄出来；要么不能消化而停留在腹中，阻碍以后进来的食物通过，更可怕的是，它会腐化酿成毒素。机械的灌输主义，或者无策略的人格主义都是不可取的，传授信息更重要的目的是激发兴趣。教育不应止于传授知识，启发学生对学习的喜爱与兴趣才是正途。如果教师向学生机械地灌输知识，那么就没有必要考虑教学方法，因为所有教师的任务只是向学生提供教科书的内容。但是，教育的目的恰恰在于激发学生的兴趣，教师的作用应是在学习过程中引导学生。

尽管牧口常三郎充分肯定赫尔巴特强调教学的趣味性，但从总体上看，他更倾向于杜威的教学方法。但他没有照搬杜威的“做中学”，而是吸收了杜威注重学生的主体性的思想，并与自身的创造性思想有机地融为一体。在牧口常三郎看来，日本教育从来没有贯彻人类学习的基本原则。相反，采取的方法是机械的、非人性化的。这种方法很不经济，且极为原始。学生只是机械模仿教师，就像钓鱼的人只知道用鱼竿钓鱼而不知道用渔网捕鱼，农民只知道用传统的铲和锄头耕地而不去思考改变耕作方式。因此，教师决不可忘记自己只是一个学习过程的配角，不可以代替学生学，而是必须让学生学会学习。

如果不顾儿童现在的幸福，认为现在如此教育，将来可能会有幸福，这种不确定的目的，将被人们摒弃。教育将学习的责任放在学生自己的手中，将激发其产生自我学习的兴趣作为最终目标。这种崇尚自然教育的呼声从夸美纽斯、裴斯泰洛齐时代起就一直在教育者的耳边响起，但至今没有得到实施。随着人类的进步和文化的发展，需要传授的知识量加速增长，无论怎样努力，我们都难以跟上知识更新的步伐，唯一能做的事情就是循序渐进地激发学生的兴趣，启发他们的意识和开发他们的能力，通过自我启发和自身能力的提高满足未来的需要。

要重视学生生活能力尤其是创造能力的培养，让学校成为学生创造的摇篮，而不是约束他们的囚笼。为此，牧口提倡教育要走向自然，走入社会，鼓励人们通过旅游进行学习。通过与外界发生各种关系，人们可以增长见识、扩展视野，观察到复杂多样又令人敬畏的大自然中存在着和谐。当人们探究人类的历史，企图了解人类的命运时，会意识到在这个多变的世界有一种潜在的秩序，而自己只是由宇宙中更高等的东西创造和养育的众多事物中的一员。此时，人们会感到自己非常渺小，能力有限，内心就会充满尊敬和敬畏。自然界是人们的教育者、启蒙者、领导者和安慰者，与自然界的联系会使人们的健康和个性得以成长。而且，人们生活的快乐、所取得的成就与自然界有很多密切的联系，并取决于与自然界亲密的程度。

半日学校制度可盘活办学存量，提高教育效率

面对日本入学困难、考试地狱、就业困难等状况，牧口常三郎不希望将苦恼持续到下一代，认为半日学校制度可以消除考试地狱，让多数涌至校门的学生能步入学校的殿堂。而将小学到大学的学习生活改为半日制分两个方面。首先，把一天的学习内容压缩在半天，提高效率。他认为，现在的教学内容只用半日已足够，存在着很大的改良空间。如果不对教材进行整理，改变教学方法谋求高效的学习效率，要走出教育困境几乎是不可能的。其次，充分整合和利用现有的教育资源，盘活教育存量，减轻费用的负担。从国家经济的大环境着眼，半日学校制度可以对校舍、师资进行上午、下午甚至晚间两至三次反复的利用，从而降低教育成本，减轻经济负担。

学习不是生活的前奏，而是伴随着生活进行，学习可以更好地生活；而没有实际生活就没有学习可言。生活的实践反过来又能促成学习的进步。半日制可以使生活与学习一体化，让人们懂得学习与生活应该相携而行。现在的学生偏好对书本的钻研，既错过了身体锻炼，也难免会产生厌恶劳动的思想。如不在这段时期养成勤劳的习惯，错过将悔之晚矣。等到人及中年，变更职业本来就不容易，而要求懒惰成性的人从事勤快的职业自然难上加难。实施半日学习制度，目的是让学生利用学校生活以外的半天时间投入到实际生产活动中去，防止不合理教育制度所带来的身心发展不平衡。

从现状看，学校教育与家庭教育、社会教育相脱节，这种教育制度无益于人的创造

能力的培养，既不能给自己带来幸福，也不能为社会创造价值。如人生中必不可缺的能力之一——勤劳能力的培养，一直以来在学校生活中被忽视。当前青少年懒惰的原因是运动神经和感觉神经发育不平衡，即与感觉神经发达相比，运动神经萎缩。“不劳者不得食”揭示了劳动就是人间的真谛。今天的青少年精力绝不比以前的人差，但他们在大学毕业之前都是由父母照顾，无忧无虑，导致他们越发感觉勤奋劳动的卑微。更可怕的是，他们认为如果不是这样衣食无忧就会被人笑话，故而少男少女虚度时光，挥霍之风盛行，使全国的风气每况日下。实施半日学校制度则可充分发挥家庭、社区在教育中的合力。教育离不开学校、家庭和社会的紧密配合，通过实施半日学校制度，不仅可以使学生在校期间拥有较好的身体准备，还可以很好地解决理论与实践脱节，以及学校、家庭和社会步调不一的问题，使学生更好地了解自然、了解社会，学会处理人际关系，从而为将来步入社会后能更好地适应工作打好基础，进而发挥出更大的创造价值。

学习过程中起向导作用的不只是教师，家庭和社区所发挥的积极作用同样是培养快乐、坚强和有贡献的年轻人所必需的。牧口常三郎对于家庭和社区将如此重要的教育职责全部推向学校的做法感到遗憾，其结果是将年轻人的整个童年和青少年时期变成了自习室，得不偿失。针对当时日本教育尤其是初等教育中的这一问题，他一针见血地指出，有效的教育必须是学校、家庭、社区共同作用的结果，应该让三者充分履行各自应尽的义务。而这一改革的关键是将学生在校时间压缩半天，以便让他们在社区和家庭中从事适合自身特点的学习活动。

劳动教育的设立乍一看弥补了教育脱离实际的缺陷，被教育工作者盲目追捧，但是仔细思量，盲目地迎合，即使实行了实业教育，也仅为权宜之计。现代实业教育的缺陷在于只立意让青少年早点挣钱，却没有考虑指导他们如何处理挣到的钱，尤以机械工艺类学校最具代表性。学生早早独立成人挣取工资，容易导致在职业上成熟而人格上不成熟的教育结果，他们常常陷入诱惑，与不良人群为伍。而半日学校制度能克服实业教育中存在的急功近利的现象，避免欲速则不达。

日本所有学校以半日学校制度为标准进行改革已是当务之急，他乐观地指出，此问题若被认真讨论并能得到一定程度的解决，其价值是不可估量的。不过，牧口常三郎对自己的大胆创见将遇到的阻力有着充分的估计：“长达半个世纪之久的旧观念已在现代人脑中根深蒂固，而且教育界明哲保身之风气盛行，我们这些卑贱之徒即使提出如此之大问题恐怕也只能被付之一笑，更有甚者可能会被斥责冒犯了神圣的前辈及诸大家之领域，亦或是由于对权威不够尊重而被置之不理。数十年来我常因自己空怀一腔抱负而懊恼不已。”不过，牧口常三郎对他所提出的半日学校制度的未来充满了自信，认为即使会迂回曲折，从小学到大学的学习生活都应采用半日制度，这是日本学制乃至教育制度改革中根本之问题，舍此，学制改革将无所适从。

无标准选拔小学校长危害无穷

就像确保家庭的和谐是家长的首要任务，确保国家的和谐是君主的首要任务，对校长来说，没有什么工作比建设和谐学校更重要。如果这一基础不能确立，不管学校如何风靡一时地开展宣传性演说，最终都只是沙上楼阁，难以持久。凭自身的某种特色而风靡天下的小学，之所以在不到几年的时间内就销声匿迹，是赋予学校特色的教师流失的结果，就像没有打好基础的建筑，最终难逃倒塌的厄运。可是年轻且野心勃勃的行政官和视学官们，只对诸如体操、唱歌、烹饪、绘画、手工等速成的、易引起世人关注的部分学科进行鼓励。为了迎合上级的喜好，渴望飞黄腾达的校长们，对教师实行严格的监管，经常使他们工作到深夜，那些家中有孩子的女教师们叫苦不迭。有些校长甚至牺牲其他的学科以确保受上级重视的学科的发展，以此博取好评，进而能调任到条件更好的学校，并为自己的这种能力感到自豪。如果我们了解到大多数校长都是通过这种急功近利的努力才能被选入优等学校的话，就会深切地感受到确立选拔标准的必要性了。

回顾过去，不得不说一直以来校长的选定毫无方针性可言。当局虽说制定了各种各样的标准，但大多数都带有强烈的主观性，最关键的客观标准并没有确立。所以不难想象，传统的做法只不过是根据常识性经验、随机应变能力、社交才能等进行校长的选定。虽然偶尔会有优秀者出现，大多数都是以善于社交等与教育目的相距甚远的条件为选定依据。管理者即使发现这一做法的危害之大，也无法想出取而代之的方法。因此在论及解决办法时，校长们或投身于漩涡之中助长危害的滋生，或虽能全身而退远离纷争，但由于内心害怕荒废职守，结果也和众人一样渐渐陷于困惑之中。虽说视学制度有了一定的发展，但因为仅靠少数的几个人对一府一县或是一个地区进行监督，收效甚微。即使他们经常到各学校视察，由于停留的时间短，也不可能对学校的内容、教师的品质、学校的管理状况等有正确的认识。所以，首先必须要确定选择小学校长的标准，然后参照这些标准进行选拔方法的研究。

为了能够圆满完成小学教育任务，对于小学校长在教育的知识、教育方法上的知识技能等方面，必须设置相应的审定制度。要在规定的范围内选定校长，因为它是涉及整个教育改革事业的核心问题。

教师是创价教育的表率

教师必须是“博爱”的榜样

牧口常三郎深信，育人者必先爱人。教师是教育的工程师，他们首先是学生的倚靠，不应高高在上、坐在受人尊敬的宝座上，而应是学生的公仆，只要是为了孩子，任何事都应该去做。其次是要以佛眼平等看人，不管是哪个孩子，都要给予无微不至的呵护和关怀。教师的职责是：对每个学生，无论其背景或个人能力如何，都能发现和开发他们的独特能力。

在严酷的社会歧视中，唯一能够庇护他们的，就是教师。即使有的学生的衣服破旧或被尘埃弄脏，教师应该看到那脏衣服内所透射出来的、灿烂生命的光辉。任何一个儿童都能成为优等生，差等生是人们自己随便叫出来的，如果教给他们思考方法，让他们充分发挥自己的能力，“差等生”也能成为优等生。

教师应该是运用教学方法的模范

教师的任务不仅是保存和保护，还要激励和提高，要激发学生潜在的个性价值。教学贵在指导，那种认为教育者只需将教材信息强行灌输给学生的年代已经成为过去。我们现在必须认识到，教育的根本在于通过教材指导学生进行自我学习。

教师的重点如果放在以知识记忆为主的应试教育上，不仅乏味、误人，而且对个人和社会都有破坏性。如果教师的举止确实需要被模仿，那么最好让教师扮演教育实践与教育方法的模范。教师应该将教育作为一个过程而不是一个产品向学生展示，否则就变成了一种傲慢的逞能和自命不凡的装腔作势，而将孩子们放在了最低处。教师在学生面前必须采取谦和的态度，必须作为一个在同一条学习道路上行走的长者来引导和鼓励学生。

教育是最高层的技术或艺术，作为一名教师，最紧要的就是认识到自己作为学习者和引导者的身份，必须了解和掌握指导学生的教育技巧。为此，教师不是兜售从别处获得的廉价信息的零售商，而是对学生的学习和日常生活进行指导的思维专家。与那些寻求从物质资源中创造物质价值、利益和美的技术人员、艺术家不同，教师更关注学生精神上的成长和能力的开发，指导学生创造人格价值。教师应该将灌输事实的任务交给书本，而在学生的自主学习过程中为其提供帮助，舍弃自以为是、高高在上的形象，放下架子来为学生服务，同时孜孜不倦地继续自我修练，引导学生在学习过程中进行合理的实践。

教师应该是献身教育的表率

教育的成功关键在于得法，而能否得法又取决于教师对待工作的热情。

牧口常三郎依据对教育的态度将其划分为四个类型、四个等级，即以金钱报酬为首要动机的教师、以身份为首要动机的教师、以爱孩子为首要动机的教师和以热爱教育为首要动机的教师。

第一类教师唯利是图，排在最低等级。教学是一门复杂的具有创造性的艺术，它要求教师在工作中持续不断地进行实践和改进，而这类教师对职业本身并无兴趣，只是暂时为“钱景”这种片面利益所驱动。他们在工资出现波动时很可能会辞去工作，甚至会因为某个临时的通知而放弃工作。我们不能依靠这种教师，他们那十分冷漠的态度会伤害到家长甚至整个民族。与以金钱报酬为首要动机的教师相比，第二类被社会地位和职位提升的前景所驱动的教师采取的态度更“正常”一些。牧口常三郎承认，在如今的资本主义社会里，完全摆脱名利这种想法几乎是不可能的。尽管如此，如果名利和地位变成了人们追求的主要目标，教育的真谛就会退居其次。因为这类人一旦得到名利，就会感到大功告成，把它作为显耀的资本；一旦不能达到自已的愿望，就会垂头丧气，怨声载道。第三类教师将孩子视为伙伴，尽管他们以为其提供无私关怀为主要动机，但是这类教师由于缺乏对事业的坚定，其胸怀势必难以博大，爱心势必难以持久。他们会产生分别之心，不能等眼看人；他们的心情和好恶会随着学生变化而变化。这类教师距离一个精通技术的教育工作者还有很长的一段路要走。如果没有对教学实践本身长期稳定的投入，任何选择做教师的动机都是不充分的。唯有第四类为自己终生事业奉献的教师，才会舍身忘我追求教育的鹄的，才会为了每一个孩子的幸福呕心沥血地探求教育的规律和精髓，才会勇敢无畏地面对一切困难和压力并进行开拓和创造，处处、时时为人表率，不失教师的风范。

让人感怀的人格魅力

牧口常三郎这位生前没有引起日本政府和社会的重视，因政治的压制几近窒息，甚至一度被历史湮没的教育家，在逝世半个多世纪后，不仅没有随着岁月的流逝而为人们所遗忘，反而走出国门、走向世界。世人对牧口常三郎教育思想挖掘的力度越来越大、步伐越来越紧、成果越来越多，其所具有的让人感怀的人格魅力是促成这一转变的主要原因。

博爱无疆的高尚情操

爱是牧口常三郎为教育铺下的一块厚重的基石，也是他为后人留下的一笔宝贵财富。在踏上教育的旅途后，他将自己的人生交给了挚爱的事业。

创价教育学会柏崎牧口纪念馆。

这是一种平等之爱、不屈之爱。在大正寻常小学任校长期间，他断然拒绝当地豪强士绅要求对其子女特别关照的无理要求，遭遇报复并被调任到办学条件较差的西町寻常小学。

创价教育学会柏崎牧口纪念馆内牧口常三郎雕像。

这也是一种温馨、慈祥、无私的爱。牧口常三郎与孩子们在一起时，总是温情脉脉。他始终认为，从事这一神圣职业的教育工作者不应“高高在上、坐在受人尊敬的宝座上”，而应是“教导走向宝座的人的公仆”，而且，“只要是为了孩子，任何事都可以做”。

这更是一种对生命、对人类的博爱。1903 年（明治三十六年），适逢日本对俄开战的呼声达到顶点，牧口常三郎在处女作《人生地理学》中提倡与备战气氛格格不入的“人道世界的和谐”，主张世界应该从“军事竞争、政治竞争、经济竞争”的时代转向“人道主义竞争”的时代。在日俄战争时期，牧口常三郎坚决地痛斥日本人的岛国劣根性，提醒日本人要有世界公民的觉悟。1931 年（昭和六年）在《价值哲学》一书中，他通过对“善”的阐释，充分表达了对生命和人类的博爱。

如果没有爱，牧口常三郎不会四十多年如一日执着于教育，不会锲而不舍地追求创造价值，不会有赋予大自然生命灵性的《人生地理学》的问世，不会有“不行善便是作恶”的修德格言。

牧口常三郎一生呕心沥血为教育，百折不挠地投身于事业，视死如归面对威胁和生死，原因固然很多，但其中最为重要的一条就是他拥有让世人感动且永远铭记的博爱情怀。爱是他为教育做出的注解。他的言行足以证明没有爱就不会有教育，更不会有一流的教育，也不会产生一流的教育家。

追求创造的奉献精神

创造是牧口常三郎教育思想和实践的基本内核，是他对人生和价值所作的应答，也是贯穿其人生的一根主线。与之相联系的价值和幸福，是我们理解和把握其教育思想的核心词语。牧口常三郎始终把为社会创造与人的价值和幸福融在一起来考察，始终把创造观、价值观和幸福观放在人与自然、人与人、人与社会共荣共存的基点上来思考。这便是牧口常三郎在《人生地理学》中大胆构想人道主义社会，在军国主义横行时提倡人性主义教育、唾弃利己主义幸福观，倾毕生精力创立创价教育学的力量之源。

个人的社会价值，在于贡献。他热切希望教育具有创造性，能促使人去过一种创造性的生活，养成对待生活的创造性态度，生成创造性人格。从根本上说，就是让人人都能走上创造这条“成人之路”。

个人的自我价值与社会价值同样离不开创造二字。然而现实中许多人在讲个人的自我价值时片面地强调“自我”、“个人的意志和观念”，或者把“自我”仅仅看作需要者、消费者、享受者，而非供给者、生产者和创造者；或者把“自我价值”理解为封闭式的自我满足，从而走入“实现自我价值就仅仅意味着索取、占有、享用”的思想误区，甚至将实现自我价值与孤立的“自给自足”、“自我奋斗”、“自我表现”、“自我扩张”等同起来，结果势必是同社会、集体和他人相抗衡。这恰恰是和真正的“自我价值”背道而驰的。“自我价值”强调的是无需社会的个人、无需肉体的意志、无需付出的索取、无需受约束的自由。这种错误价值观归根结底是舍弃社会，这正是牧口常三郎所不屑的。

牧口常三郎的一生，是创造的一生，而且是把个人价值的实现与社会价值的实现高度统一于社会实践的一生。他在满足所处的社会需要、实现自身社会价值的同时，也实现着个人的社会理想和个人的价值。他用自己的理论和实践告诉我们，教育要立足于创造，教育的真谛在于培养人的创造性，只有这样，人生才有价值和幸福可言。

质朴敦厚的善良秉性

牧口常三郎是一个坚定的佛教徒，自与佛结缘，他的人生为之一变。佛教中真诚、清静、平等、正觉、慈悲等理念，成为他晚年创价教育实践、同日本军国主义不屈不挠斗争的力量之源。他那质朴敦厚的善良秉性，是他为世人所敬仰的一个非常重要的原因。

1939 年春，牧口常三郎坐火车到达羽犬冢站后步行前往福冈县八女町做折伏。

人与人之间只要诚心相待，没有不可沟通的问题，没有不可以化解的矛盾。渴

1939年牧口（前排左一）与儿子洋三（前排右二）及儿媳金子贞子（前排右一）合影。

1941年，牧口常三郎与夫人合影。

求世界和平的牧口先生在中日战争最激烈的时候，曾严肃批评当时对中国人的蔑视与偏见。他认为，只要相信对方，推心置腹地交往，对方也必然会回应。

“将心比心，人之忧乃我之忧。”这是牧口的待人处世之道。只要知道了别人的难处，他一定会不辞辛劳地去尽力帮助排解。

1939年（昭和十四年）春，一位来自福冈县八女町的青年，迫切希望母亲成为创价教育学会会员，但是由于母亲的偏见，自己做了大量的工作，不仅没有说服反而遭到母亲的强烈反对。无奈，这名青年找到牧口常三郎，愁眉苦脸道：“我妈妈看来是没什么希望了。”看到青年的无奈，牧口立即伸出援助之手，一口应答说：“这么难啊！那我去！”其实，那位青年只是想说一说自己心中的苦闷，并没有奢望牧口亲自前往去做母亲的思想工作，更不敢相信他会长途跋涉上门施助。让那位青年深感意外的是，牧口常三郎不仅说到，而且做到了，他很快买了一张远赴青年老家九州的火车票。孤身一人出发那天，前来东京站送行的青年和另外几个会员都很吃惊，毕竟他已是68岁了。除了那名青年画的一张路线图外，无人陪伴，下了火车后，还要在羽犬冢车站换乘电车，前后要坐整整24个小时才能到达目的地八女。牧口常三郎还像以前一样，上了三等车厢。到了羽犬冢车站后，他不顾旅途劳顿，连电车也不坐，徒步走向离车站还有6公里的目的地。

精诚所至，金石为开。青年的母亲被牧口常三郎的执着和真诚感动，心悦诚服地入了会。

威武不屈的无畏品质

早在大正寻常小学任校长时，牧口常三郎无畏权贵，被执掌东京市政大权的高桥义信调任西町寻常小学。到了西町寻常小学后，对阿谀奉承深恶痛绝的牧口常三郎再遭打击，在西町小学待了六个月后，就被调到了三笠寻常小学。

牧口常三郎威武不屈的个性还表现在对和平和信仰的执着上，尽管身陷囹圄，但为了人类共同的心愿——永久和平，他不屈不挠，不惜粉身碎骨，在白色恐怖中固守一方净土。

1945 年，原子弹轰炸后的广岛。

1968 年 9 月 8 日，池田大作向两万名大学生演讲，发表了包括“正式承认中国政府的存在”、“恢复中国在联合国的席位”、“广泛开展两国经济文化交流”等主张在内的“池田倡言”。

1972 年 5 月，汤因比博士在家中与池田大作交流。

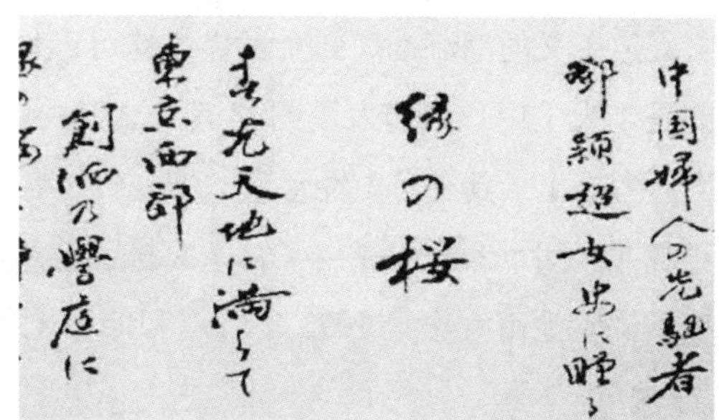

1987 年，池田大作创作并赠送给邓颖超的长诗《樱花缘》。

1975年，在池田大作的倡议下，中日两国学生共同种下“周樱”。

20世纪40年代初，日本国内军国主义甚嚣尘上。1941年（昭和十六年）3月，新颁布的《治安维持法》规定：政府可以以“大不敬罪”取缔合法的宗教团体、组织。为了给发动战争制造舆论，日本政府采取了十分强硬的手段统一国民思想，强迫全体国民祭祀皇大神宫的大麻（神符），要求宗教界必须信奉国家神道，尊崇天皇。政府为了占领意识形态领域，首先要整合宗教界的各门各派，影响最大的日莲宗首当其冲。牧口常三郎始终坚持自己的信念，不向当局屈服，公开同非正义进行针锋相对的斗争。也正是因为他的无畏，1943年（昭和十八年）牧口常三郎被当局以违反“治安维持法”和“大不敬”的罪名被逮捕入狱。在近500天的牢狱生活中，牧口常三郎“用年轻人的热血来反对战争，呼吁和平，铮铮铁骨，雄睨反动当局”，为了永久和平而进行了不屈的斗争。和平是人类的至善，牧口常三郎对和平的拥护和执着追求显示了过人的勇气与睿智。

池田大作在1960年（昭和三十五年）继任创价学会第三代会长后的40年任期中，始终信守创价学会“为人类的幸福与社会的繁荣、世界的和平做贡献”的宗旨。在池田会长的领导下，创价学会实现了飞跃性的、国际性的发展。几十年来，池田大作与各国领导人、各界知识分子、文化人士进行对话，作为和平大使、文化大使开展民间外交，将人道主义的潮流推广到全世界，这可以称得上是创价学会的一大特色。特别值得赞赏的是，为了中日两国人民的友谊，池田大作在1968年（昭和四十三年）顶着国内的巨大压力提出了具有历史性意义的恢复日中邦交的倡议。1969年（昭和四十四年），他在小说《人间革命》中喊出了日本应排除万难与中国缔结“日中和平友好条约”的心声。可以说，池田大作是1972年（昭和四十七年）中日两国邦交逐渐实现正常化的先驱者之一。

事实表明，牧口常三郎以及他缔造的“创价精神”正以前所未有的力度走向世界。

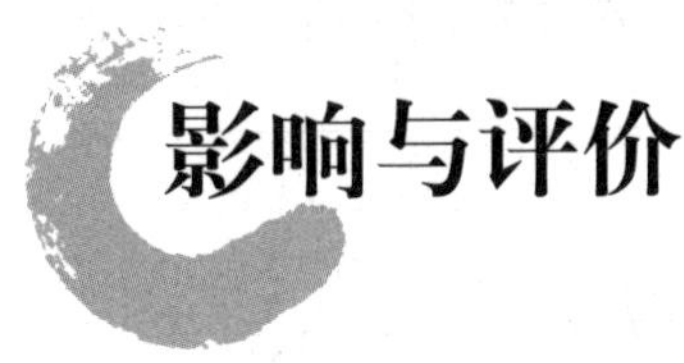

影响与评价

牧口常三郎教育活动与思想在国内外的影响

牧口常三郎是日本近现代著名的教育家、地理学家与创价学会的缔造者。他以严谨的态度对近代日本将走向何处这一时代课题进行了深刻思考，并将康德、杜威等西方哲人的价值论加以改造引入教育学体系之中，把东西方文化和教育理论交融在一起，创立了独具一格的创价教育理论体系。尽管牧口常三郎的教育经历、外语水平、社会地位、交际能力相对处于弱势，对日本社会的影响受到局限，然而历史证明，牧口常三郎的教育活动及其创价教育思想，经创价教育学会门徒的宣传和实践，对当时的日本教育乃至世界的政治、宗教和教育事业产生了一定的影响。

19 世纪末 20 世纪初，资本主义竞争日趋白热化，日本的科学技术和社会经济飞速发展。然而，经济繁荣难以掩盖其日益严重的社会问题。经济危机、帝国主义大战给社会带来了深重的灾难，失业、破产和饥馑现象比比皆是，人与人之间的敌对关系日益加深，精神空虚、道德堕落、种族歧视现象严重，少年犯罪、吸毒人数和失业率居高不下。许多人感到人就像动物或机器那样，生命意义和价值丧失殆尽。由于强烈而持久的精神压抑，精神病患者日趋增多，人们缺乏积极、健康的价值观，常常在狂乱之后陷入更深的无价值感之中。当时的日本教育深受西方教育观念影响，存在着忽视人这一教育对象的弊端，如把人的自我发展置于次要的地位，把前人的知识作为灌输的唯一材料，把智慧发展的价值凌驾于完整的人性之上，把学生当成机器进行控制，等等。面对严重的社会问题和教育危机，重视人的价值和创造性，培养适应时代需要的能力型、创造型人才，成为社会发展的法宝，也是哲学家、思想家和教育家共同关心的课题和时代赋予他们的使命。牧口常三郎作为重视人的创造性且具有浓烈的爱国情感、民族使命感和国际主义精神的教育家，试图从教育的角度对该问题进行思考和回答，创价教育理论便是他穷毕生精力寻找到的一剂良药。

牧口常三郎的影响首先来自于他的处女作《人生地理学》。该书从人与自然、人与人、人与社会三个维度揭示了彼此之间的属性和共存共荣的关系。无论从涉及的内容还是呈现的形式看，《人生地理学》作为一本地理学教科书都给人一种全新的感受，这就是对生命的重视，归根结底是对人的重视和对人创造价值、谋求幸福人生的重视。书中围绕创造，结合自身的实践对教育内容、教育方法和教育制度等方面的改革发表了过人的远见，这些思想在当时的日本思想界甚至对整个世界来说都极富特色和挑战性，具有划时代的历史意义和现实意义。正如我国学者李培超先生所言："特别是我们今天生活在一个并不平静的世界中，人与自然关系的紧张使得人类面临着失去生存家园的危险，生态关注和绿色情怀正成为现代人生活中难以绝缘和剥离的内容；经济全球化的浪潮不可阻挡，共同的利益和命运使得世界上不同国家和民族之间的相互依赖性增强，但是狭隘的视野又往往导致许多人为的摩擦；特别是单边主义的扩张更使得世界动荡不宁，世界上还不时燃烧起战火，恐怖主义的幽灵也时常现身……在这样的时代背景中生活的人们可以从这本书中获得很多启示，诸如善待自然，对自然感恩，爱乡土，爱国家，超越狭隘的族类意识……"

学术界的一些知名人士对《人生地理学》给予了较高的评价。如当时著名的农业经济学家新渡户稻造阅读此书后，专门从台湾写信给牧口常三郎以示鼓励。著名的社会

1903 年 10 月 20 日，《神户新闻》关于《人生地理学》的报道。

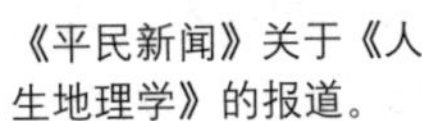

《平民新闻》关于《人生地理学》的报道。

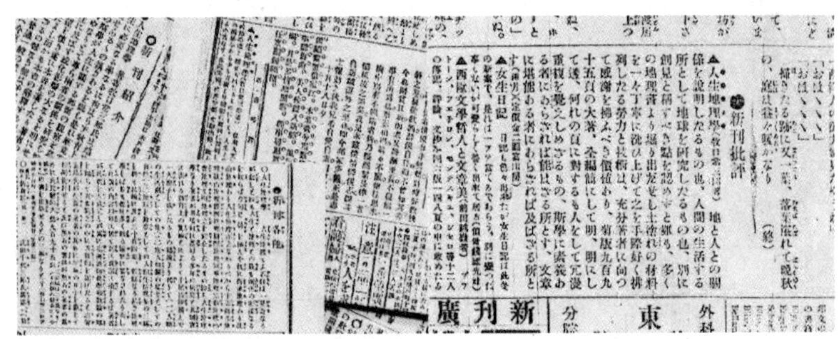

评价《人生地理学》的报刊。

学者田边寿利称《人生地理学》是现代前沿的人文地理学，为当时流行的人类地理学的第一块奇石，该书的出版使日本的地理学研究为之一变。地理学者小川琢治（原京都大学教授）对该书研究范围之广、立论之新鲜深表佩服。

《人生地理学》问世近百年后的2002年，肯定性评价并没有因为时间的推延而褪色。时年，美国学者戴勒·M·贝瑟（Dayle M. Bethel）的看法就是其中的代表。她指出："牧口所表述的绝大部分教育观和建议，已为越来越多的当代教育家所表述与实践。""他关于社区组织各种层次的教育的建议，在新地理学方法的背景下，潜在地为学生和教育工作者提供了有益的观点和洞见，或者说为他们提供了有价值的方法与模式。""当我们回顾20世纪的历史，会认识和接受这个事实：在20世纪初期的几十年里，日本拒绝了牧口常三郎的远景图和大部分忠告，正如美国在其工业化系统发展的起初几年里，拒绝了另一种适合他们工业化发展模式一样。仅仅以微弱的变异方式，日本追随了美国的产业主义模式，这种模式建立在对自然环境不加限制的开发以及由工业发展带来的不加限制的人口增长的基础上。我们现在不得不去正视许多由这两个工业大国在发展阶段所作的选择而导致的负面后果。这种认知和对历史的理解，还可以给我们带来这样的认识，那就是我们正生活在一个对新文化时代有重要影响的阶段。对于在教育业、商业以及在所有社会性公共团体中，正寻求为建设更加美好、更富于人情味的21世纪打下基础的人们，《人生地理学》中值得思考的见识以及丰富的思想和实践方式，都将有助于他们为未来所作的努力。"

池田大作对牧口常三郎的和平理念更是赞赏有加，他认为，牧口常三郎完全预见到了人类与环境和谐相处的需要，"牧口的《人生地理学》，采用了一个有远见的生态学

1903年(癸卯年)第一期《浙江潮》。

的视角——建议人类开展与自然的对话，这提供了一些较之其提出之初，于今天更新鲜更适用的理念。”“在20世纪早期，帝国主义统治着那个时代的时候……他描述了一个他命名为人道主义竞争的理想，由此文明和文化能够通过相互的对话，在彼此间开展友好和人道的竞争。他相信，以这种方式，能够为人类开创一个更加光明的未来，一个能为全体人类促进相互间的和睦与繁荣的未来。他高瞻远瞩地预见到了人类历史应当遵循的唯一恰当的发展道路——由军事竞争朝着政治竞争，再由政治竞争向经济竞争，最终到纯粹的人道主义竞争稳步前进。现在，在目睹和忍受了那个被看作战争与暴力的世纪——20世纪的众多悲剧之后，我们站在人道的角度，至少能够欣赏和分享在牧口先生著作中对人道与和平的世纪的热切盼望。”

《人生地理学》也对当时的中国产生了一定的影响。1903年（明治三十六年），在日本的许多中国留学生根据籍贯组织起兴趣相同的团体，成员们一边学习，一边组织旨在推翻清朝的革命小组。在这些小组中，一些浙江籍人士组成了浙江同乡会，编辑了杂志《浙江潮》，发行所称为浙江同乡会杂志部。为了方便起见，其印刷地点选在东京一家叫做并木活版所的印刷厂。杂志从1903年1月创刊，连续出版到第二年的2月，共出版12期。每期杂志约200页，发行册数根据期数而不同，平均每期为2000册左右，到第8期，印刷了5000册，影响广泛。

《人生地理学》在中国的最初登场是在《浙江潮》杂志上刊载了其译文。《大白莲华》杂志（2003年6月号）第44页下端登载了相关照片。1903年11月8日出版的《浙江潮》第9期中，译者把牧口常三郎的《人生地理学》第17章“植物”的内容，以“植物和人生的关系”这一标题译出。在翻译“植物”内容的同时，加入了中国的情况和译者个人的见解。从译文中可以看出以下几点：第一，译者很好地把握了《人生地理学》的主题——人生与生活的关系，即人生、生活与地理，人生、生活与环境的关系。第二，译者对《人生地理学》的“植物”一章中有关振兴产业的部分怀有浓厚兴趣。译文“植物”通篇的基调是“产业救国”，即通过发展产业拯救中国。“植物”这一章里包含着有关米、麦、豆等许多内容，同时介绍了中国的现状，强调振兴农业和林业。第三，反对日本军国主义政府的侵略行径。实际上，《人生地理学》不只叙述人生和地理的关系，对帝国主义也进行了批判。当时在日本的中国留学生对帝国主义怀有极大的愤恨，认为国家正在成为列强的殖民地或半殖民地。《人生地理学》的刊载，引发了他们强烈的共鸣。

继“植物”的译文之后，《浙江潮》中还刊登了译者为壮夫的另一篇文章——《人生地理学》第10章“海洋”。壮夫的“地人学”和“植物”的译文都是“产业救国”和批判帝国主义。

1906年（明治三十九年）在宏文学院听过《人生地理学》课程的学生，编写了中文地理教科书——《江苏师范讲义》。《江苏师范讲义》封面的第1页来源于《大白莲华》第46页登出来的照片。在左上方可以看到《人生地理学》的字样，旁边有“日本牧口常三郎讲义”的文字。照片上部拍摄的书背来源于《人生地理学》第五种版本的译本。这本书的编者是在宏文学院留学的江苏省师范生，发行所是江苏宁属学务处和江苏苏属学务处。宁属，指江苏省南京周边地区；苏属，指苏州附近；学务处，就是统辖教育的机关。

翻开《大白莲华》第45页可以看到对《人生地理学》的评价：“人生地理学的根据是非常正确的，而且，议论也很丰富。因此，以它作为教科书。”

在《江苏师范讲义》出版的同一年，日语版的《人生地理学》也被介绍到中国。此版的《人生地理学》至今仍被收藏在南京大学图书馆，其中一本书上盖有两个藏书印，一个是设在南京的两江法政学堂（培养法律、政治等方面人才的高等教育机构）图书馆的藏书印，另一个是南京大学胡小石教授的藏书印。

1907年（明治四十年），《人生地理学》的全文翻译版《最新人生地理学》（世界语言文字研究会翻译）在中国面世，当年10月就进行了再版。2000年出版的两本研究清末中国地理学的书籍，对此书在中国的影响给予了充分的肯定。一本是中国人民大学郭双林教授的《西洋思潮激励下的清末地理学》一书。这本书所做的结论是，《最新人生地理学》在两个方面给予中国非常大的影响：其一是对中国乡土地理教育的理论和方法产生了很大的影响，其二是对中国普及民主思想的学说作

《人生地理学》的中译本书影。

出了贡献。另一本是复旦大学教授邹振寰先生的《清末中国的西洋地理学》。这两位教授曾在与日本创价大学高桥强先生的交谈中说，即使他们写书，要在当年再版也是非常困难的。高桥强先生研究发现，1909 年（明治四十二年）上海新学会发行出版了由浙江同乡会会员、1903 年（明治三十六年）毕业于宏文学院的凌廷辉先生翻译的《人生地理学》的中文版。1942 年（昭和十七年）出版的《近代人生地理学之发达及其在我国之展望》一书的目录中记载了 1925 年（大正十四年）出版的《人生地理学》、1930 年（昭和五年）出版的《人生地理概要》和《人生地理学史》。

2004 年复旦大学出版社出版了由陈莉等翻译的《人生地理学》的最新中文版。此外，牧口常三郎在《人生地理学》中提出的许多观点也被一些中国地理学者引用。从国内学者李培超撰写的中文版前言中，我们可以看到在《人生地理学》问世一百多年后的今天，人们对此书的赞赏不减当年。牧口常三郎“超越了对人与自然的关系进行纯粹客观或价值中立性的阐释的视角，而试图渗透或贯穿于一种新的价值理念，这就是对生命的重视，而归根结底是对人的重视”。“《人生地理学》应当算得上是名著了。在不同的历史时代和不同的文化背景中人们频繁地关注这本书，自然都会从中获得启迪。”

《创价教育学体系》是牧口常三郎的教育经典。此书的出版在教育界掀起了阵阵波澜，报纸和杂志上各种评论铺天盖地，评价极高。日本当时的学术权威田边寿利、柳田国男和新渡户稻造都接受牧口常三郎之邀，为该书作序。田边寿利在该书序言中给予了高度肯定，称之为具有划时代意义的伟大著作。

柳田国男在序言中写道：“……关于创价教育学及其价值，不远的将来也许自有公论。唯牧口先生的大作不像某些学究气的教育学者的纸上空论，也不是欧美学者的翻译介绍，而是数十年珍贵体验的结晶，而且不是一般的教育家所有的经验，一看就知道与学校的教育毫无关系的样子，那种如前所述的非常重要的现实社会的实地考察及以此为基础的独特的研究方法等由广博的基础知识所构成，因此我相信这种对他来说既容易又难得的独创的价值足以突破现代教育界的桎梏。”新渡户稻造称道：“我确信这是一部名著，它是日本国孕育出的日本人的教育学说。现代人早已期盼着它的问世。”

与《人生地理学》相比，《创价教育学体系》在中国的影响稍显逊色。最早向中国介绍此书的是 1989 年出版的《创价教育学体系》第二卷的中文翻译版《价值哲学》。《创价教育学体系》第一卷的中文翻译版则是由台湾学者刘焜辉翻译并于 2004 年出版的。刘焜辉对牧口常三郎的教育思想很是推崇，认为该书“是从教育实践中体会出来的经验结晶”，“结构之完整令人佩服”，“内容之完整性、叙述之明确、见解之独创性，应该受到肯定”。

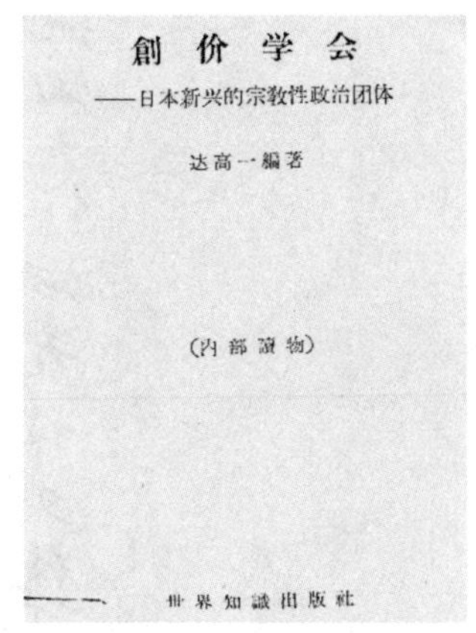

《创价学会——日本新兴的宗教性政治团体》书影。

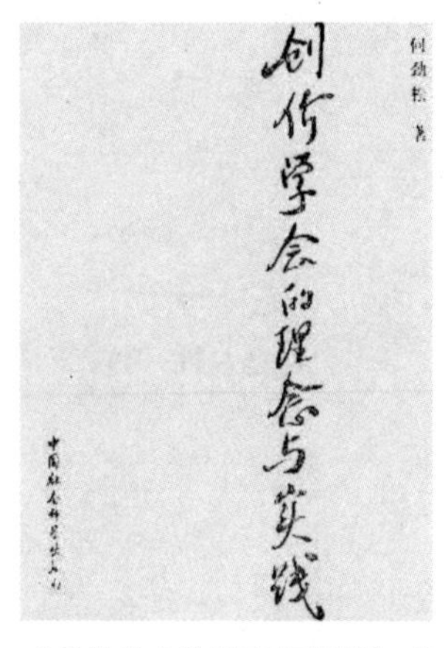

《创价学会的理念与实践》书影。

自 20 世纪 60 年代以来，中国学者对牧口常三郎的研究步伐逐步加速，研究成果日益增多。尤其是《价值哲学》中文版问世后，吸引了更多中国学者的关注和研究。然而，我国学者对牧口常三郎进行专题研究起步较晚（2002 年），此前多止步于牧口著作的翻译或创价学会的介绍上。同时，研究的成果很少，公开发表的有关牧口常三郎研究的论文不多。

我国最早出版专著以研究牧口常三郎的是高达一先生。他于 1963 年编著出版了《创价学会——日本新兴的宗教性政治团体》一书。书中着重就创价学会的成立和发展经过，日莲正宗，创价学会的基本教义和理论，创价学会的组织和活动，会员情况及其发展的背景、原因等方面向读者进行了初步介绍。与其相比，何劲松博士于 1995 年出版的《创价学会的理论与实践》一书则从纵向的角度将创价学会的形成和发展分为理念的滥觞、牧口常三郎时期、户田城圣时期和池田大作时期（上、下），并分别进行了较为详细的论述。

对牧口常三郎进行专题研究并最早公开发表其价值哲学研究论文的是孙穗平和孙耀珠两位专家。2002 年，孙穗平和孙耀珠在《河北大学成人教育学院学报》发表的《价值与创造价值——牧口常三郎〈价值论〉的核心理论》文章中，对牧口常三郎价值论的主要内容进行了介绍，并给予了较高的评价。他们认为，牧口常三郎以严谨态度对日本将走向何处这一时代课题进行了深刻思考，并将西方哲学中的价值论加以改造，引进教育学体系之中，把东西方文化和教育理论交融在一起。牧口的理论具有一石三鸟的作用，既接受了西方文化的影响，发展了日本传统文化，又顺应日本现代化的发展潮流。牧口

《关爱人性 善待生命——池田大作思想研究》书影。

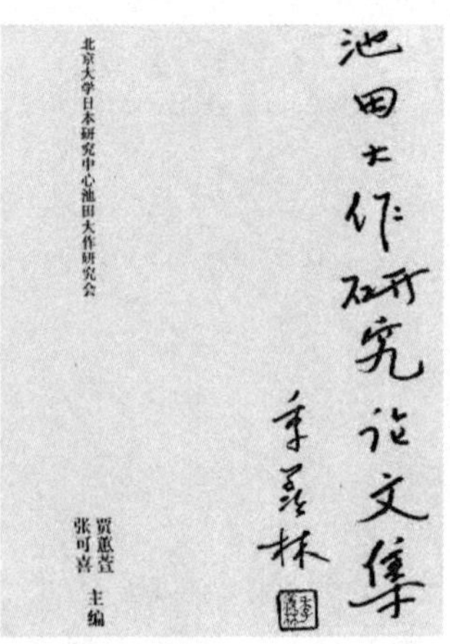

《池田大作研究论文集》书影。

常三郎所著的《价值论》是创价教育学的思想基础、理论与实践的核心著作，内容与教育息息相关。

2003 年、2004 年湖南师范大学出版社、香港社会科学出版社有限公司先后出版了冉毅和曾建平主编的《关爱人性 善待生命——池田大作思想研究》和贾蕙萱、张可喜主编的《池田大作研究论文集》两本书。两书收录了分别由冉毅、周俊武和池田大作撰写的《创价教育之源——牧口常三郎》、《创价学会及其历任会长》和《论牧口与康德》（彭程译），日本创价大学高桥强先生和中国人民大学外国语学院的张昌玉副教授撰写的《〈人生地理学〉与中国》和《牧口常三郎与〈人生地理学〉》等文章。张昌玉副教授在其文章中指出："牧口是一个非常务实的教育学家。他一向反对虚伪的、毫无实际意义的、空洞的教育学理论。牧口的教育理念值得我们研究和探讨，各国的社会制度、教育体制、教育方针以及目的都不尽相同，不过，牧口的教育理念是非常实事求是的、以人为本的理论，可以通用于世界各国。"

王玉樑教授在 2004 年《天府新论》第 3 期发表的论文《牧口常三郎与价值哲学》一文中对牧口常三郎哲学思想进行了研究并给予了极高的肯定，认为《价值哲学》是价值哲学发展史上的一部重要著作，对推进价值哲学发展具有重要意义。文章还精辟地指出，牧口常三郎在《价值哲学》一书中，从现实生活的实际出发，从主体与客体相互作用中产生的功能去理解价值，对如何科学地把握价值的本质提出了新的思路。牧口常三郎的见解，把价值本质的研究推进到一个新的高度，代表了 20 世纪 30 年代价值哲学的最高水平。由于牧口的书最初是以日文出版，对西方及整个世界影响不大，但这并不妨碍他的价值哲学思想成为 20 世纪前期最有价值的见解，不影响他的思想在价值哲学发展史上的重要地位。

对牧口常三郎的教育思想进行专题的挖掘大概起步于 2006 年。周洪宇教授与蔡幸

2006 年 12 月 第 22 卷 第 6 期 教育科学 Education Science Dec., 2006 Vol.22 No.6

牧口常三郎创价教育思想的三大基石

周洪宇，蔡幸福

（华中师范大学 教育学院，湖北 武汉 430079）

《牧口常三郎创价教育思想的三大基石》。

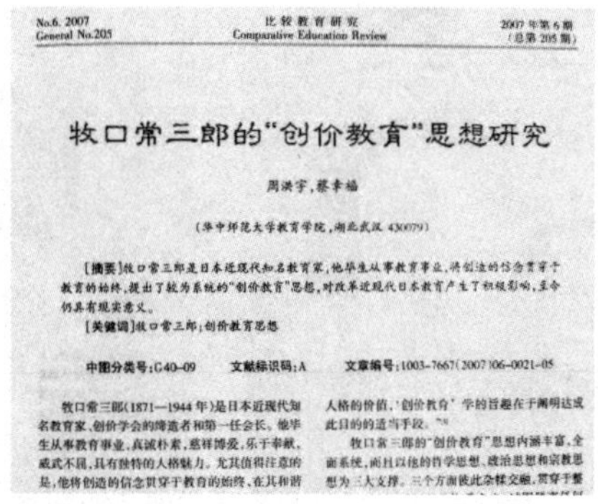
No.6, 2007 General No.205 比较教育研究 Comparative Education Review 2007 年第 6 期（总第 205 期）

牧口常三郎的“创价教育”思想研究

周洪宇，蔡幸福

（华中师范大学教育学院，湖北武汉 430079）

《牧口常三郎“创价教育”思想研究》。

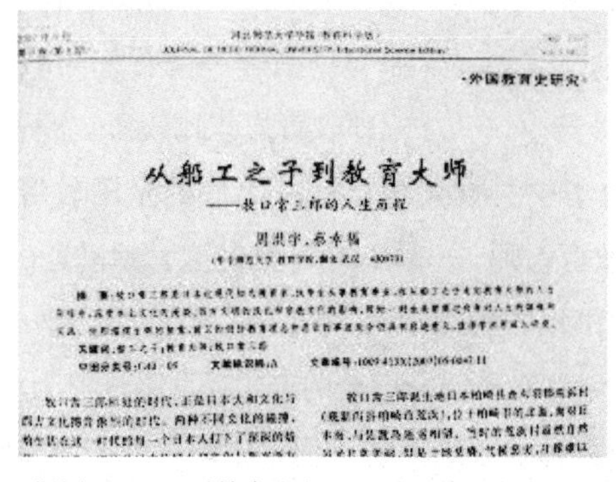
·外国教育史研究·

从船工之子到教育大师

——牧口常三郎的人生历程

周洪宇，蔡幸福

《从船工之子到教育大师——牧口常三郎的人生历程》。

陶行知和牧口常三郎教育思想之比较

蔡幸福　周洪宇

《陶行知和牧口常三郎教育思想之比较》。

福博士于当年 10 月向在华中师范大学举办的“和谐社会与和谐世界——池田大作思想国际学术研讨会”提交的《教育的目的就是要增进人格的价值 · 日本创价教育思想的先驱——牧口常三郎》一文，或许是国内最早专题研究牧口常三郎教育思想之作，文中对牧口常三郎的生平，教育经历，创价教育思想的三大支柱、主要内容、特质以及影响进行了专门的论述。当年 12 月，周洪宇与蔡幸福在《教育科学》发表了《牧口常三郎创价教育思想的三大基石》一文。此外，周洪宇与蔡幸福撰写的文章《牧口常三郎“创价教育”思想研究》、《从船工之子到教育大师——牧口常三郎的人生历程》和《陶行知和牧口常三郎教育思想之比较》分别在《比较教育研究》（2007 年第 6 期）、《河北师范大学学报》（2007 年第 9 卷第 5 期）和《华中师范大学研究生学报》（2008 年第 1 期）上发表。此外，西南大学教育科学研究所的张颖夫和廖其发两位学者 2007 年在《学术论坛》（2007 年第 5 期）上发表了《论牧口常三郎〈人生地理学〉中的教育思想及其对现代生

《船工之子与教育大师——牧口常三郎的教育活动》书影。

《融通与创新——陶行知与牧口常三郎教育思想比较研究》书影。

态文明教育的启迪》一文。应该说，这些文章对牧口常三郎教育思想研究的纵深推进有着参考意义。

2008年蔡幸福博士以“陶行知与牧口常三郎教育思想比较研究”为题撰写博士论文。同年9月，山东教育出版社出版了国家“十一五”重点图书《融通与创新——陶行知与牧口常三郎教育思想比较研究》一书。

2011年10月周洪宇与蔡幸福撰写的由华中科技大学出版社出版的全国教育科学“十一五”规划重点研究成果《船工之子与教育大师——牧口常三郎的教育活动》一书，是国内系统研究牧口常三郎的最新成果。此书以教育活动为主线，以《人生地理学》、《乡土科研究》、《创价教育学体系》三大教育力作和创价学会的产生、发展过程为重点，详细介绍了牧口常三郎从船工之子走向教育大师的艰难人生历程，生动再现了牧口常三郎朴实敦厚、乐天达观、勤奋好学、求实开新、疾恶如仇、百折不挠的个性特征，着重研究了牧口常三郎教育活动的三大基石和思想结晶，在分析牧口常三郎创价教育思想影响的基础上对其教育理论与实践进行了客观评述。

1973年，美国学者戴勒·M·贝瑟出版了Makiguchi：*The Value Creator*一书，对牧口常三郎进行了全面的介绍。1989年，戴勒·M·贝瑟将《创价教育学体系》译为英文，由爱荷华州立大学出版社出版。译者对此书极为推崇，认为《创价教育学体系》是一部划时代的著作，也是牧口常三郎具有深谋远虑和创新思想的多种著作之一。之后，该书的葡萄牙文、法文、意大利文、西班牙文和越南文等14种翻译本相继出版。1989年，戴勒·M·贝瑟出版了*Education for Creative Living*:*Ideas and Proposals of Tsunesaburo*

《创价教育学体系》至今已出版了英语、葡萄牙语、越南语、法语等译本。

Makiguchi: The Value Creator 书影。

《培养富有创造的生活》书影。

2002 年英文版《人生地理学》书影。

Makiguchi 一书，对牧口常三郎再次进行了推介。2002 年戴勒 · M · 贝瑟怀着对牧口常三郎的敬仰之情，将《人生地理学》译成英文出版，为牧口常三郎走向世界打造了一个更为宽广的平台。

《教育的伦理视野——实践中的教育哲学》书影。

2007 年，美国哥伦比亚大学教育学院的哲学、教育学教授戴维德 · 汉森（David T. Hansen）博士在他主编并由哥伦比亚大学教育学院出版社出版的《教育的伦理视野——实践中的教育哲学》一书中，将牧口常三郎与美国教育家杜威、巴西教育家保罗 · 弗雷勒、美国黑人教育家杜包斯、中国教育家陶行知、意大利教育家玛莉娅 · 蒙台梭利等并称为“20 世纪最具影响力的世界十大教育家”。

书中，安德鲁 · 格伯特（Andrew Gebert）和蒙特 · 约夫菲（Monte Joffee）在《创造价值是教育的目标：牧口常三郎及创价教育》一章中主要从人生、教育思想和创价教育实践三个方面介绍了牧口常三郎并给予了高度评价。此文可以称为国外牧口常三郎教育思想的最新研究成果，也为我们进一步深入研究牧口常三郎教育思想提供了有价值的素材。

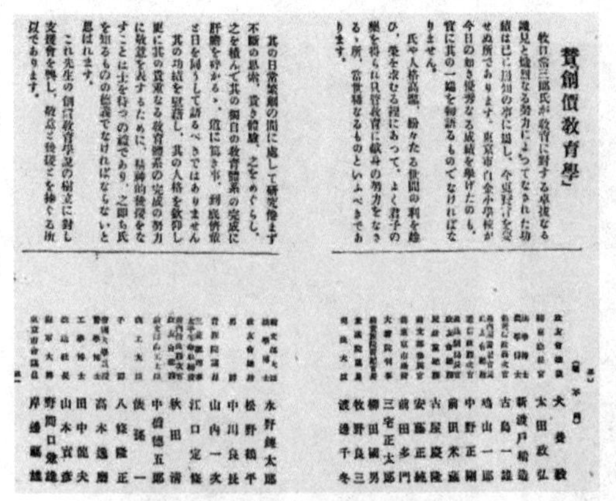

贊『創價教育學』

28 位名人联名声援《创价教育学体系》。

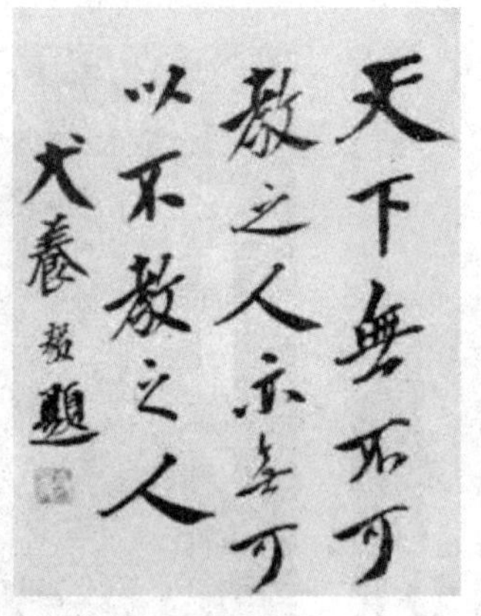

犬养毅写给创价教育学会的寄语。

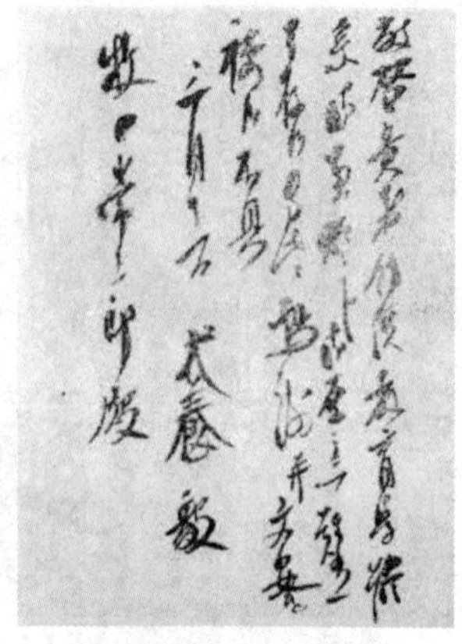

《创价教育学体系》（第一卷）出版时犬养毅写给牧口常三郎的贺信。

牧口常三郎所创立的创价教育学会在提升牧口常三郎创价教育思想的知名度和扩大其影响上发挥了重要作用。创价教育学会成立之初便产生了一定的影响，由政友会总裁犬养毅牵头，内阁书记官鸠山一郎、乡土会老友新渡户稻造、柳田国男等人成立了创价教育学会声援团。原日本外交官秋月左都夫，贵族院议员古岛一雄，日本大学教授田边寿利、前田多门等人在创价教育学会成立不久后就成为其顾问。在牧口常三郎的领导下，经过会员的努力，创价学会得以快速发展。由于日本军国主义政府的打压，会长牧口常三郎、理事长户田城圣等 21 名干部被捕入狱，学会被解散。尽管牧口常三郎于 1944 年（昭和十九年）在狱中去世，但他的影响并未消失。这一点从创价学会后继者身上可以得到证实。户田城圣继承牧口常三郎的遗志，出狱后很快重建学会，并将创价教育学会更名为创价学会。1951 年（昭和二十六年），户田就任学会第二任会长，采取了一系列举措发动了全国性的传教运动，使学会得到了空前的发展。在户田的领导下，学会不仅在国内取得了迅速的发展，海外支部、联络站也相继成立。更为重要的是，日莲佛法、牧口常三郎的创价教育思想与和平理念得到了弘扬。1958 年（昭和三十三年）户田逝世后，池田大作于 1960 年（昭和三十五年）继任第三代会长。在池田

《创价教育的源流：牧口常三郎》书影。

长达40年的任期中，创价学会以佛法中的“生命尊严”思想为指针，高举创价教育与和平大旗，实现了飞跃性的、国际性的发展。如今，创价学会已成为国际上推广创价教育思想、维护和促进世界和平与发展的一支重要力量。

对牧口常三郎的评价

牧口常三郎将自己的一生奉献给了教育事业，最终为反抗日本军国主义的战争，维护人类的和平献出了自己宝贵的生命。牧口常三郎以创造幸福人生为教育目的，立足以人为本，要求尊重个性、提倡学校与社会的联合、主张实行半日学校制度、斥责当时日本教育的非人性化现象，这些主张不仅对当时日本教育造成了冲击，而且对第二次世界大战后日本教育的个性化、科学化和现代化改革也有着一定的推动作用。随着世界和平步伐的加快和教育人性化改革的日益推进，牧口常三郎以人为本的创价教育思想和人道主义竞争社会的理想构建将会得到更为广泛的社会认同，并将对当今日本乃至世界产生极为深远的影响。

牧口常三郎的教育思想必须放在他所生活的日本社会和文化背景下进行考察、评价。彼时，日本正经历着世界范围内的工业化进程，牧口常三郎和其他工业化国家的教育家面临着相似的教育问题和现实。因此，剖析工业化对经济、社会、政治和教育所造成的影响是理解牧口常三郎思想的必要前提。牧口常三郎对日本教育的缺陷深为忧虑，一生致力于改革教育制度并构建其创价教育理论，他对教育的关心可以用“困忧”来形容。然而，牧口常三郎的教育改革建议没有被政府采纳，中师（中专）毕业的他，始终未受到正在勃兴的日本学历社会的认可。1930年（昭和五年）《创价教育学体系》第一卷出版后，学术界再次掀起了如《人生地理学》出版时的巨浪，牧口常三郎获得了到各地进行演讲的机会。尽管他希望学术界接受他的观点，甚至对其进行辩论，但是他的努力因为他的学历、地位并没有得到持久的看好，他的思想为受过大学教育并控制着社会教育的精英所不屑。就像牧口常三郎对自己的失望进行的表述那样：“在1931年（昭和六年）东京帝国大学的教育会议上，我向学术界阐述了我的观点，然而，没有引起反应，为此我对国家的教育状况非常失望。”

20世纪30年代，军国主义日益高涨。1932年（昭和七年）5月，首相犬养毅被暗杀，进步教育家和政治家的地位急剧下降，牧口常三郎对通过纯粹的教育途径来取得改革成功的愿望渐渐消失。然而，田边寿利、柳田国男和新渡户稻造等一些具有一定影响的人则对牧口常三郎的思想表示了认同。田边寿利指出，《创价教育学体系》是过去30年学术精进的最终成果，理应受到广泛的关注。此成果“决不是理论上的推断”，“不是纸上谈兵”，“而是牧口先生从实践中总结出来的宝贵经验”。“他将价值创造作为教育的主要目标”，“任何人都很清楚，这对日本的教育现状来说是多么的必要啊”。新渡户稻造认为《创价教育学体系》见识卓绝、广博深邃。其他一些有威望的人士也对牧口常三郎的思想表示了赞成和支持。然而这种局面随着日益增长的军国主义观念的盛行，新的军事政权没有给牧口常三郎思想以生存的空间，他的教育活动甚至遭到禁止。

牧口常三郎生活的年代，正是日本竭尽全力跻身帝国主义、野心勃勃的时代，他却一门心思要依托教育，为国造才。牧口常三郎根据自己在教育实践中长期摸索出的经验，通过研究各国教育学说，努力学习哲学、社会学等诸领域思想，加之自己的独立思考，融会贯通，创立了创价教育学，并形成了完备的体系。牧口常三郎无愧于“创价教育之父”的称谓。

牧口常三郎认为日本社会的一个顽疾就是缺乏教育，这个问题在西方国家同样存在。尽管他提出的改革思路显得过于激进，但是反映了对西方文化的理解。尤其是牧口常三郎的理论将人类的健康成长和有价值的生活概念联系在一起，而这些概念正是苏格拉底、柏拉图和亚里士多德在幸福哲学中首次提出的。牧口常三郎的创价教育思想始终着眼于人的本质和对价值人生的诉求，与一直流传至今的古希腊幸福哲学思想和教育理念息息相通，这也充分说明了牧口常三郎思想所具有的智慧的深度。

牧口常三郎立足于杜威实用主义的立场，洞察到“能称作价值的唯一价值就是生命，其他的所谓价值是只有在和生命相互交涉中才能成立的”，高呼“教育是为了孩子们的幸福而存在”的人性主义教育；在《人生地理学》中，提出迈向“共生的世纪”、“人道的世纪”的格言。牧口常三郎创立了具有人格涵养的创价教育学，并用充满人类博爱、坚强的信念贯注于实际行动中。尽管《创价教育学体系》已刊发70多年了，但书中燃烧的祈愿“孩子们的幸福”、致力于人性主义的创价教育之火，通过户田城圣及池田大作的传承，现已洒播到世界各地。面对利己主义盛行的资本主义社会中人们对价值、幸福等一系列重大问题困惑难解的状况，他跳出“小我”，放眼人类，从价值创造入手，提倡“个人和全体的共存共荣”，追求“教育就是在于强化对公共生活即社会生活的意识形态的理解，提高人们在适应社会生活中，和他人一道，共筑起个人和全体的共存共荣的人格”的真谛；提醒人们，不是去追求“只要自己幸福不管其他人怎样的利己主义的幸福，而是追求在虽以已为中心，但却又抱有只有和社会共存共荣的情况下，生活才能安定的这种意识形态中去争取的幸福”。

作为一名教育一线的工作者，牧口常三郎不仅注重实践，而且能够结合实际就教育面临的重大问题进行深层次的反思，提出了许多富有创意和具有指导意义的真知灼见。

教育要关注每一个生命，平等地对待每一个孩子。任何一个儿童只要教给他思考方法的根本，让他充分发挥自己的能力，都能成为优等生；要注重主体性教学，只有孩子们自己主动地求学上进，学习能力、生活能力才会变得旺盛，才能找到打开知识宝库的金钥匙；教育不只是传授知识，更不是进行知识的买卖和灌输，而应指导学生掌握如何运用自己的力量去获取知识的方法；在教育中，教师首先必须是一个有用的向导，而非一个信息提供者，他应该对学生的学习主动性做出指导，在学生的自我学习经验方面扮演一个支援者的角色。必须认识到，教育中最根本的推动力实际上是学生的自我兴趣；教育要崇尚自然，注重学问、教育与生活的一体化，学问来源于生活但又必须回归到生活中去。教育真正的任务是让被教育者了解自己所处的自然和社会环境的意义，让他们的生活融化于自然和社会中；教育要讲究快乐、通俗易懂同时又有效率。实行半日学校制度，这样可以很好地将课堂和社会结合在一起，让师生全身心投入的课堂教育活动回归到社区和家庭中。教师里面有无技术的教师、有技术的教师、艺术型的教师这三种。教学方法不好，费劳收益又少的是无技术型教师；掌握要领且拥有好的教学方法的是技术型教师；技术锤炼纯熟的是艺术型教师。正规的教育必须拓展其对学生的关注范围，除了关注学生的智力发展，还要关注其作为个人的整体发展；教育必须要以能够产生社会意识以及辨别社会道德能力为目的，必须努力培养社会成员所需要的个人品质，使其能够成为社会中一位具有创造性的参与者。

不言而喻，牧口常三郎这些教育主张强调尊重并平等对待每一个学生，发挥学生的主体性作用和教师的主导作用，以优化教育方法、提高教育质量，充分反映了教育自身发展的规律和人的身心发展规律。他从人性的高度、从整个人类利益的层面和教育的角度讨论了人与自然、人与人、人与社会之间的关系，提出了许多创造性、前瞻性的论见，对当今和谐教育、和谐社会乃至和谐世界的构建都具有现实的指导意义。

牧口常三郎坚定地认为，只有教育才是人类迈向新时代的关键之所在，是实现个人价值的推动力。他主张教育的目的和人生的目的是一致的，即人的幸福，而人的幸福关键要凭自己的双手获得，教育的根本宗旨就在于在培养这类人的同时，还要培养能使全社会获得幸福的人。因此，教育要立足于培育学生的观察能力和感觉能力，使他们养成良好的社会意识，挖掘他们进行价值创造的潜力。牧口常三郎一再强调："教育并不是知识的填充和灌输，而是培养学生自己获取知识的能力。送给他们一把开启知识宝库的金钥匙。"他认为，只要学生能自发地进行学习，他们就能自学到一切知识和智慧。如果能指导他们把所学的知识置于生活中合适的位置，在生活中积极利用，为生活服务，那样就能创造出巨大的社会价值。他曾怒斥扼杀孩子天性的僵化的教育体制，强烈主张要对现行教育体制作根本性的变革。

牧口常三郎的视线从来就没有离开过"人"，他始终关注每一个孩子的成长，关注每一个孩子的喜怒哀乐，把孩子们获得幸福放在首位。他大声疾呼，教育要重视每一个小孩，要一切为了孩子；学校要重视每个孩子的情感和差异，给孩子所需要的一切。牧口常三郎呼吁在教育岗位上的教师，一定要刻苦钻研教学技能，灵活地采用实物教育和综合教学相结合的具体教学方法，在敞开学校大门的同时，重视学校和学生的自治权，实现学校的民主化管理，从而把学校变成学生的学习乐园。所有这些，都充分体现了牧口常三郎的人本主义教育观念，这对于深化对教育规律、儿童身心发展规律的认识有着巨大的现实指导意义。牧口常三郎富有洞察力的思想和教育改革建议，为我们考察现时的教育困惑提供了一个使人耳目一新的有益框架。

牧口常三郎在《创价教育学体系》第二卷《价值哲学》中，详细地阐述了自己独特的价值论。这一价值论，是牧口常三郎教育思想，乃至其一切思想的基础。1931年（昭和六年）牧口常三郎出版《价值哲学》时，价值哲学处于发展早期。此前，西方价值哲学虽然也有客观主义价值论的观点的发展，但居于主导地位的仍是主观主义价值论。尽管牧口常三郎的价值哲学理论存在着种种局限，但他坚持以主客体相互作用为基础，从主客体相互作用产生的功能出发去理解价值，从现实生活的实际出发提出如何科学地把握价值的本质问题的新思路，将价值本质的研究推进到一个新的高度。

牧口常三郎的教育思想以幸福、创造和和平为价值取向。他始终认为，教育的目的是为了获得幸福。而幸福靠自己双手创造，靠奉献得来。幸福就是获得创造价值的能力。人活着就是为了追求价值，而且只有创造价值的人生才是幸福的人生。牧口常三郎还从佛学"看破、放下、奉献"的角度对幸福进行了解读，认为无论是谁，只要能摆脱权力的诱惑，抓住事物的本质，历经磨难却能持久如一地追求自己的幸福，他就拥有一颗“开放”而非“闭塞”之心，就成为了一名世界公民。牧口常三郎一生对民众所表现出来的智慧总是赞不绝口。他的目光，始终停留在地球上的“一个人”身上。他尊重每一个人，为了一个普通的人可以竭尽所能、不顾一切，这也是创价教育的精神之所在。牧口常三郎这种“为了一个人”的精神后来为几代创价人所秉承。户田在牧口常三郎倡导做一个“世界公民”的基础上，推崇“地球民族主义”。户田认为，生命诚可贵，信仰价更高。在美苏冷战加剧时，户田关心事态的最新发展，唯恐爆发战争和冲突，因为受害的总是无辜的普通民众。他认为，为了永久和平，必须超越狭隘的个人信仰，把自己当成地球民族的一员。户田去世后，以师命为己任的池田会长，主张关注每一个人的“精神觉醒”，认为只要有一个人发生了变化，整个世界也就发生了变化，所以哪怕只有一个人存在，就应当去做工作；人民必须创造出属于自己的历史，必须创造出与蔑视人民、轻视人民作坚决斗争的个人力量的联合；世界和平的基石必须建立在超越狭隘的宗派、党派和个人信仰之上，只有人性的普遍联合，才能构筑真正的世界和平。牧口常三郎的教育思想随着他创立的创价学会的发展一步步地被推广到全世界，随着教育的人性化、个性化、民主化和世界和平步伐的推进，必将在人类历史中大放光彩。

牧口常三郎的教育思想是对当时教育的种种弊端进行批判的结果，他在批判的基础上进行了理想化的创建。他希望教育培养出创造价值、创造“利、善、美”的幸福之人；他关注教育实践，重视生活经验，强调教育要走向自然、走向生活，并对当时教育中存在的种种脱离实际的问题进行了大胆的抨击，这些在过去、现在和未来都是符合教育规律和儿童身心发展规律的，是科学的、适应历史发展潮流的。然而，他对教育问题背后的真正原因还缺乏深度的认识，即对教育与经济基础、上层建筑的关系还缺乏深层次的研究，对教育体制和制度层面的问题也缺乏全面的、科学的反思。牧口常三郎以追求幸福为教育目的，但对日本社会制度并没有提出质疑，没有认识到现存的权力政府并没有为个人提供创造幸福、创造价值的机会，而把希望完全寄望于教育变革。牧口常三郎一生追求和平（人类之大善），但他对垄断资本主义的唯利是图和日本军国主义政府的侵略本质认识不足，寄希

章开沅。

2005 年，池田大作与章开沅教授在东京牧口纪念馆会谈。

望于宗教革命。理论方面，牧口常三郎对心理学的研究成果认识的高度不够，正如他自己所言，“依赖心理学运用寻求实现目的的方法，我不得不断然提出反驳”。牧口常三郎关于价值分类的思想、价值量的探讨、价值与人的生活目标的见解，都值得借鉴和利用，但他晚年皈依佛门，过分抬高宗教价值的地位，认为日莲佛法具有最高的价值，真理是永远不变，将“真”排斥于价值观体系之外，对价值的量的比较和规定、关于善恶价值比较的观点都值得商榷。牧口常三郎对马克思非常尊敬，但未去研究和掌握马克思的理论和方法。

牧口常三郎自 21 岁登上讲坛后，一直刻苦研究教育，追求探寻人生哲理，并在教育活动中努力地加以实践。从日本后来的义务教育制度以及现在推行的终生教育制度的实施和完善中可以看到，牧口常三郎早年提出的改革意见部分得到了采纳。在教育中，

2001 年 2 月，广州市政府向池田大作颁授"广州市荣誉市民"称号。

2005 年 10 月 14 日，"池田大作与中日友好回顾展"在资源大厦成功开幕。此次展览以照片的形式介绍了创办人池田大作为中日友好所做的贡献。展览为期 3 天，共有近 1000 人前来参观，反响热烈。

牧口常三郎力图开拓学生的视野，培养和合的精神，要求学生具有世界公民的意识。这种超前的观点，在全球化迅猛发展的今天，值得世人学习。牧口常三郎是一个非常务实的教育学家，一向反对虚伪的、毫无实际意义的、空洞的教育学理论。尽管各国的社会制度、教育体制、教育方针以及目的不尽相同，牧口常三郎的许多教育理念仍可以通用于世界各国，值得我们深入研究和探讨。

正如著名历史学家章开沅教授所说：凡是善良的日本人、善良的中国人，都应该做一些有益于人类的事情。日本人民也是爱好和平的，牧口常三郎先生就是其中的典型代表。中国人对牧口常三郎先生的了解不够，教育界对其了解也很少。而密切与创价学会的交流，加强对牧口常三郎先生的研究和介绍，对于化解矛盾、增进友谊，对于和谐社会与和平世界的建设都是有价值的。

研究牧口常三郎及其著作的相关文章

《人生地理学》中文版前言[1]

这本著作是牧口常三郎所撰写的《人生地理学》，对于当今大多数的中国读者来说，或许会对这本著作和它的作者有陌生之感，因为距这本书初次面世的时间已有百年之遥了，而它的作者辞世也已有半个多世纪。然而，实际上这本著作却并不是在今天才第一次进入中国读者的视野。

牧口常三郎是日本现代教育家、地理学家、创价学会的缔造者和第一任会长。

20世纪初，日本迅速步入工业化国家的行列，国家实力的增强使得国家主义在国内迅速膨胀，而当时日本的教育界也必然受到这种风习的熏染。在这种社会背景下，牧口常三郎并没有受外界舆论氛围所左右，而是独立地思考和探索教育的目的和真谛。为了完成自己的使命，牧口常三郎首先在教学方法上进行了大胆的探索，他强调教学必须要以学生为本，因为教育不是知识的硬性填充和灌输，而是要培养学生自己获取知识的能力，送给他们开启知识宝库的钥匙，所以必须重视学生的亲身参与和体验，让学校成为学生的摇篮而不是约束他们的囚笼。牧口常三郎呼吁改革当时的日本教育制度，反对僵化的扼杀孩子天性的教育体制，要求建立有助于实现个人价值的教育制度和教学模式。其次，牧口常三郎强调教育要正视每一个人的幸福，即要“为了一个人”。为了让每一个孩子都能接受教育，获得实现人生价值的启迪和条件，牧口常三郎虽然常常身无长物，生活拮据，但是对学生却尽其所能，呵护备至。

在牧口常三郎看来，人生追求幸福的过程就是创造价值的过程，而价值是体现人的主体创造性的范畴，所以价值是美、利、善，而不是康德所说的真、善、美。牧口常三郎的价值论充分表现了对人的重视——对人的生命创造力的重视，对人追求和实现美好生活权利的重视。

20世纪40年代初，日本国内军国主义甚嚣尘上。为了给发动战争制造舆论，日本政府采取了十分强硬的手段来统一国民的思想，加强对意识形态领域的控制，要求宗教

[1] [日]牧口常三郎著，陈莉等译：《人生地理学》中文版前言，复旦大学出版社2008年版，第4—9页。

界必须信奉国家神道，尊崇天皇。但是牧口常三郎始终坚持自己的信念，不向当局屈服，他对无条件敬奉天皇的要求提出了质疑，要求创价学会会员以《法华经》为指导，坚持日莲佛法的真言本意，驱除内心魔障，追求属于自己的幸福。1943 年牧口常三郎和户田城圣被当局以违反“治安维持法”和“大不敬”的罪名逮捕入狱，在狱中虽然多次遭到审讯，但是他们始终不弃自己的信仰。1944 年 11 月 18 日，牧口常三郎病逝于狱中。

牧口常三郎去世后，他所开创的事业后继有人，创价学会在第二任会长户田城圣和第三任会长池田大作的领导下不断发展壮大，他们始终秉承着维护和平和开辟人生幸福之路的宗旨，如今创价学会已经成为了一个有世界影响的宗教团体，全球 180 多个国家和地区都有其会员分布。

《人生地理学》是牧口常三郎的第一本个人著作，1903 年出版，他当时 32 岁。该书出版后，在 20 多年的时间内在日本一再重版，可谓好评如潮。

无论从所涉及的内容还是从呈现的形式来看，牧口常三郎的《人生地理学》作为一本地理学的教科书都给人一种全新的感受，这主要是因为牧口常三郎超越了对人与自然的关系进行纯粹客观或价值中立性的阐释的视角，而试图渗透或贯穿于一种新的价值理念，这就是对生命的重视，而归根结底是对人的重视，对人创造价值谋求幸福人生的重视。毫无疑问，这一思想在当时的日本思想界来说是极富特色和挑战性的，而对地理学的冲击也是非常明显的。

人们常说，读一本名著就是在和大师进行对话。然而书本似乎永远是静止的，书页也常常会在岁月的流逝中慢慢泛黄，况且它的著者也不再在场；读者则是鲜活的，一代又一代，一茬又一茬。这一动一静的双方如何能够对得上话？这主要取决于这本著作本身的内涵及其所蕴涵的普遍性的价值理念了，如果这本著作所包容的东西非常丰富，所蕴涵的价值理念反映了人类生活中的一些普遍性追求，那么不同时代甚至不同文化背景的人们都会从中得到自己所需要的东西。我想这就是名著之所以为名著的主要理由。“读一本名著，和大师对话”，这句话可以引导我们在头脑中浮现出这样一幅画面：一本名著就像是一座泛着金光的小屋，不同时代的、不同年龄的、不同文化背景的人们都来叩响它的门扉，而他的作者则笑吟吟地把读者接进小屋，听凭你按照你的需要从书中选取你所需要的东西，然后满意而去并时常“回头”再来。

按照上面的分析，我想《人生地理学》应当算得上是名著了。在不同的历史时代和不同的文化背景中人们频繁地关注这本书，自然都会从中获得启迪。20 世纪初，当中国留日学生首次把它介绍到中国时，或许看重的就是其中所包含的对国家发展实业的分析和设想；而1907年翻译出版的《最新人生地理学》的序言中则含有劝导国人尊重自然规律的意思。

今天这本书的出版无疑会延续着它与读者的对话，但是今天的读者有自己的新的生存背景和文化背景，因而这场对话又必然会关注和挖掘出一些新的话题。特别是我们今天生活在一个并不平静的世界中，人与自然关系的紧张使得人类面临着失去生存家园的危险，生态关注和绿色情怀正成为现代人生活中难以绝缘和剥离的内容；经济全球化的浪潮不可阻挡，共同的利益和命运使得世界上不同国家和民族之间的相互依赖性增强，但是狭隘的视野又往往导致许多人为的摩擦；特别是单边主义的扩张更使得世界动荡不宁，世界上还不时燃烧起战火，恐怖主义的幽灵也时常现身……在这样的时代背景中生活的人们当可以从这本书中获得很多启示，诸如善待自然，对自然感恩，爱乡土爱国家，超越狭隘的族类意识……当然，阅读的自由和快乐最终都完全由你自己掌握。

李培超

《人生地理学》英文版序言摘录[1]

牧口最后的主要著作《创价教育学体系》，于20世纪80年代译成英文，并于1989年在爱荷华州立大学出版社出版，这被他看作是通往建立能激发每个人创造力的教育体制的阶梯。这是一本重要的学术著作，已经被英语世界领域里最主要的教育家和教育哲学家普遍公认。而且，这本书只是牧口具有深谋远虑和创新思想的多种著作之一。他较早期的作品，特别是在他32岁时，于1903年出版的第一部著作《人生地理学》和在9年以后出版的《社区研究》，在社会科学领域里具有同样重要的学术影响。为此，我们提供这本《人生地理学》的英文译本给致力于进一步深入研究牧口著作的人。

戴勒·M·贝瑟（Dayle M.Bethel）

《人生地理学》英文版编者导言摘录[2]

牧口所表述的绝大部分教育观和建议，已为越来越多的当代教育家所表述与实践。过去十多年在日本和美国，教育中出现的对整体主义的重视就是一例。同时，在强调在

[1]　[日]牧口常三郎著，陈莉等译：《人生地理学》英文版序言，复旦大学出版社2004年版，第12页。

[2]　[日]牧口常三郎著，陈莉等译：《人生地理学》英文版编者导言，复旦大学出版社2004年版，第15页。

学习者生活的自然与社会环境中直接学习以及这种教育的重要性的方面，很少有当代的教育家像牧口走得这样远。此外，他关于像进入学习者社区的自然系统中旅游一样，组织各种层次的教育的建议，在“新”地理学方法的背景下，潜在地为学生和教育工作者提供了有益的观点和洞见，或者说为他们提供了有价值的方法与模式。

这里再次强调牧口的核心观点，即在学习者生活的社会的自然系统中进行直接学习非常重要，因为道德品质的发展、感激的态度、支撑人生命的对自然和社会系统的好奇心以及对这些系统的责任感，对于个人的幸福和社会的健康而言是不可缺少的，而这些品格是不可能通过其他途径来培养的。他断言，间接式、依靠媒介来进行的“二手”学习系统，在他的国家已发展到了愚蠢的地步。首先，作为从西方文化背景下移植的产品，这种间接式的教育系统将学习者局限于教室之内，强迫他们去完成毫无意义的课程，正如前面提及：记忆然后忘记，记忆，忘记，周而复始。此外，这种教育限制了学习者与其生活社会的自然系统的联系。牧口强调，如果长期保持这样一种肤浅的学习系统，将会导致个体的不愉快和严重的社会问题，并且对环境造成破坏。他意识到的这种紧迫感促使他出版了《人生地理学》一书，尽管这本书的不足也正来源于他对于自己国家当时的主要教育形式的危机的确信。

在前面简述中提到，牧口的著作超越了地理学和教育学的含义，激发了我们对于当代社会开始与发展的问题的思索。起源于西方的这种产业主义，将在随之而来的岁月中主宰地球所有的文化，并不可避免吗？抑或发达的工业社会会存在不同的面孔吗？在世界的某一部分人中间存在一种普遍倾向，至少在工业发达的国家中是如此：认为工业社会的兴起，是由与人无关的社会、经济、技术和政治力量作用的产物。例如，克里斯多夫·埃文斯（Christopher Evans）曾经这样写道：“一旦革命的进程完全上路，它有力的成长过程也是残酷的，没有任何力量、没有任何人或人的联盟，能够让它回头，对抗它的进程。”牧口的著作暗示了这种可能性，但是，日本的产业主义并没有表现为其他的形式或者向其他方向发展。

牧口试图用《人生地理学》来回应他所见到的日本的现实。当他羡慕和提倡西方工业文化的某些方面时，他也劝告不要对西方的模式全盘吸收，并为他的国人提供了一幅独特的日本工业化社会的远景图，在这幅图里包含了日本地理环境和文化传统的优势与资产。

虽然，牧口也许没能预见由西方科学化的产业主义所导致的现代的两难困境的所有范围，或者导致对道德精神的崩溃的潜在忧虑，但我猜想他直觉地感受到了这种危机．并且致力于他自己生活的社会的工业化发展，因为他认为这个社会不会缺少他所钟爱的“迷人世界”。

如果日本事实上发展了基于牧口所预设的环境和教育这种工业化社会，并且如果日本模式而不是以美国为时尚的西方模式已传遍整个地球，今天这个世界会是多么的不同？当我们回顾20世纪的历史，会认识和接受这个事实：在20世纪初期的几十年里，日本拒绝了牧口的远景图和大部分忠告，正如美国在其工业化系统发展的起初几年里，拒绝了另一种适合他们工业化发展模式一样。仅仅以微弱的变异方式，日本追随了美国的产业主义模式，这种模式建立在对自然环境不加限制的开发以及由工业发展带来的不加限制的人口增长的基础上。我们现在不得不去正视许多由这两个工业大国在发展阶段所作的选择所导致的负面后果。

这种认知及其培养的更清晰的对历史的理解，还可以给我们带来这样的认识，那就是我们正生活在一个对新文化时代有重要影响的阶段。对于在教育、商业以及在所有社会性公共团体中，正寻求为建设更加美好、更富于人情味的21世纪打下基础的人们，《人生地理学》中值得思考的见识以及丰富的思想和实践方式，都将有助于他们为未来所作的努力。

戴勒 · M · 贝瑟（Dayle M.Bethel） 2002年春于夏威夷 檀香山

《人生地理学》英文版前言[1]

21世纪——我们将使它成为怎样的一个世纪？我们该如何畅谈新千年的问题？这是我们面临的最重要的问题，一个超越了种族和民族的界线、所有世界公民都必须思索、所有人都必须遵循的问题。

联合国已经明智地选择了把2001年命名为“文明的对话之年”。只有当对话的桥梁得到架设以连接不同的文明时，我们才得以开始一步步地朝着一个统一和谐的地球前进，实现人们对和平的祈愿。

无论我们所处的位置多么不同，无论我们的理念相距多远，我们都同属于人类。如果我们能够基于共同的人性，走到一起相互讨论，那么，即使我们的文明也许有着差异，

[1] ［日］牧口常三郎著，陈莉等译：《人生地理学》英文版前言，复旦大学出版社2004年版，第38页。

但我们仍然会不自觉地加深文化间的相互理解和欣赏。这是我真诚的信念，一个基于我和世界领袖们以及学术界名流们的讨论而产生的信念。

在20世纪早期，帝国主义统治着那个时代的时候，一个年轻的教育家和地理学者——牧口常三郎，即后来的创价学会第一任会长，写了题为“人生地理学”的书。在书中，他描述了一个他命名为“人道主义竞争”的理想，由此文明和文化能够通过相互的对话，在彼此间开展友好和人道的竞争。他相信，以这种方式，能够为人类开创一个更加光明的未来，一个能为全体人类促进相互间的和睦与繁荣的未来。他高瞻远瞩地预见到了人类历史应当遵循的唯一恰当的发展道路，是由军事争斗、竞争朝着政治竞争，再由政治竞争向经济竞争最终到纯粹的人道主义竞争稳步前进。

现在，在目睹和忍受了那个被看作“战争与暴力的世纪”——20世纪的众多悲剧之后，我们站在人道的角度，至少能够欣赏和分享在牧口先生著作中对“人道与和平的世纪”的热切盼望。我们现在决不能再偏离这个目标！

目前，对牧口先生思想的理解和期待正以一所新的、带给全世界人民优质教育的大学——美国创价大学的形式表达出来。这所大学于2001年创建于加利福尼亚州的奥伦治郡（Orange County），肩负四个使命：

在社团中培养文化领导者；

在社会中培养人道主义的领导者；

在世界上培养和平主义的领导者；

为自然与人类的富有创造力的和平共处培养领导者。

这些目标代表了今天人们对牧口的《人生地理学》中的思想与理想的认同。在牧口著作的标题中，“人生”一词指人的有生之年及其一生的活动。当人与其他人或者其活动分离开的时候，就不能作为真正的人而活着。因此，牧口试图详细地阐述人与地理环境的关系。换言之，《人生地理学》是一项致力于如下探索的研究：在人与坏境，社会文化与国际形势之间的关系加强的情况下，人类应该如何塑造完美人格，创造新的价值，使社会及自然环境丰富多彩。牧口完全预见到了人类与环境的和谐相处的需要。他预测到，脱离了对自然环境的恰当考虑，任何一种人类情感，如同情、善意、友好、仁慈、忠诚或者朴实，都不能被发展到可以觉察的程度，人类的人格也不能得到完全的发展。换一种稍微有些不同的说法就是，今天，人类精神的荒芜困扰着我们整个世界，而引起这种精神荒芜的原因之一，就是我们几乎已经完全遗忘了如何同自然世界保持联系。

我们不仅未能保持与自然的对话，而且还企图征服和统治自然。这甚至日益成为一种被自己的贪欲驱使着狂热向前的文明，直到它遭遇了地球自身生存的环境被破坏的危机。

牧口的《人生地理学》，采用了一个有远见的生态学的视角，建议人类开展与自然的对话，这提供了一些较之其提出之初，于今天甚至更新鲜更适用的理念。2003 年是《人生地理学》一书出版一百周年，这对于由圣弗朗西斯科（San Francisco）Caddo Gap 出版社完成的其英语版本的出版也是一个最适当的时机。

我希望，《人生地理学》一书的英译本能够以类似的方式或者甚至在更好的程度上发挥作用，为人与人、人与社团、人与世界以及人与自然提供对话基础。如果这能够成为唤醒世界民众的力量之源，使他们作为单独个体与生命力联系起来，并由此带来一个致力于生命尊严的新世纪，我将为此感到莫大的欣慰。

牧口不屈不挠地同日本军国主义势力作斗争，最终英勇地逝于狱中。我恳切地祈祷，他那不朽理想的光芒将会充满我们 21 世纪年轻的领导者们的心灵与思想中，从而有助于我们的地球成为一个和平与共生的生命体。

国际创价学会会长、美国创价大学奠基人　池田大作　2002 年春

《地理教学方法及内容的研究》再版前言 [1]

首任会长牧口常三郎所著的《地理教学方法及内容的研究》得以再版，着实令人欣喜。本书由牧口先生于 1916 年所著，经过了 60 年岁月的洗礼，以全新的包装再次出版。

牧口先生本为教育家、地理学家、哲学家，1903 年问世的大作《人生地理学》使其开始受到世人关注，时年 32 岁。

《人生地理学》一书，强调人与自然、社会之间的深刻关联，毫无疑问，是一本系统化、独创性的地理学著作，其尖锐的观点也让当时的权威学者赞叹不已。

总的来说，本书的出版，使得迄今为止一直被过低评价的地理学重新受到关注，其重要性也重新为世人所认识。

《地理教学方法及内容的研究》一书教我们如何去理解《人生地理学》的主旨，如何去教授《人生地理学》，换言之，它是一本论述实践及应用的著作。

牧口先生在序言中提到，“学校教育与社会生活脱节，教育效果大都没有在受教育

[1]　此文由陆丽丽译，详见［日］牧口常三郎著：《地理教学方法及内容的研究》，圣教新闻社 1978 年版，第 1—3 页。

者的实际生活中体现出来，这主要是因为各个学科的教学没有明确的基准和目标，导致了受教育者知识体系的残缺不全。而要根治这一教育顽疾，最关键、最重要的就是进行地理教学的创新，这是我们多年来坚守的信念。”

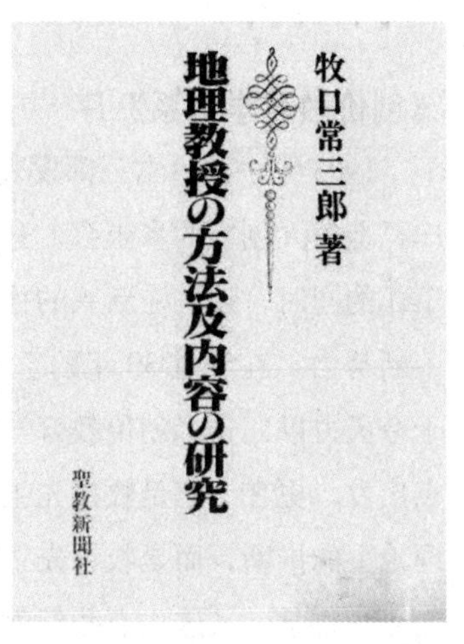

《地理教学方法及内容的研究》书影。

牧口先生常说，“所谓地理学，应该着眼于人与自然的关系，即人与自然经过怎样的相互影响，才能孕育出不同特色的地域性和风土人情。打个比方，如果只教授这个地方的积雪有多厚、这条河大概有多长这些知识，这只是单纯的知识传授而已。比如雪要积到多厚才会影响当地居民的生活？怎样影响？会有什么样的影响？有何利与弊？这些想法才是我们应该铭记于心的。”

知识本身没有价值，当我们研究它与生活的关系时，就会自然而然地形成或正或负的价值观。总的来说，牧口先生的观点就是无论何种场合都不能忘记人的存在。忘记人的存在，也就谈不上正、负价值了。他卓越的思想在教育史上熠熠生辉。

在此基础上，牧口先生从价值创造这一观点出发，对具有划时代意义的创价教育学说进行了系统阐述。究其根本，先生是想让人们切实感受到他的那种无论何时都不忘记人的存在，充满勃勃生机的人道主义精神。此书原是牧口先生入信日莲正宗前所作，后来受到日莲大圣人佛法的启发，他那已萌生的创立创价教育学会的想法就更为强烈了。

今天，牧口先生的学说已得到绝大多数学者的认可，为世人所关注。

在环境污染和环境破坏不断加剧的现代社会，更需要贯彻牧口先生的思想。牧口学说被认可就是一个佐证，它证明了人们开始重新审视一直以来被高度专业化的学问。

从这些意义上来看，本书不仅仅是地理学上的重要文献，在谋求人类更为丰富多彩的生活上，它也是一本能给予重要提示的著作。牧口先生洞悉时代的尖锐观点让人景仰不已。

创价学会副会长　辻武寿

《创价教育学体系》序 [1]

1903 年，牧口常三郎发表了《人生地理学》这一著作，之后加入由柳田国男、新渡户稻造等人创立的乡土会，开始从事民间文化传承的研究。他在致力于日本民俗学奠基工作的同时，还关注新兴的社会学，并为创建以社会学为基础、由国家主导的教育学而不断努力。在经过 30 年的学术精进之后，牧口先生的创价教育学逐渐系统化，并最终于今天得以问世。创价教育学的价值不仅在于它独特的形成视角，即从最新的社会学观点出发，更在于它是牧口先生通过长期实地研究而得出的正确理论成果。这绝不是单纯理论上的推断，而是牧口先生从实践中总结出来的宝贵经验，他坚决果断地抛弃了传统的概念哲学，从这一点我们就足以看出牧口先生所阐述的学说绝不是纸上谈兵。他将价值创造作为教育的主要目标，任何人都很清楚，这对日本的教育现状来说是多么的必要啊。从这一意义上来看，就像 30 年前《人生地理学》完全逆转了我国地理学的潮流一样，《创价教育学体系》理所当然地肩负起了把我国现今的教育引入新轨道的使命，这是毋庸置疑的。简而言之，以可靠的理论和长期的实践为基础而创立的创价教育学是当代日本迫切需求的教育学。

法布尔是一名小学校长，一生默默从事昆虫研究，学术王国的法兰西共和国以他为荣，教育部长亲自移驾，以法兰西共和国的名义对他表达诚挚的感谢。

牧口常三郎也是一名小学校长，面对种种迫害和苦难他从未放弃过抗争，用他珍贵的人生创立了划时代的创价教育学。文化底蕴深厚的日本要以怎样的方法来礼遇这位国家为之感到荣耀的伟大教育家呢？

田边寿利

我以前时常参与教育工作，虽然到现在我仍然还从事着这项工作，但对日本教育缺乏独创性这件事感到非常不满和遗憾。就在这时，曾著有《人生地理学》一书，且其卓越思想一度受到世人称颂的牧口先生再次出山，将多年的体验和感想综合起来，创立了创价教育学，以回馈现今这一前途未卜的教育界。在看了牧口先生《创价教育学体系》的梗概之后，他的远见卓识及其基于事实的广博、深邃的研究让我惊叹不已。在深感这

[1]　此文由蔡幸福译，详见 [日] 牧口常三郎著：《创价教育学体系Ⅲ》，圣教新闻社 1979 年版，第 277—278 页。

位《人生地理学》的作者仍宝刀未老的同时，也祝愿他能健康长寿！

新渡户稻造

关于创价教育学及其价值，不远的将来也许自有公论。牧口先生这部大著作不是不谙世事的教育学者的纸上谈兵，也不是对欧美学者著作的翻译介绍，而是数十年宝贵经验的结晶。它不仅仅是教育实践家的经验总结，表面看上去似乎与学校教育没有直接关系，但正如前面所提到的那样，它是建立在广博的基础知识之上，且通过对现实社会的实地调查这一独特的研究方法而得到的，所以这一教育学有着难能可贵的独创价值。我相信它足以打破现代教育界的僵局，因此我毫不犹豫地推荐此书。

柳田国男

海老原治善读《创价教育学体系》之感[1]

邂逅

那是昭和几年的事呢？我在记忆中搜寻了许久，却怎么也想不起来。只是这样一幅画面始终在脑海里萦绕：我记得那是在神田旧书街的一家店门前摆着的特价书的书架一角上，一本蓝色装帧的名为《创价教育学体系》第一卷的书顿时映入眼帘。这样的书名很少见，我知道在过去的教育学研究史里，记载了在大正时期的自由教育运动中，一位叫千叶命吉的人提出过“独创教育”，但“创价教育学”这个提法还是首次看到。

说实话，那个时候我还不想翻开它，认为有很多是作者主观、随意的议论。但似乎又为好奇心所驱，我终于还是打开看了起来。一看，推荐辞上竟然出现了柳田国男、新渡户稻造、田边寿利等人！这一下我的兴致就来了。

看了数页，又出现了对沢柳政太郎的相关描述，而此时，我正在读沢柳政太郎的《实际教育学》（明治四十二年），并且对它深有感触。因此我感觉到，牧口这本对沢柳有所表达的书，一定有值得一读之处，于是决定把它买下来。

牧口“创价教育学”的意义

16年前的1956年，教育史研究会发行了《教育科学——其课题与方法》（东洋馆出版社）这本研究类书籍。有人评论：“谈到日本教育学研究的主流，我们应该抓住一点，

[1] 此文由蔡幸福译，圣教新闻社编：《牧口常三郎》，圣教新闻社1972年版，第408—412页。

1972 年圣教新闻社出版的《牧口常三郎》书影。

那就是，它是得到观念性哲学论证了的教育思潮的介绍。因此，这种倾向中，几乎没有对日本教育所面临的相关课题的研究。”“况且，要抓住教育的客观现实这一社会现象并科学地对它进行分析研究，在国家权力绝对主导的日本是一个禁忌。除非《教育敕语》要求以科学研究为前提，否则事实是很难弄明白的。尽管如此，对日本教育研究全部持有怀疑态度也并非正确。在这样恶劣的条件下，学术前辈们还是满怀勇气，首先以科学教育，接着又以社会科学教育为目标，不断努力研究。”

书中的第一节就是《科学的教育学》。首先，介绍了教育社会学和实验教育学的动向，接着又说明了“至今为止的学说研究史上，沢柳的业绩或许全被忽视了，就算有也找不到书名以外的任何评价。”文章还对《实验教育学》给予了高度评价。因为跟沢柳有关，我想起了牧口的创价教育学，然后打开看了一下。这一看，我吃了一惊。怀着这样的心情，我对牧口做了以下描述：

“在教育学说研究史上，他的成就被忽视了。他是当代一个展露出活跃动向的大的新兴宗教组织创价学会的创立者。他于 1930 年 11 月提出了《创价教育学体系》全十二卷的构想，并出版了该书第一卷（以教育学组织论和教育目的论为主要内容）。其中，犬养毅为他题字，序文分别由田边寿利、新渡户稻造、柳田国男执笔。作者在参考涂尔干、狄尔泰和华尔等人思想的同时，提出了教育科学的主张。”

牧口回顾了沢柳的主张，严厉批判了当时教育研究动向，并指出：“沢柳，这位明治晚期的博学之士曾大声疾呼，告诫全国教育家要从教育事实出发进行研究。然而时隔二十多年，却还是没提出一改常态的高见。民间的教育学者认为：剩下的就是要改变那种一边望着天上的星星一边前进的危险态度了，我们还是先看看自己的脚下吧！如果经常反省自己的日常生活经历，明确成功、失败之所在，并分析其过程的话，就会发现其中宝贵的真理！因此，不要再仅仅依赖于书房研究了，要把那些宝贵的经验加以整合并确立原则，在日常工作中证实它们，并把这些宝贵的真理、法则传递给下一代。这实际上是落在现代教育实践家身上的重要使命，也是教育的发展所要遵守的法则。”

当时，也正因为还没有对牧口的学说进行任何评价，所以我在引用沢柳评价的同时也把牧口提出来跟朋友们一起讨论了。昭和二十六年，梅根悟在《日本的新教育运动》（见金子书房出版社出版、教育大学课使用的《日本教育史》）一文中指出，牧口介绍了乡土科教育，说到教育学说的介绍，这个年轻人的论文也算是比较早的。总之，要我评价的话，我觉得与观念教育学相比，牧口的《创价教育学体系》是一本提出了树立“科学教育学”方向问题的书。

今后的课题

不管怎样，我还是抽出很零碎的空闲时间把《创价教育学体系》第一卷和第二卷浏览了一遍。其间，我也认为，要真正对牧口给予评价的话，对日莲宗的研究必不可少，同时探讨价值论也是很重要的。

总体感觉到，作者提出要把教育现象跟社会学结合起来理解的看法，比观念教育学向前迈进了一步，问题是，他的这种观点却被认为是社会学的内容了。

“创造只适用于价值而不适用于真理。换句话说，真理只能说是被发现的东西，而价值却应该是被发现并被创造的东西。”我想，只有这样才是切实的，那么价值到底是什么呢？社会体制和价值之间的关系又是什么呢？我认为，对此类问题的讨论也会继续下去的。……

关西大学教授　海老原治善

中译本《创价教育学体系》第一卷序文摘录[1]

牧口常三郎先生的毕生巨著《创价教育学体系》第一卷是 1930 年 11 月 18 日出版的。当时恐慌袭卷全球，日本总理大臣被暗杀，世态陷于混乱，军国主义已经开始狂飙。在此情境下，本书的出版正是宣告近代日本“教育革命”起步的希望之晨钟。

其背后藏着牧口先生和户田城圣先生师生的感情。

揭示崇高理想，企图开创新教育大道的先驱牧口先生，遭遇到种种压迫与迫害。户田先生常说：“我陪伴牧口先生四次的灾难。”此四次灾难就是在当地政界有力人士策动之下，使担任小学校长的牧口先生降职（49 岁）、两年后被学校排斥、并被巧妙地退职处分（60 岁）、最后是军部权力下的入狱及后来病死狱中（73 岁）。相差 29 岁的户田先生和牧口先生共同面对这些灾难，《创价教育学体系》是在第三次灾难，也就是面

[1]　[日]牧口常三郎著，刘焜辉译：《创价教育学体系》第 1 卷，正因文化事业有限公司 2004 年版，第 8—12 页。

《创价教育学体系》（第一卷）书影。

对有力人士正在策动将牧口先生从白金小学赶走时出版的。

《创价教育学体系》的出版，默默负起一切辛劳的就是户田先生。牧口先生的《创价教育学体系》草稿是他三十多年承担小学校长的繁重校务的情况下形成的，且多写在广告纸或信封背后、旧纸上的。因此，要出版就得整理、编辑这些庞大的草稿。当时户田先生主动说，“我要竭尽全力完成它”。当时户田先生是 30 岁，白天在私塾时习学馆执教，晚上在中央大学进修的忙碌生活中，承受恩师的意思，把心血投入此艰难的事业，终于完成它。牧口先生由衷感谢弟子的献身，他在“前言”中写道：“户田城外君基于多年的深交，是（《创价教育学说》）最早的理解者(中略),他拨出资金,为本学说的完成与普及献出全力(后略）。”

由此可见，《创价教育学体系》是真挚的师徒的结晶。

创价教育学是牧口先生多年在学校教育实践中所构思，具有实证的教育方法。和以往观念哲学论所建构、缺乏实证性的教育学迥然不同，是独创性的教育学说。一言以蔽之，它是“养成创造人生目的的价值之人才”的教育学说。

牧口先生明确主张：“教育目的是要增进儿童的幸福。”当时是在富国强兵政策之下，为国家推动教育的时代，可见创价教育学是革命性的主张。

《创价教育学体系》第一卷，有曾任国际联盟事务局次长的新渡户稻造、著名的民俗学家柳田国男、法国社会学大师田边寿利三位先生的序文。他们代表了当时日本的学者，三位都与牧口先生有交往且都给予本书很高的评价，并期待本书对于日本社会的影响。

然而，当时军国主义的日本，不但未礼遇牧口先生，更愚蠢地用“投狱”回报他。牧口先生和傲慢的权力断然抗争到底，于 1944 年 11 月 18 日病死狱中。

那一天是《创价教育学体系》第一卷出版十四年后的日子。

再经过十年后，牧口先生的教育学说在日本国内尚未得到正当评价，一般人的认识也不足。1950 年，有一位美国的年轻学者注意到此教育学说。这个人就是教育学家戴勒 · 贝瑟博士。他以“牧口常三郎的生平与思想”为题的论文获得密西根州立大学的博士学位……1973年出版了英文版《价值创造者牧口常三郎的教育思想》(weather hill社)，1974年该书的日文版出版。

贝瑟博士为了普及牧口先生的教育思想，大约费了十年从事《创价教育学体系》英译本出版计划，1989年，该书英文版由爱荷华州立大学出版。从英文本进而有葡萄牙文、法文、意大利文、西班牙文、越南文及印度公用语北印度的语、阿萨姆邦语等翻译本出版，本书目前在世界有14种语言版，广被阅读。此外在美国、巴西、印度及世界各地也有把“创价教育学”导入学校的地方。

附带一提的是在贝瑟博士奔走之下，牧口先生的另一本代表著作《人生地理学》英文版也于2002年由美国卡德·加普公司出版。

牧口先生渴望儿童的幸福，基于“不愿意看到儿童在现代激烈竞争下挣扎的痛苦，持续到下一世纪”的理念，决心出版凝结着他和户田先生师生情谊的这本书。七十多年后的今天，此书不仅在日本，并且也被世界上的许多人阅读、实践，如果他们两位地下有知，一定感到非常欣喜。

池田大作

《创价教育学体系》第一卷译者序摘录[1]

牧口常三郎先生的《创价教育学体系》第一卷于1930年11月出版，第二卷于1931年3月，第三卷于1932年7月，第四卷于1934年6月陆续出版。他原来的构想是第四卷“教育方法论上”之后有第五卷“教育方法论下”，并有各科教学研究暨教学评量、偏差行为辅导、宗教教育问题、班级经营、学校领导等，结构之完整令人佩服，可惜壮志未酬，后人无法窥其全貌。牧口于1893年就任小学教师工作，1929年将自己的教育学说命名为“创价教育学”，1934年出版《创价教育学体系》第四卷，屈指算来，前后从事教育工作长达四十一年。可见“创价教育学”是从教育实践中体会出来的经验结晶。

教育思想非一朝一夕所能成立，因此，创价教育学与当时的各种论点的关联是值得重视的。《创价教育学体系》内容之完整性、叙述之明确、见解之独创性，应该受到肯定。尤其在当时军国主义之下，“创价教育学”受到排斥乃理所当然，关于这一点，贝瑟说

[1] [日]牧口常三郎著，刘焜辉译：《创价教育学体系》（第一卷），正因文化事业有限公司2004年版，第13—20页。

得最透彻，她说：“没有人比牧口先生那样指出教育的非人性化，他强调当时的日本教育别说是实现学生们成为创造价值的人之潜在能力，根本是麻痹人的精神人格的存在。”

熊谷一乘说：“明治以后日本人所撰的教育学书籍，没有比创价教育学体系这么鲜明而大胆地表示功利主义的立场。”因此，认为创价教育学在现代的意义是其社会功利主义倾向，亦即追求“最大多数人的最大幸福”。

就“创造价值”而言，“创造价值”是创价教育学的核心思想。牧口认为教育目的是“使盲目的生活成为明确的生活，使无意义的生活成为有意义的生活，使无价值的生活成为有价值的生活，使负价值的生活成为正的价值之生活，使低价值的生活成为高价值的生活，使无益的行为成为有益的行为，使有害的行为成为有利的行为，使不善的行为成为善良的行为之指导原理。”

教育终究是“创造价值的活动”。人是不断创造价值而生活的，创造最高价值是人类共同期待的最大的幸福。

马斯洛说：“现代的终究的病理是丧失价值。”自我实现的人、健康的人、正常的人，能自由选择这些的过程中，我们可以学到什么是善，什么是恶，此乃自然的价值体系。他把人的最高价值称为“存在价值”，具体而言，就是“真实、美、整体性、超越二分法（把对立转换为统整、把抗拒转换为协调）、跃动性、独特性、完整性、必然性、完成、正义、秩序、单纯、丰富、无碍、快乐、自我充实”。他认为自我实现的人可以把这些价值融合在自己心中。

可见，今日心理学的理论与牧口所提示的价值深层的意义是吻合的。教育既然是人对于人的辅导，以受教者的个性为基础的个性指导应该是一切教育活动的基础，同时也是终点。

“尊重个性”“创造价值”“幸福”这些创价教育的核心理念都与心理学有密切的关联，因此，唯有充分利用心理学的研究成果，才能期待创价教育有更大的效率。笔者在东京教育大学就读时，曾经浏览《创价教育学体系》，印象至深，当时博士课程曾经以“幸福论”为共同探讨的主题。可见创价教育学以幸福为教育的终鹄是具有前瞻性的。因为创价教育学所强调的教育的本质不仅是日本的教育工作者应该了解，更应该是全世界关心教育工作者的一盏明灯。不过时代巨轮不断前进，教育思潮必须摄取新知，才能顺应时代潮流，有存在的价值。牧口先生反对建立在科学主义心理学与思辨哲学上的教育学，后来的发展，证明其见解是弥足珍贵的。

人本主义心理学与后现代主义心理学符合创价教育学的旨趣，正是牧口先生所追求的方向。由此以观，创价教育学的研究不仅对于它的形成过程要做深入的探讨，更重要的是把握其精神。顺应时代潮流，做新的诠释，庶几能赋予新生命，使其发扬光大。

刘焜辉

《创价教育学体系》（第二卷）中文版《价值哲学》译者后记[1]

一

上世纪末本世纪初，西方兴起了价值论。价值论兴起后，除在西方本土迅速扩展蔓延之外，亦逐渐传入东方。由于日本同西方的密切交往，故首当其冲成了价值论东渐的第一个驿站，同时在日本也开展了对价值问题的研究。左右田喜一郎的《经济哲学问题》被认作是“介绍哲学价值问题的第一本书”（牧口常三郎语）。其时是 1917 年。

继左右田喜一郎之后，牧口常三郎成了日本研究价值问题的一员主将。据牧口先生自述，他以前研究地球与人的生活的关系、人类生活和文化的地理分布时，用的就是价值论的观点。但那时他“还没想到价值这个名称，只是无意识地靠近它”。自见了《经济哲学问题》关于价值的介绍，才茅塞顿开，由自发变为自觉。然而，牧口先生是一位很谦虚的学者，他不说这是“英雄所见略同”，更不说“我早就注意到这个问题了”，而说“我发现那时我干了一件蠢事”。这种不掠人之美、谦恭以待的学风确值得我们学习。

牧口先生是一位教师，并且终生从事这一职业。大概同日本国重视教育尊敬教师的国风有关，牧口先生从未感到职业的卑低，倒是“位卑不敢忘忧国”，在目睹和体验了教育的种种弊端之后，潜心研究改革教育的方略。他广涉西方社会学理论，深钻价值论的有关问题，成就了《创价教育学体系》这一划时代的著作。他的这种忧国忧民的精神实在难能可贵！

牧口先生不仅自己深研价值理论，而且纠合一些同道创立“创价学会”，被举为“创价学会”的第一任会长。在他主持下，该会出版了机关报《价值创造》，广为宣传其研究成果，该报“获得了很大成功”。

不幸的是，当时的日本军人政府，对内施行法西斯教育，对外奉行侵略扩张，容不得这种新思想，迫使“创价学会”于 1942 年 5 月停止《价值创造》报的出版，并于次

[1] [日]牧口常三郎著，马俊峰、江畅译：《价值哲学》，中国人民大学出版社 1989 年版，第 142—146 页。

年7月逮捕了牧口和其他领导人。牧口先生以70多岁高龄在狱中度过他的最后时光，1944年11月18日死于狱中，享年73岁。

二

牧口先生有强烈的批判精神，这可以从两件事上反映出来。

一件事是他对日本教育制度的批判。日本自明治维新后，国门洞开，积极吸取西方的各式各法，以图自强。经几十年的励精图治，果然成为一东方强国。然而，在引进消化吸收西方各种制度的同时，也带来了一些弊端。比如在教育上，明治以后日本模仿西方教育制度，推进了教育普及，培养了一批人才。可是，这种教育的主旨精神是灌注知识，造练服从意识，这就泯灭了受教育者的首创精神，像制造产品一样制就了许多“清一色的学生”，为此许多人感到不满。牧口先生由感而愤，由愤而起，广借他山之石，研究新的教育体系和方法。因为他认为，“在着手其他工作之前首先要改革教育体制”，而改革教育体制并不是某个校长和教师的责任，而是整个社会整个国家的责任。这就涉及到教育的目的、教育政策等一系列国家大政的问题。大概也是由于他的问题提得太尖锐，牵涉面太大的缘故，才导致了政府对他的监禁。然而，正直的学者们却认为“《创价教育学体系》在引导我们国家教育界沿着正确方向发展方面具有重要的作用，正如他的《人生地理学》在30年前改变了日本地理学的研究方向一样”（田道介寿语）。

另一件事是他对当时在日本哲学界占统治地位的哲学思想观念的批判。在本世纪初的日本，西方主要是德国的哲学思想占着统治地位，用牧口先生的话说这是“概念哲学的教条主义”，或“概念的唯心主义”。这种哲学思想之所以是概念哲学，是因为它是从概念演绎出发，排斥归纳和经验，脱离实际的日常的社会生活，因而只是在哲学家圈子内流传，对大众影响甚微。之所以是教条主义，是因为把祖师的原理（理论）当成了原则和教条，不加批判地加以接受并当作推理的前提。例如，康德把真善美当作生活的理想，把真也当作价值，他的门徒们就不加思考地予以接受。其实真并不是价值。与此相对立，牧口力图从各方面论证真不是价值，并明确宣称他的目的是要确立一种指导生活的原则，他大量地使用社会学的方法和成果，使自己的理论建立在经验的基础上，通俗可读，易为人知。不管牧口先生是否达到了这一目标，他的这种努力和企图都是值得充分肯定的。

价值问题本是与人的生活密切相关的问题，但在哲学家那里（主要是指西方某些理性派的哲学家那里）却被谈玄了，成了玄而又玄、令常人无法接近反倒望而生畏的问题。

牧口先生极为不满这种情况，他要使之恢复本来的面目。在他的著作中，经常是从日常生活中的具体事实开始进行分析，具有浓厚的生活气息。牧口先生对马克思是很尊敬的，但可惜的是他似乎仅停留在这种尊敬上，而未去研究和掌握马克思的理论和方法。马克思说："社会生活在本质上是实践的。凡是把理论导致神秘主义方面去的神秘东西，都能在人的实践中以及对这个实践的理解中得到合理的解决。"假如牧口先生能从社会实践的高度去进行批判和论述，其成果肯定会更突出更明显些。当然，由于历史的和个人的具体条件，这一点是不能苛求于牧口本人的。

三

牧口先生对价值的探讨是在宏阔的背景下进行的，其中闪光的思想，独到而新颖的见解很多，尤其是考虑到40年代这种背景，其思想的价值就更明显。从我们今天的时代和立场来看，我们认为有几点仍然是极具启发意义的。

第一，作者始终立足于从主体和客体，评价主体和被评价客体的实际关系来定义和界说价值概念和说明评价活动，批评西方的价值论的一些观点，具有明显的唯物主义倾向。不管作者是否自称唯物主义者，实际上他都是在使用"存在决定意识"这一唯物主义的方法论。他在论述中表现出的力量和优势，证明了这一方法论的科学性和并未过时。

第二，作者坚持价值的关系说，即认为价值是人和对象之间的一种关系，因而随主体的不同价值关系亦随之不同。这实际上涉及到了价值的主体性这一根本问题，这一点对于我们今天通观价值现象仍十分有意义。

第三，作者关于价值分类的思想，关于价值量的探讨，关于价值与人的生活目标的见解，都值得我们借鉴和利用。

由于牧口先生晚年皈依佛门，所以过分抬高宗教价值的地位，认为是最高的价值；作者对主观价值和客观价值的观点也表现出了康德派的影响；作者对价值的量的比较和规定，特别是关于善恶价值比较的观点，也都有值得商榷之处。

无论如何，《价值哲学》作为牧口先生探索的结晶和记录，作为日本系统地论述价值问题的专著，它的成就和不足，对我们来说都是有价值的。正是出于这种目的，我们才翻译了这本书。

四

牧口先生生前出版的书名叫"创价教育学体系""价值哲学"是他的门徒修订和增补后出版时才用的书名。从书中所论来看，书名叫作"哲学价值"或"哲学价值论"倒是更合适些。因为细究起来，价值哲学与哲学价值是不同的。在西方，价值哲学是指以价值为中心概念、最终目的而建构的哲学体系，或者说是以价值的观点说人论物看宇宙的一种哲学学说。而哲学价值则是从哲学观点论价值问题，即价值论，价值并不是一切，只是哲学中的一支，如存在论、认识论、价值论，三者共同构成哲学。但原书名如此，我们也就未作变更。

关计夫的《牧口常三郎全集》读后感[1]

创价教育学会首任会长牧口常三郎先生的全集（共五卷）的内容是：第一、二卷为教育理论，第三、四卷为人生地理学，第五卷为以乡土科研究为主的理论。

牧口先生是一个极为少见的具有远见卓识的人。他在担当小学校长这一繁忙职务时，仍然坚持思索，不断探究着具体的教育理论。

当然，牧口先生也在学习外国的教育学理论，且能够进行批判性地吸收。比如，他认为裴斯泰洛齐的实际教育有很多不足之处，他只赞同其中的由直观感受引入概念的思想。他还指责了赫尔巴特“教育的目的是由伦理学决定的，方法是由心理学决定的”这一狭隘的想法。比较符合先生思想的是社会学者孔德的三阶段进化论和涂尔干的社会教育论。他对施普兰格尔和那托尔普等人的价值论持批判的态度，并坚持自己独特的价值论，那就是人生的目的在于创造“利、善、美”三大价值，同时教育的目的也正是为了这三大价值。

但对我来说，特别感兴趣的还是他的教育改造论。比如其中的小学校长考试制度，现在就在以东京为代表的许多县市实行着。他还指出，大学教授把外国的书籍翻译过来后让学生做笔记实在非常浪费时间，这一批评也是完全合理的。

因为偏重智育，教育界正在被备战入学考试的竞争毒害，这从古至今竟一点也没有改变，我感到很震惊。看来，上午在学校上课，下午让学生劳动的主张是值得一试的。这在苏联等国家也正在实施，确实是一个践行劳作教育的好方法。至少，这也是给那些成天逼着孩子学习的妈妈们的忠告。

实践经验丰富的牧口先生提出了“教师就是教育的工程师”的见解。这就是我们在战后看到的一种新的教师观的开端，即教师们作为普通人中精通教育学和心理学的专家，

[1] 此文由周洪宇、蔡幸福译，《牧口常三郎全集》，圣教新闻社 1972 年版，第 412—414 页。

他们应当共同努力把教育搞好。

牧口先生的教育理论既十分新颖，又富有时代意义!

牧口先生就这样开创了出色的具有独创性的教育理论，但他的理论中最根本的还是培根所倡导的归纳法。他一丝不苟地把自己在一线教育过程中的发现记下来，并以此为基础建立了综合的理论体系。

《牧口常三郎全集》书影。

他把这一做法也同样贯穿于地理学方面。这种学习劲头仅用在一般的教育理论上就已经让人为之一惊了，他竟然在造诣广泛而深刻的地理学领域也用上了，实在令人敬佩不已。

地理学一贯以来都是把全部事实罗列出来，十分枯燥乏味，作为一门背诵科目，它只会让学生们痛苦不已。于是，牧口先生从地理与人的关联中整合出了《人生地理学》。我们只知道有历史哲学，而地理哲学是不曾存在的，可以说，牧口先生就在这个不存在的领域里为之隆重奠基了。他在书中论述了日、月、星、地球、岛、半岛、平原、河川、湖沼、海、大气、气候、植物、动物、人类、社会、风土人情等内容，并且把地人关系通俗易懂地解释出来，同时通过记述、比较、综合三种方法，建立了综合地理学。这些原理也涉及了乡土科的研究，让学生们直接观察自己身边的乡土，并从中系统地认识人生的价值。

九州大学名誉教授　关计夫

牧口教育学说的当代意义 [1]

……我们不必拘泥于牧口先生的《作为教学统合中心的乡土科研究》中的“乡土科”这个名称。一般来讲，若只局限于这个名称，那就往往容易忘记先生的真意所在。站在当今信息化时代的角度看乡土科，有很多人会说它已经落后于时代了。我想那都是些完全不理解先生本意的言论罢了。不得不说，正是在今天，先生的学说才更加有活力。……

明治后的教育是没有中心学科的教育，它正一步步走向末路。所以，教育制度无论做何调整，都只是对教材的调整而已，丝毫没有在教育本质的追寻上取得任何进步。发现了这一弊病之后，牧口先生提出了一门既有出发点、又可以找到其归结点的中心学科，由此

[1]　此文由蔡幸福译，圣教新闻社编：《牧口常三郎》，圣教新闻社 1972 年版，第 429—436 页。

为日本教育注入了灵魂，他对日本教育有画龙点睛之功。从这个意义上说，在当代依然没有一门教育中心科目的情况下，先生关于设置乡土科的设想，表现出了巨大的影响力。

读了牧口先生的《创价教育学体系》，感受最深的不仅是其内容，还有先生的写作神韵。首先，先生通过这本书简洁地说明了日本教育界的改造情况。面对这个在现实中几乎不可能解决的问题，他勇敢地迈出了第一步。牧口先生想要证明，不是大学教授而正是小学校长，成了教育界改革的中坚人物。先生几乎不得不孤军奋战。然而，在这样的境况中，他的斗志更加激昂。

毋庸置疑，这是一本促使教育界觉醒之作。

先生认为，幸福对不同的人来说，虽然在内容上有异，但它们都是其他任何事情无法取代的。……只要是人，谁都可以理解，谁都不会否定。抓住幸福二字，不仅教育的目标得到确定，而且人生的目标也确定了。牧口先生虽然很平凡，但古往今来，没有哪个人能够像他那样简单明了地设定教育目的。

牧口先生是明治以来对教育界的发展起了巨大推动作用的人，遗憾的是，他的成果直到现在也没有得到认可。然而，说不定在不久的将来，牧口先生将被公认为明治以来教育界最卓著的人！

教育评论家　池田谕

《牧口常三郎》（熊谷一乘著）序言 [1]

牧口常三郎可以称得上是时代的先知者。早在天皇统治的官僚拥有绝对权力、支配着教育的昭和初期，他就主张废除督学，实现学校自治，论述了国字合理改良，具体构思了终生教育。

具备领先时代之卓见的他，思考教育，力求改革。然而，当权者没有接受他的主张和见解，而报之以白眼，并对其进行打压。

领先时代，忧国忧民，追求真理，不屈不挠，献身于引导人类幸福的牧口，是名副其实的“真正的教育者”。我得知牧口的名字，是在东西哲学书院出版《牧口常三郎全集》两年之后。

通过对全集的阅读，我了解到牧口的生涯和思想，感触颇深。他是苦学力行之士、

[1]　此文由温素美译，详见熊谷一乘著：《牧口常三郎》，株式会社第三文明社 1978 年版，3—5 页。

地理学研究者、教育实践家、创价教育学的提倡者、创价教育学会（创价学会的前身）的创立者，而且我认为，如果从《法华经》信仰者的角度来研究牧口的话，在很多方面也颇有意义。

熊谷一乘所著《牧口常三郎》书影。

《创价教育学体系》（第一卷）问世已历经半个世纪。这期间，以1945年8月的战败为转折点，日本发生了翻天覆地的变化。从《人生地理学》到《创价教育学体系》，他所留下的著作的内容，新鲜依旧，富有启发，具有一定的时代意义。

人道主义和追求全局观，即统一把握个体与总体、尊重科学性和实证性以及对生存权利的幸福的追求，是其著作的基调。这些观点无疑对展望未来具有重大的现实意义。

《牧口常三郎与新渡户稻造》（石上玄一郎著）内容简介[1]

石上玄一郎所著《牧口常三郎与新渡户稻造》书影。

成长于被称作“日本黎明”的明治初期，饱经沧桑后邂逅的两位伟人——新渡户稻造和牧口常三郎的一生都不只是被赋予了“伟大教育者”或者“伟大和平主义者”的美誉。两人的贡献，不管在思想上，还是在行动上，都给我国带来了深远的影响。他们在很多方面都具有共同点，与此同时，在身世、成长经历以及活动场所等方面也有所不同。而且，他们各自的人生有着更大的差异。两个人的学术遗产，即便是对于今天的日本，也无疑是一笔巨大的财富。

《牧口常三郎》DVD讲解词摘录[2]

牧口常三郎以孩子的幸福为目的，形成了独特的教育哲学。本片利用新的研究成果、

[1] 此文由温素美译，详见［日］石上玄一郎著：《牧口常三郎と新渡戸稲造》，第三文明社1993年版，封面。

[2] 监修：斋藤正二，综合监修：纪田顺一郎，协力：创价大学创价教育研究中心，制作：株式会社、英映画社，翻译：李长声，岩波书店协同出版社，2006年制作。

《牧口常三郎》DVD 封面。

资料、采访及学者解说等，展现牧口舍身坚持自己的信念及其大无畏的真实形象。

牧口常三郎生于 1871 年，在他青少年时期，日本开始了近代化进程，国家主义和军国主义抬头，但他一生不同流合污，直言不讳，坚持信念道德。牧口常三郎是地理学家、教育家，晚年又是宗教家。

一桥大学名誉教授（地理思想史）竹内启一说：……牧口常三郎就读师范学校的教学是死记硬背式教育，不清楚他从何时开始对这样教学方法产生疑问，但当了教师以后，年轻的牧口常三郎一直在考虑怎样才能让孩子用自己的头脑思考，用自己的双腿站立。

牧口常三郎第一本著作《人生地理学》由志贺重昂作序，1903 年出版。《人生地理学》在当时的主要报刊、书评栏获得高度评价，极受欢迎。他说："不能不惊讶作者完成这部上千页著作的真挚与勤勉。"

著名的地质学家、地理学家小川琢治作了书评："逐页翻阅，作者读书之广博、想法之新颖、论点之稳妥，令人赞叹。"

一桥大学名誉教授（地理思想史）竹内启一说：牧口常三郎的《人生地理学》于 1903 年出版。"人生地理学"这个词语今天我们听来不大熟悉，当时也是个陌生的标题。他选择这个特别的标题是因为他要以人的生活为焦点，然后从这里考虑与自然的关系。虽然，自然环境对地理学来说是一个很重要的因素，但牧口常三郎通过人的生活来考虑自然环境，研究人的生活与生存环境的关系和这些关系随着时间和场所的变迁而产生变化。

现在牧口常三郎的《人生地理学》很受日本地理学家注目。从现代的地理学角度来看，第三章的内容最富创意。《人生地理学》是在日俄战争（1904—1905）的四个月前出版的，当时政治家、文化人齐声高呼开战，而《人生地理学》在这种气氛中诉求国家之间和平共处。

1930 年至 1934 年初出版了《创价教育学体系》。……新渡户稻造在序言中这样写道："你的创价教育学是我期盼已久的，由日本人创立的教育学说终于问世了，而且我相信这部名著的诞生也是现代人久已翘望的。"

曾在白金小学就读，后来成为牧口常三郎之子洋三妻子的金子贞子说：1939 年嫁入

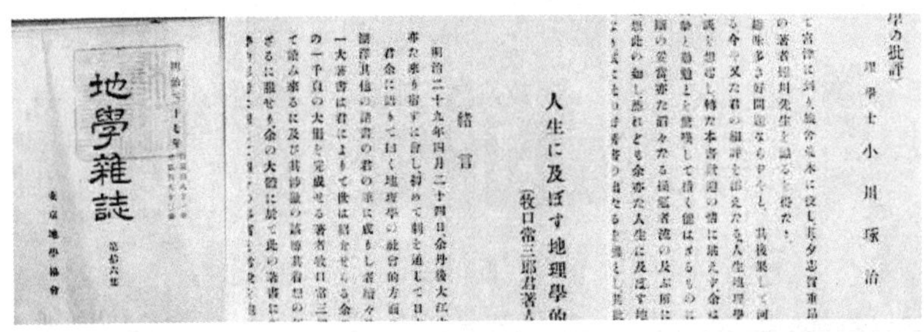

地理学家小川琢治在《地学杂志》发表的《人生地理学》的书评。

一桥大学名誉教授竹内启一。

牧口常三郎家，同年3月随着公公牧口常三郎先生去参加座谈会，会上牧口常三郎先生讲述了“希望以自己研究而得的创价教育学为根基创办由小学到大学一系列的学校，如果无法在自己的有生之年实现希望，户田想必可以使它成为实事”。可惜的是，户田先生在未完成牧口常三郎先生的愿望时便因病逝世。户田先生的门生池田先生继承此遗志，终于将之实现。池田先生与牧口常三郎先生连一面之缘都没有，但由池田先生之手秉承牧口常三郎先生的遗志创办了由小学到大学的创价教育学府，牧口常三郎先生若还在世，他将会感到多么欢心宽慰。一想到此，我仿佛可以看到他高兴的面孔。牧口常三郎先生平日似乎不苟言笑，可是他亲切的笑容是最令人难忘的呀。

1941年《治安维持法》再度被修改，宗教团体由此受到管制，信仰自由也被限制，许多佛教、基督教教派屈从国家的命令，但牧口常三郎敢于呼吁，信教自由，并在各地讲演。当时政府把对中国的战争说成是为了东方和平，牧口常三郎予以批判，以期从军国主义教育的黑暗中唤醒每个国民，这样，牧口常三郎的日常活动被特高警察监视。

1944年10月，牧口常三郎在狱中得知三子洋三在中国阵亡后写给妻子、儿媳的书信。

牧口常三郎在东京狱中得知儿子洋三在中国阵亡消息后，写信给妻子和儿媳贞子：“我

创价大学名誉教授齐藤正二。

齐藤正二所著《年轻的牧口常三郎》书影。

宫田幸一所著《牧口常三郎的世界视野》书影。

感到震惊，也感到颓丧，但更担心你们两人会如何承受打击。得知两人都如此豁达，我感到安心。贞子啊，你很坚强，不负我期待。”“我精神很好。我在精读康德的哲学，我创立了这近百年的学者可望却不可及的价值论，此哲理，上以《法华经》的信仰结合，下以数千人的实证为凭借，连我自己也惊讶不已。为此缘故，三障四魔纷沓而起是理所当然的，诚如经文所教导。”……

牧口常三郎在狱中读康德和《法华经》，思索不止，这封信中谈到的“三障四魔纷沓而起”，意思是指实践正确的教义，迫害和障碍就接二连三发生，这是最后的信。

创价大学名誉教授（日本思想史）齐滕正二说，研究牧口常三郎得到有趣的结论：在日本无论是明治、大正和昭和，相信现在也一样吧，某个时期的社会舆论肯定是由七成民意构成，而反对的声音总占了三成二成。当时遭受战争苦难，觉得还是不要搞战争的好。这种人如果没有三成，也会有一到二成。牧口常三郎总把这些人放在心上，把自己归入少数派。我要说的是，自明治以来，社会必然有两个势力，而牧口常三郎肯定与少数派并肩。想强调的是，他必定是与有道理的有理性的一方站在同一战线。相信这一点很重要。他力求自由、公正、普遍性。一名教员有如此成就，我们感到惊讶，也引以为荣。

牧口常三郎在《创价教育学体系》序文中说：入学难、考试地狱、就职难等现代问题煎熬着千万个儿童和学生，一想到不可此风波及下一代，我感到心急如焚，区区毁誉褒贬全不放在眼里。

让每个孩子都成为创造价值的主人翁，过幸福生活的社会是牧口常三郎追求的目标。

只要这样的社会在整个世界还未实现，那牧口常三郎的战斗依然持续。

《牧口常三郎的世界视野》（宫田幸一著）序言[1]

我一直以来对《人生地理学》都是敬而远之的。

现在，《牧口常三郎全集》（以下简称《全集》里面）“第一卷 人生地理学（上）”由第三文明社出版发行了，“第二卷 人生地理学（下）”有待出版。责任编辑斋藤正二给第一卷做了大量的脚注和注释。我之前想等到别人给第二卷做了脚注以后再认真研读《人生地理学》的。但是，最近 Bessela 博士告诉我有必要读一下《人生地理学》的英译原稿，因此我也仔细研读了原稿。在研读的过程中，我一直以来对这本书所持有的印象改变了。

以前我单纯地认为这本书是一本地理学著作，从“人们的生活”这个意义出发而冠以“人生”这个名称，以此显示这本地理著作的特色。我当时认为这本书正如牧口先生定义的那样，是一本考察“分布在地表上的自然现象和人类生活现象之间的关系”的地理著作而已。如在《人生地理学》的第一篇“作为人类生活的载体地球”中，讲述了太阳、地球以及各种各样的地形对人类生活的影响，接着在第二篇“作为大地和人类的媒介的大自然”中，讲述了气候和植物分布等与生活的关系。只是稍微读了一下，对地理学完全没有兴趣的我，还是没有产生一种想努力读这本书的心情。只是在第三篇“以地球为舞台的人类生活现象”里面，对社会现象进行了一些分析，给我的印象是没有很好地与地理学联系起来。

但是这次在仔细阅读注释的同时把《人生地理学》精读了一遍后，发现这不仅仅是一本地理学著作，更是一本以当时的世界形势为基础，洞察世界发展方向，探索日本未来之所在的国家策略方面的书。

永载史册的教育实践家[2]

淹没在教育史上的人物有很多，其中有一个人是我们必须提出来的。他是一位现代教育思想的先驱，一位作为教育实践家应该为历史所记住的伟大教育工作者，一位作为

[1] 此文由张露译，详见［日］宫田幸一著：《牧口常三郎的世界视野》，株式会社第三文明社 1995 年版，第 1—2 页。

[2] 此文由周洪宇、蔡幸福译，详见圣教新闻社编：《牧口常三郎》，圣教新闻社 1972 年版，第 403—408 页。

教育学说的构建者而留下了丰功伟业的人。他，就是牧口常三郎。

他在自己的代表作《创价教育学体系》（四卷）的开头部分就向全国的教育工作者发出了呼吁：

以经验为出发点；

以价值为目标；

以经济为原理。

牧口先生所倡导的“要像古代的佣兵放弃自己的领地那样，放弃在教育领域里不值得回顾的由来已久的教育学，转而实证地、科学地使教育学获得新生，保持与实际教育生活的密切关系。”这一创价教育学，从现在算起，已经是四十二年前，即昭和五年的事了。他把国内一直以来流行的教育学看作是颠覆了传统理论、没有以价值观为基础而形成的教育学，以及本应为经济发展最重要原动力却与经济无关的教育学。要想取代这样的教育学，唯有推行“以经过无数惨痛的失败经历所得的经验为本，以最终决定人生意义的价值为目标，进一步贯彻把经济这一只近代人才会意识到的、由巨大的力量作为动力而产生出来的科学的教育学”。另外，他把教育目的定位为“幸福”，认为只有这样，我们才能从几十年的经验或思索中最现实、最坦诚地把人生目的表现出来。教育工作者和家人才会不以受教育者为手段，且不得不以受教育者自身的生活为对象，以为他们谋求幸福为目的，最终达到像约翰 · 杜威的几个意味深长的词所说的那样——“为了生活，在生活中，依靠生活”的目标。

这样的主张对于现在的我们已经不是前所未闻了。但是，如果关注昭和五年这个时期，就会发现那是足以使人们震撼的。这里所说的是，我们可以从中看到，以美国的经验主义教育思想为基础的战后教育、现代的教育科学运动以及教育目的论等的萌芽。

1903 年，在志贺重昂的推荐下，长达一千多页的《人生地理学》出版了。与以往的记叙性、背诵性的地理学相比，这本书试图从人生的角度去重新认识地理学，站在人类生活的立场上去重建地理教育，即“以人类生活的地理性分布为对象，找出其中的因果规律，阐明未来社会在空间上的各个方面的关联性。”他在这本著作中论述了山岳、平原、河流、海洋、气候等自然条件对人类所产生的影响，以及社会、产业、城市、乡村、风土人情等人文条件与人类的联系。他还论述了作为教学之中心的乡土科理论，并在书中详细说明了乡土科的内容和实施方案等。他独创的教学方法从他任教于北海道寻常师范学校附属小学的时候起，就已经受到了北海道教育界的关注，他的理论成果也在这本书中得到展示。

这样的理论对当时的地理教育界产生了巨大的觉醒作用，也让当时的教育者极为感动！

他的教育学源于他的生活实践，而不是单纯的观念性理论，并且其中大部分都具有实践性和现实性。

我认为，他的教育思想是经过了越后的雪的历练、波涛汹涌的日本海的冲刷、北海道的雪的洗礼，并在他的实践中孕育而成的独创思想。他的教育学并不是单纯的观念性理论，而是从一个教师、一个校长、一个当事人的实践体验中得到的！

东京教育大学教授　唐泽富太郎

我与《人生地理学》[1]

明治三十六年，年仅 32 岁的牧口常三郎先生写了一部《人生地理学》的著作。今天我才初次接触这本书，不过，从书中我了解到，如果现在牧口先生还活着的话，面对目前的现实问题，他会用怎么样的地理学思维来对待这个世界。

去年恰逢牧口先生诞辰一百周年，而我正尝试着研究牧口先生的一生，并在跟他当年开始研究地理学时相仿的年纪同样选择了以地理学为研究目标。当想到我们相似的境遇时，连我自己都感到吃惊，于是觉得先生格外亲切。

从这个意义上说，要问牧口先生的《人生地理学》的诞生经过了怎样的过程，那就可想而知了。今天，所谓的地理研究者、地理教育者多不胜数，但我想说，他们对牧口地理学的评论，应该建立在对作为能够刻苦钻研的自学者、写出了个性丰富的地理书集的牧口先生总体认可的基础之上。

简单地说，就是在思考了《人生地理学》是在先生人生中的哪个阶段被创作的，或者说它是什么时代背景下的产物之后，我们应该如何从自身的立场出发理解这本著作。

先生于明治四年出生于越后（新泻县）的荒浜村，毕业于一所普通的农村小学，14 岁的时候去了北海道。之后一边工作一边学习，以优异成绩被当时札幌的北海道寻常师范学校录取为三年级的插班生。明治二十六年三月师范毕业后，他留校当上了母校附属小学的正式教师和母校的代课教师。三年后，年仅 24 岁的他就通过了文部省的地理科

[1]　此文由周洪宇、蔡幸福译，详见圣教新闻社编：《牧口常三郎》，圣教新闻社 1972 年版，第 419—421 页。

中等教员的鉴定考试。他一边认真地授课，一边扩大自己的阅读面，并且不断深入思考，最终写下了大量的笔记稿。后来，他又到东京请志贺重昂帮忙校订……他经历了这么多，最后那本多达一千多页的《人生地理学》终于问世。

从那以后，先生就没有再对《人生地理学》进行延伸性的写作。但他留下了成为当代社会学基础的乡土科研究的出色成果，我们可以从中领悟到先生的一贯主张。

我在东京学习期间，在神田的旧书店里发现了一本陈旧的《人生地理学》，这就是我认识牧口先生的由来。看了它的序言，我不禁觉得，他自学如此出色，真是一个很了不起的博学之人！就这样，我对这本杰作的写成充满了好奇。

从内容上看，明治三十六年，日本的大学还没有培养地理学专业人才的课程。日本最早开设该专业的是京都大学，时间是在明治四十一年，东京大学起步就更晚了。

牧口先生读了大量的文献资料，也参照了一些外国书籍的译书。在近代地理学，特别是人文地理学的发展史上的重要人物德国学者 F．拉采尔（1844—1904）就写了与牧口先生的《人生地理学》内容极为相似的著作。然而，牧口先生本身并不是很熟悉 F．拉采尔这个人，F．拉采尔的《人类地理学》的第一、二卷分别是1882年、1891年出版的。虽然《人生地理学》到1903年才出版，但从当时的情况来看，我想也不会受到什么直接的影响。正因如此，可想而知《人生地理学》得到的评价是多么高！况且还是先生32岁时就写出来的优秀作品。吉田松阴是29岁去世的，也许是年龄上比较接近的缘故，牧口先生在书中两次引用了他的那句地理学至理名言：“离了地则无人，离了人则无事；故欲论人事，必先研究地理。”而且在卷末还把它作为结束语，确实感人肺腑！

区区北海道札幌寻常师范学校的一名普通教师，他是怎么写出《人生地理学》的呢？我想仅凭天赋是不可能的。他出生在环境恶劣的新泻贫寒的农村，几乎没有受到过良好的社会和家庭环境方面的熏陶，也就是说，他那敢于克服逆境，将逆境视作温床而顽强成长的精神是不可忽视的！他的学习所在地札幌，是一个吸收了欧美文化且喜欢洋气的地方，那里也是培养出了新渡户稻造、内村鉴三以及志贺重昂等人的札幌农校的所在地。

北海道的人口是从全国各地迁移进来的，它洋溢着进步的气息，或者说充满了开拓创造精神。也正是在这样的环境下，有天分、有理想而又依靠自己个人奋斗，从逆境中成长起来的牧口先生，通过刻苦钻研，终于领悟了自然与人生的关系！

内村鉴三写了一本《地人论》，此书与牧口先生的《人生地理学》都是明治时期非常有特色的著作。它们并不是纯粹的地理学著作，而应该说是地理教育者的著作，在日本的地理学发展史上受到了广泛关注。

牧口先生最大的特点是常常以现实社会为题。他以十分严肃的语言论述了人类、社会、宗教和军事方面，乃至国家层面的诸多问题。而且，令人吃惊的是，由于经常反思，他对后世地理政治学、景观地理学、生态地理学理论的预测在二十八九岁时就发展成熟了，并且还丰富地点缀了地理学。至于应该怎么领会这些预测，就是活在当下的我们应该以怎样的姿态去看待它们的问题了。

纵观今天的世态，虽然公害、自然环境保护、人口大幅减少，乃至南北问题及和平共处等问题摆在眼前，但与那些墨守成规的研究者相比，牧口能够以自然和人类的关系为视点去把握地理。正因为他的研究是从生活所需中产生的，所以，虽然他并非专家，他的研究却既有个性又富于独创性，并能够通过现代的方法和管理模式巧妙地实现与现代社会的对接，给了人们许多深刻的启示。明治时期的《人生地理学》在昭和时代的今天仍然具有深远的影响，因此，我不禁希望我们后辈们能够心怀感激去仔细品读它。

滨田清吉

（摘自昭和四十七年五月十九日在山口市民会馆举办的圣教文化演讲会上的文稿，作者为原德山大学教授）

在单级课堂一起授课的北海道寻常师范学校的同窗 [1]

我曾在北海道寻常师范学校学习。到了最后一学年，也就是四年级的时候，我成了附属小学复式课堂的一名教育实习生。那个班的主管教员就是牧口常三郎先生。

这个班是根据北海道的教育实际开设的。我们把一至四年级的学生集中到一个教室，统一授课。

那时大家都觉得麻烦，不愿负责这个班。“我来吧！”唯有牧口先生主动挑起了这副担子。

对牧口先生来说，这是一份全新的工作；对我这实习生来说，与其说是作为一名辅导员，还不如说只是作为一名协作者。老师和我会利用课后时间，互相研究讨论诸如教育设备和授课方法之类的问题。虽然只有短短的三个月时间，但那些快乐而充实的日子令我难以忘怀。

[1] 此文由周洪宇、蔡幸福译，详见圣教新闻社编：《牧口常三郎》，圣教新闻社 1972 年版，第 441—442 页。

牧口老师非常疼爱学生。下雪了，他会去接孩子们上学；放学后又把他们送回家。小个儿的学生，他就背着。大个儿的，他就一路牵着他们的手。对走路比较慢、跟不上步伐的学生，他也格外关心。他还会烧水，帮满手皲裂的孩子烫手。

从这样一位关爱学生、培养学生的老师身上，我学到了什么是真正的人格教育。

从师范学校毕业后，我也从事了教育事业。我要做一名像老师那样的教育者！在这个信念的鼓舞下，我总算平安无事地完成了 31 年教育事业。

昭和五年四月，我告诉时任白金小学校长的牧口先生我想从韩国的一所学校离职后，他给我寄来了一封信，内容如下：“我长年从事教育事业。可令我痛心的是，最近教育状况是一些从事实际教学却没有务实精神的老师在破坏着教育。这样下去，日本的未来堪忧。你借离职这个机会，回到东京来吧！让我们抱着之前在母校的单级课堂里谈到过的精神和态度，一起来改变这种不良风气以拯救社会！”

令人遗憾的是，我把余生都奉献给了对朝鲜古代史的研究，并感到欲罢不能。因此，我拒绝了老师的邀请。可是，我是非常赞同老师的观点的。

之后，大概是在昭和十九年，从住在东京的朋友那里得知老师死在狱中的消息，我也只能是给他致以深切的悼念而已。

牧口先生对于自己，竭尽全力。他创立了创价教育学会，为民众、社会殚精竭虑。他是一位近代史上罕见的值得人们崇敬的伟人。

大坂金太郎（原庆州博物馆馆长）

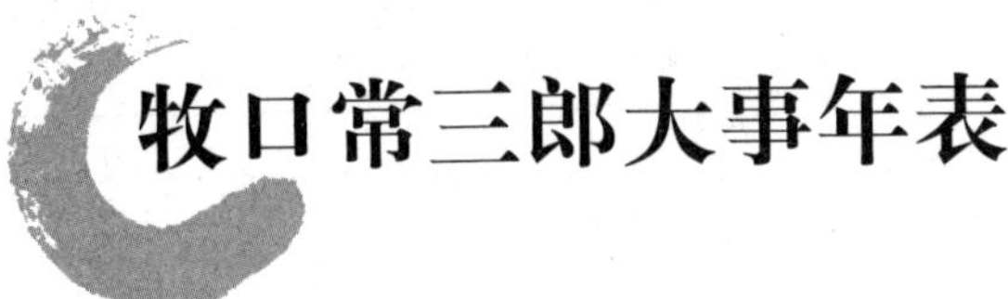

牧口常三郎大事年表

1871 年（明治四年）

7月23日，诞生于日本柏崎县查刈羽郡荒浜村的一个船工家庭，父亲渡边长松给他取名为渡边长七。

1877 年（明治十年，6 岁）

由于生活拮据，长七的父亲前往北海道打工挣钱，自此杳无音信。不久，母亲伊莱改嫁给本村的柴野右卫门，长七成为牧口善太夫的养子，牧口夫妇视长七为己出，于 1878 年送长七读初小。长七念完四年初小后，深谙读写之妙，被同学们称作“优等生牧口”“秀才牧口”。

1885 年（明治十八年，14 岁）

牧口夫妇将长七送到当时正进行大规模开发建设的北海道港口城市小樽，并拜托在北海道的叔父渡边四郎治给予照顾。长七来到小樽警察署当杂役，只要有空闲，就抓紧时间埋头苦读。署员们亲切地称他为“勤奋杂役”。长七的勤奋、责任心和向学之志得到了小樽郡郡长并兼任警察署署长的森长保的赏识。

1889 年（明治二十二年，18 岁）

3 月，森长保由小樽调往札幌，让长七作为家庭的寄食生一同前往。

1891 年（明治二十四年，20 岁）

考入北海道寻常师范学校。

1892 年（明治二十五年，21 岁）

6 月，长七在本校附属小学实习四个月，并担任该校高小一年级女生班班主任。在实习中，他大胆改革创新，开创了“文型应用主义”作文指导法的雏形。

1893 年（明治二十六年，22 岁）

1 月，长七改名为常三郎。同年 3 月，成绩优异的牧口常三郎师范毕业，被分配到附属小学当教师。牧口常三郎一边兢兢业业地教书，一边对教育理论和现实问题进行深刻思考，开启了自己的职业生涯。在任地理科教师的同时，他还在教育报刊上频繁地发表文章。

1894 年（明治二十七年，23 岁）

受内村鉴三的《地理学考》（后更名《地人论》）和志贺重昂的《日本风景论》两部地理学专著影响，牧口常三郎对地理学科教学中存在的有关问题进行了富有成效的探索，其创价教育思想也得以孕育。

1895 年（明治二十八年，24 岁）

与故乡荒浜村中素有名望的牧口熊太郎的女儿胡马结婚。

1896 年（明治二十九年，25 岁）

通过文部省统一组织的中等教师地理科鉴定考试。

1898 年（明治三十一年，27 岁）

成为《北海道教育杂志》的编委。

1900年（明治三十三年，29岁）

通过文部省统一组织的教育科考试。

1901年 （明治三十四年，30岁）

春，辞去北海道寻常师范学校教谕及附属小学的职务。夏，带着妻子和孩子到东京，专心撰写《人生地理学》。

1903年（明治三十六年，32岁）

10月，出版处女作《人生地理学》。11月，到东京高等师范学校同学会——茗溪会任书记员。工作之余，帮助同学会编辑出版《教育》杂志，有时被邀请做地理方面的演讲。不久，开设女性教育的函授讲座，并亲自编写教材和宣传杂志，后辞去书记员一职，致力于女子教育。

1904年（明治三十七年，33岁）

2月，在中国留学生较为集中的宏文学院担任地理课教师，讲授《人生地理学》。

1907年（明治四十年，36岁）

2月，担任少女杂志《日本少女》主编。12月，创办女艺教习所。

1909年（明治四十二年，38岁）

任东京都富士见寻常小学首席训导。

1910年（明治四十三年，39岁）

8月，受文部省委托负责编写小学地理教科书。

1912年 （大正元年，41岁）

同柳田国男等参加乡土会，出版《作为教学统合中心的乡土科研究》（简称《乡土科研究》）。

1913 年（大正二年，42 岁）

4 月，任东京下谷区（今台东区）东盛寻常小学校长，兼下谷第一夜校校长。

1916 年（大正五年，45 岁）

被新建的大正寻常小学聘请为第一任校长。在教学实践中积极推行“文型应用主义”教学方法，同时在学生的习字课上提倡“骨书应用主义”。其在教学方法上的创新为全校教师作了楷模，得到教育教授研究会的赞赏。同年，出版《地理教学方法及内容的研究》一书。

1919 年（大正八年，48 岁）

调任西町寻常小学校长。

1920 年（大正九年，49 岁）

6 月，调任专为贫穷家庭孩童设立的三笠寻常小学校长。在这里遇到了一生中最亲密的战友户田城圣。

1922 年（大正十一年，51 岁）

4 月，调任白金寻常小学校长。牧口常三郎将“以孩子一生幸福为目的”作为教育理念，对以往所探索的教学法进行了总结与发展，形成了一套实用性极强的“骨架临摹和语法实用主义”教学法。

1928 年（昭和三年，57 岁）

6 月，邂逅日莲正宗的在家信徒、时任目白学校校长三谷素启。二人一见如故，通过三谷的讲解，牧口很快与日莲佛法产生了共鸣，并成为日莲佛法坚定的信徒。从此，开始了充满艰难险阻的宗教实践。

1930 年（昭和五年，59 岁）

11 月 18 日，与户田城圣组织了创价教育学会。牧口常三郎任学会会长，户田任理事长。学会的事务局设在户田城圣创办的时习学馆。同年，出版《创价教育学体系》第一卷。

1931 年（昭和六年，60 岁）

3 月，出版《创价教育学体系》第二卷。4 月，调任麻布新崛寻常小学校长，兼任该校夜校校长。

1932 年（昭和七年，61 岁）

7 月，出版《创价教育学体系》第三卷，同时因所任职的麻布新崛寻常小学宣告停校而退职。之后，全力投入到普及创价教育学理论和创价教育学会的宗教革命实践之中。为推动教育改革，牧口常三郎在各地作巡回演讲，同时积极编辑、宣传学会的机关刊物。为更好地以宗祖日莲的法华精神解决现实社会中的各种问题，刻苦钻研，在学习与实践中，将自己的学说同宗祖日莲的教义结合起来，使日莲正宗在新的历史条件下找到了出路。

1934 年（昭和九年，63 岁）

6 月，出版《创价教育学体系》第四卷。

1941 年（昭和十六年，70 岁）

7 月，创办创价教育学会机关报《价值创造》。日本军国主义政府强迫全体国民祭祀皇大神宫的大麻（神符），信仰其神道。牧口常三郎坚持自己的宗教信仰，对此表示公开对抗，并组织大家烧掉神符，禁止创价教育学会会员参拜神社。

11 月 2 日，在创价教育学会第三次大会上呼吁人们应当深入到社会实践中去，注意学问和生活的结合，避免生活与宗教相隔绝、学问与实践相脱节的现象。由于对军国主义做法的激烈反对，被反动当局视为眼中钉、肉中刺。

1942 年（昭和十七年，71 岁）

5 月，创价教育学会刊物《价值创造》在创办十个月后被迫停刊。

1943 年（昭和十八年，72 岁）

宗教联合会召集牧口常三郎和户田城圣，向创价教育学会下达“接受神符令”，遭到他们斩钉截铁的拒绝。7 月 6 日清晨，牧口常三郎在伊豆下田朋友家被逮捕，原因是违反《治安维持法》，罪名是“大不敬”。在监狱中，牧口常三郎坚持日莲佛法提倡的永远和平的精神，为人类和平的美好愿景同军国主义政府进行了不屈的斗争。

1944 年 （昭和十九年，73 岁）

11 月 18 日，牧口常三郎因衰老和极度营养失调在狱中病逝。

创价学会大事年表（从牧口常三郎到池田大作）

1930 年（昭和五年）

11 月 18 日，牧口常三郎、户田城圣二人创立创价教育学会。《创价教育学体系》第一卷出版。户田经营的时习学馆成为创价教育学会开展活动的基地。

1931 年（昭和六年）

3 月 5 日，《创价教育学体系》第二卷出版。

1932 年（昭和七年）

7 月 15 日，《创价教育学体系》第三卷出版。

1933 年（昭和八年）

8 月，牧口常三郎携户田城圣一起访问故乡新泻县荒浜，并从事传教活动。

1934 年（昭和九年）

6 月 20 日，《创价教育学体系》第四卷出版。

1936 年（昭和十一年）

1 月 19 日，教育宗教革命正法研究会举办座谈会。

2 月，牧口常三郎率众至长野县进行折伏活动，得信徒 17 人。

7 月 15 日，机关杂志《新教》改名为《教育改造》。

8 月 13 日至 16 日，在总本山大石寺举办第一次夏季讲习会。

10 月，创价教育学会实行研究生制度。

1937 年（昭和十二年）

7 月，于大石寺举办第二次夏季讲习会。

1938 年（昭和十三年）

夏，牧口常三郎至鹿儿岛折伏传教。7 月，于大石寺举办第三次夏季讲习会。

1939 年（昭和十四年）

8 月，于大石寺举办第四次夏季讲习会。

12 月，召开创价教育学会第一次大会（东京麻布菊水亭，60 多人参加）。

1940 年（昭和十五年）

4 月 30 日，创价教育学会在东京九段的军人会馆召开第二次大会。

8 月，于大石寺举办第五次夏季讲习会。学会本部移至东京神田的锦町。

10 月 20 日，召开创价教育学会临时总会。

11 月，牧口会长等至九州指导，于福冈、久留米等地召开座谈会。

1941 年（昭和十六年）

3 月 10 日，牧口会长出席总本山大石寺的僧俗护法会议，反对宗门同身延派的合并。

7 月 20 日，创价教育学会机关报《价值创造》第一号发行。

8 月 7 日，于大石寺举办第六次夏季讲习会。

11 月 2 日，召开创价教育学会第三次大会（神田一桥的教育会馆，约 400 人参加）。

1942 年（昭和十七年）

5 月 17 日，召开创价教育学会第四次大会（东京神田教育会馆，约 400 人参加）。

11 月 22 日，召开创价教育学会第五次大会。第四、五两次大会上，牧口常三郎的发言为《大善生活实证录》。

机关报《价值创造》在创办十个月后被迫停刊。

1943 年（昭和十八年）

5 月 2 日，召开创价教育学会第六次大会（神田教育会馆，约 700 人参加）。会上，牧口常三郎作了批判国家宗教政策和战争政策方面的演讲。

6 月，牧口会长、户田理事长至总本山大石寺，坚决反对接受神札。

7 月 6 日，牧口常三郎、户田城圣等学会干部被逮捕，罪名为违反《治安维持法》和“大不敬”罪。

1944 年（昭和十九年）

11 月 18 日，牧口会长于东京拘留所去世，享年 73 岁。

1945 年（昭和二十年）

7 月 3 日，户田城圣从丰多摩监狱出狱，并将自己的名字由“城外”改为“城圣”。

8 月 20 日，户田于东京上大崎开设日本正学馆。

11 月 18 日，牧口会长逝世一周年法会，户田理事长等 20 余人参加。

1946（昭和二十一年）

1 月 1 日，户田登总本山大石寺，于理境坊开办第一期《法华经》讲座。

3 月，学会名称由“创价教育学会”改称“创价学会”，本部设在日本正学馆。

5 月 1 日，召开第一次干部会议（学会本部），户田等 30 多人参加。时东京设 10 个支部，地方设 5 个支部。

6 月 1 日，机关报《价值创造》复刊。

6 月 22 日，青年部成立。

8 月 7 日，召开重建后的第一次夏季讲习会。

11 月 17 日，牧口会长逝世二周年法会，同时召开创价学会重建后的第一次大会。

1947 年（昭和二十二年）

8 月 24 日，第三代会长池田大作入信日莲正宗。

10 月 19 日，创价学会在教育会馆召开了第二次全体会议。

1948 年（昭和二十三年）

7 月 3 日，新青年部结成。

1949 年（昭和二十四年）

1 月 3 日，池田大作入户田经营的出版社日本正学馆编辑少年杂志《冒险少年》（后改名为《少年日本》）。

7 月 10 日，机关杂志《大白莲华》创刊。

1950 年（昭和二十五年）

8 月 22 日，户田经营的东京建设信用合作社停业（日本正学馆已于上一年 10 月停业）。

11 月 12 日，户田辞去理事长职务，推荐矢岛周平接任。

1951 年（昭和二十六年）

3 月 11 日，召开临时大会，户田谈及朝鲜战争与和平问题。

4 月 20 日，机关报《圣教新闻》创刊，户田撰写小说《人间革命》。

5 月 3 日，户田就任第二任会长。

6 月 10 日，召开第一次本部妇女部委员会议，妇女部由此结成。

7 月 11 日，男子青年部成立。

7 月 19 日，女子青年部成立。

11 月 18 日，由户田城圣监修，创价学会教学部编的《折伏教典》出版。

1952 年（昭和二十七年）

2 月 17 日，召开第一次男女青年部研究发表会。当月，本尊流布量达 836 户，池田大作指挥的蒲田支部完成了 201 户的好成绩，在布教史上被称为“传统的二月”。

4 月 28 日，《新编日莲大圣人御书全集》发刊，举办宗旨建立 700 年纪念庆祝大法会（总本山大石寺，全国代表约 4000 人参加）。

8 月 8 日至 25 日，户田率众赴大阪、名古屋、九州等地折伏传教。

8 月 27 日，创价学会作为宗教法人得到正式认可。

10 月 21 日，女子部“华阳会”成立。

12 月 16 日，男子部“水浒会”成立。

12 月 21 日，举办第一次教学考试。

1953 年（昭和二十八年）

1 月 2 日，池田大作就任男子第一部队长。

4 月 19 日，召开第一次男子青年部大会。

4 月 20 日，池田第一部队长代理文京支部长。

8 月 5 日至 22 日，夏季地方折伏开始，户田率众转战大阪、福冈、札幌等地。

11 月 13 日，学会本部由西神田移往信浓町的新本部。

11 月 18 日，牧口常三郎所著《价值哲学》出版。

1954 年（昭和二十九年）

3 月 30 日，于东京丰岛公会堂召开 3 月份本部干部会，将以往的男女各 7 支部队改编成各 15 支部队，向一支部一部队制过渡。设置参谋室，池田大作就任参谋室长。

5 月 9 日，青年部发动登山活动，约 5500 人参加。

10 月 1 日，户田会长向青年部员发表“国土训”。

10 月 31 日，召开青年部举办万余人参加的总登山活动。

11 月 7 日，召开青年部第一次体育大会。

11 月 22 日，设置文化部。

1955年（昭和三十年）

5月6日，学会实行新的区域制。

8月15日至25日，夏季折伏开始。

11月23日，于总本山大石寺举行奉安殿落成法会及大御本尊迁座法会。

1956年（昭和三十一年）

4月1日，决定设置学生部。

5月31日，召开5月份本部干部会。当月本尊流布量达28973户，其中池田室长指挥的大阪支部取得了11111户的好成绩。

7月8日，文化部员有3人在参议院选举中当选。

8月26日，全国新支部成立大会，新设16个支部，加上原来16个支部共为32个支部。

1957（昭和三十二年）

6月30日，召开学生部成立大会。

7月3日，池田大作在“大阪事件”中被逮捕，17日获释，四年半之后被判无罪。

9月8日，青年部第四次东日本体育大会（横滨三泽竞技场，约5万人参加），户田会长发表了具有历史意义的《禁止原子弹氢弹宣言》。

12月，学会会员总户数已达765000户。

1958年（昭和三十三年）

3月1日，于大石寺举行法华本门大讲堂落成庆祝大法会，约6000人出席。

3月30日，户田被任命为法华讲总讲头。

4月2日，户田城圣逝世，享年58岁。

6月30日，池田室长就任总务长，成为学会事实上最高负责人。

1959年（昭和三十四年）

1月1日，《圣教画报》创刊。

7月3日，池田总务长在7月份男子部干部会上提出“第三文明”构想。

12月2日，日莲正宗第六十六世法嗣日达升座。

1960 年（昭和三十五年）

5 月 3 日，第二十二次本部大会，池田大作就任会长。

10 月 2 日，池田会长一行第一次出访南北美洲。

10 月 23 日，设置了第一个海外机构——美国总支部。

1961 年（昭和三十六年）

1 月 28 日，池田会长一行访问印度、缅甸、泰国等五国。

3 月 27 日，召开 3 月份本部干部会。当月本尊流布量为 44800 户，学会会员总户数达 185 万户，新增设支部 15 个，支部数由池田就任会长时的 61 个增加到 159 个。

5 月 3 日，第二十三次本部大会，原事务局提升为总局，编辑、出版、海外、文化各部升格为局。

5 月 27 日，新设宣传局。

6 月 10 日，教育部成立。

10 月 4 日，池田会长一行初次出访法国、英国、西德等欧洲九国。

1962 年（昭和三十七年）

1 月 27 日，东洋学术研究所（东洋哲学研究所的前身）成立。

1 月 29 日至 2 月 12 日，池田会长一行出访中东六国。

3 月 3 日，池田会长任法华讲大讲头。

8 月 4 日，富士吹奏乐团成立。

8 月 31 日，池田会长开始对学生干部讲授《御义口传》。

10 月 24 日，妇女部的富士合唱团成立。

11 月 20 日，东洋学术研究所理论杂志《东洋学术研究》创刊。

1963 年（昭和三十八年）

1 月 8 日，池田会长一行出访欧美、香港等 11 个国家和地区，组织欧洲总支部以及纽约、夏威夷、巴黎等支部。

9 月 1 日，召开第二十六次本部大会，祝贺新本部落成。

9 月 15 日，亚细亚文化研究所成立。

10 月 18 日，民主音乐协会（简称“民音”）成立。

12 月 15 日，召开第二十二次男子部大会，该部部员达到 100 万人。

1964 年（昭和三十九年）

2 月 26 日，亚细亚民族协会成立。

4 月 1 日，大客殿落成庆祝大法会，池田会长就任法华讲总讲头。

4 月 2 日，为庆祝大客殿落成而发动 300 万人登山。

5 月 12 日，池田会长一行出访澳大利亚等国。

10 月 2 日，池田会长一行历访欧洲十国，激励当地信徒。

11 月 8 日，于东京国立竞技场举行东京文化节。

11 月 17 日，于东京日大讲堂召开公明党成立大会。

1965 年（昭和四十年）

1 月 1 日，池田会长执笔的小说《人间革命》开始在《圣教新闻》上连载。

7 月 15 日，《圣教新闻》改为日刊。

8 月 28 日，召开第六十四次 8 月份本部干部会。当时全国分为 25 个综合本部、114 个本部、418 个总支部、1672 个支部。

9 月 23 日，少年部成立。

10 月 19 日，池田会长访问法国等欧洲四国。

1966 年（昭和四十一年）

1 月 13 日，池田会长赴夏威夷访问。

3 月 5 日，壮年部成立。

3 月 6 日，池田会长一行历访南美诸国。

5 月 5 日，富士少年合唱团和希望少女合唱团成立。

7 月 26 日，富士学生交响乐团成立。

1967 年（昭和四十二年）

5 月 13 日，池田会长一行历访欧美五国。

6 月 19 日，创价学园设立，创价高等学校、中学的设置被认可。

9 月 1 日，东京文化会馆落成。1975 年（昭和五十年）9 月该馆改称创价文化会馆。

9 月 10 日，关西文化会馆落成。

10 月 15 日，东京文化节。

1968 年（昭和四十三年）

4 月 12 日，名古屋文化会馆落成。

9 月 8 日，在第十一次学生部大会上，池田会长提出了同中国友好交往的设想。

10 月 12 日，举行正本堂开工大法会。

11 月 21 日，《日莲正宗教学小辞典》出版。

1969 年（昭和四十四年）

6 月 25 日，创价学会提出了“人的主义的创价学会”、“慈悲与哲理的创价学会”、“21 世纪的思想创价学会”等十项口号。

8 月 12 日，第一次世界学生和平会议，14 个国家的约 3000 名学生参加。

9 月 9 日，举行第一次“第三文明展”。

10 月 12 日，正本堂奠基典礼。

11 月 6 日，九州文化会馆落成。

1970 年（昭和四十五年）

1 月 5 日，本部确立副会长制。

1 月 28 日，会员达到 750 万户。

5 月 3 日，举行第三十三次本部大会（东京日大讲堂，约 15000 人参加），池田会长对就任会长十周年的意义、言论出版问题、正本堂的本义、学会与公明党的关系、对共产党的态度、学会的体制、20 世纪 70 年代及 21 世纪的展望等问题作了长篇演讲，为学会日后的道路指明了方向。

1971 年（昭和四十六年）

10 月 7 日，举行世界学生和平会议。

1972 年（昭和四十七年）

4 月 29 日，池田会长应法国日莲正宗和美国日莲正宗邀请，历访欧美各国。

5 月 5 日，池田会长开始同汤因比博士对话。

10 月 11 日，举行正本堂落成大法会。

1973 年（昭和四十八年）

1 月 14 日，创价女子中学高等学校落成。

5 月 8 日，池田会长应法国日莲正宗邀请访问欧洲，欧洲十三国会员成立“欧洲日莲正宗会议”。

8 月 5 日，广岛青年部主持召开禁止原子弹广岛和平集会。

8 月 11 日，池田会长应美国日莲正宗邀请访问夏威夷时，北美、中南美 30 个国家的信徒组成“泛美日莲正宗联盟”。

1974 年（昭和四十九年）

1 月 26 日，池田会长应香港佛教日莲正宗以及东南亚佛教者会议的邀请访问香港。

3 月 7 日，池田会长应美国日莲正宗、秘鲁日莲正宗的邀请访问北美和中南美洲。

5 月 18 日，池田会长同法国作家马尔罗对话。

5 月 29 日，池田会长一行访问中国，历访北京、西安、郑州、上海、杭州、广州六个城市。

9 月 7 日，青年部达成 1000 万人的禁止原子弹签名运动。

9 月 8 日，池田会长一行应莫斯科大学邀请访问苏联。

12 月 2 日，池田会长一行应北京大学邀请访问中国。

12 月 5 日，池田会长同周恩来总理会谈。

1975 年（昭和五十年）

1 月 6 日，池田会长应美国日莲正宗的邀请访问美国。

1 月 10 日，池田会长访问联合国本部，同瓦尔德海姆举行会谈，亲手将 1000 万人要求废除核武器的签名呈交给联合国。

1 月 3 日，池田会长同美国国务卿基辛格会谈。

1 月 26 日，举行第一次世界和平会议。国际佛教者联盟（LBL）开始活动。池田会长就任世界日莲正宗创价学会（SGI）会长。

4 月 14 日，池田会长一行应中日友好协会邀请访问中国。

5 月 16 日，池田会长同贝恰会谈，主题为“人与文明的本质”。

5 月 17 日，池田会长等出席欧洲友好节。

5 月 19 日，池田会长在巴黎郊外同马尔罗会谈。

5 月 20 日，池田会长同美术史家尤尹古氏对谈。

5 月 27 日，池田会长在莫斯科大学作题为“东西文化交流的新道路”演讲，被授予名誉博士称号。

5 月 28 日，池田会长会见柯西金部长会议主席。

7 月 12 日，池田会长同日本共产党委员长宫本显治会谈。

7 月 22 日，池田会长赴美访问。

1976 年（昭和五十一年）

4 月，札幌创价幼儿园创立。

8 月，同法国作家马尔罗的对话《人的革命与人的条件》发表。

1978 年（昭和五十三年）

4 月，东京创价小学创立。

5 月，池田会长在第一次联合国裁军特别会议上提出十项建议。

9 月，池田一行访华。

1979 年（昭和五十四年）

2 月，池田会长出访香港、印度等地。

1980 年（昭和五十五年）

4 月 21 日至 29 日，池田会长访问中国，在北京大学作题为“寻求新的民众形象”的演讲。

9 月 30 日至 10 月 21 日，池田会长访问美国。

1981 年（昭和五十六年）

1 月，池田会长访问美国。

2 月，池田会长访问美国、巴拿马、墨西哥。

5 月，池田会长访问苏联、西德、保加利亚、澳大利亚、意大利、法国、美国、加拿大。

6 月，举办第一次世界和平文化节。

7 月，世界艺术文化会授予池田“桂冠诗人”称号。

8 月，池田会长访美。

1982 年（昭和五十七年）

4 月，关西创价小学创立。

9 月，召开第二次世界和平文化节。

1983 年（昭和五十八年）

5 月，池田会长出访美国、西德、罗马尼亚、瑞士、西班牙、法国、比利时、荷兰。

8 月，联合国授予池田会长“联合国和平奖”。召开第三次世界和平文化节。

12 月，池田会长访问香港。

1984 年（昭和五十九年）

2 月，池田会长出访美国、巴西、秘鲁、墨西哥。

3 月，秘鲁授予池田会长“秘鲁太阳大十字勋章”。

6 月，访问中国。

9 月，召开第四次世界和平文化节。

1985 年（昭和六十年）

4 月，创价女子短期大学创立。

7 月，池田会长访美。

1986 年（昭和六十一年）

9 月，肯尼亚口传文学协会授予池田会长“肯尼亚口传文学奖”。

10 月，中国人民对外友好协会、中日友好协会授予池田会长“和平友好”杯。

1987 年（昭和六十二年）

2 月，池田会长访问美国、多米尼加共和国、巴拿马。

5 月，池田会长出访苏联、法国。

1988 年（昭和六十三年）

1 月，池田会长出访中国香港、泰国、马来西亚、新加坡。

6 月，池田会长在第三次联合国裁军特别会议上发言，并被授予“联合国荣誉表彰”奖。

12 月，印度国际和平非暴力研究所授予池田会长“国际和平奖”。

1989 年（平成元年）

5 月，池田会长出访英国、瑞典、法国、瑞士。

10 月，在联合国本部举办“战争与和平展”。联合国授予池田会长“和平贡献 · 联合国秘书长表彰”奖。

11 月，中国授予池田会长“中国艺术贡献奖”。

12 月，哥伦比亚授予池田会长“哥伦比亚共和国功劳大十字勋章”。

1990 年（平成二年）

2 月，池田会长访问美国。

3 月，阿根廷授予池田会长“大十字五月勋章”。

4 月，巴西授予池田会长“南十字国家勋章”。

5 月，池田会长出访中国。

7 月，池田会长访问苏联。

9 月，池田会长访问韩国。

1991 年（平成三年）

1 月，池田会长与苏联作家钦吉思 · 艾特马托夫、英国物理学家班森、罗马俱乐部会长霍赫莱特纳、联合国教科文组织事务局长马约尔与尼日利亚剧作家及诺贝尔文学奖得主沃尔 · 索因卡等联名共同对伊拉克萨达姆 · 侯赛因总统呼吁，希望他在 1991 年 1 月 15 日之前自科威特撤军。

1992 年（平成四年）

9 月，池田会长在香港创办香港创价幼儿园。

1993 年（平成五年）

1 月，池田会长在新加坡创办新加坡创价幼儿园。

8 月，池田会长开始撰写《新人间革命》。

9 月，池田会长在美国麻萨诸塞州的波士顿市成立波士顿 21 世纪研究中心（2009 年，由池田会长更名为“池田和平、教育、对话中心”）。

1995 年（平成七年）

4 月，池田会长在马来西亚吉隆坡创办马来西亚创价幼儿园。

12 月，池田会长在日本东京设立牧口纪念教育基金会。

1996 年（平成八年）

2 月，池田会长在日本东京创立户田纪念国际和平研究所。

2001 年（平成十三年）

5 月，池田会长在美国加利福尼亚州奥兰治郡亚里索维耶荷（Aliso Viejo）创办美国创价大学。

6 月，池田会长于巴西圣保罗市创办巴西创价学校。

2005 年（平成十七年）

2 月，池田会长与 2004 年诺贝尔和平奖得主肯尼亚环保斗士旺加里·马塔伊在东京会面。

11 月，创价学会庆祝成立 75 周年。

2007 年（平成十九年）

4 月，中国总理温家宝访日时与池田会长会面。

2008 年（平成二十年）

3 月，池田会长于韩国首尔创办创价幸福幼儿园。

5 月，中国国家主席胡锦涛在访日时与池田会长会面 。

2009 年（平成二十一年）

9 月，池田会长在联合国新闻部非政府组织第六十二届年会的一个相关活动上发表《全民一心，共建无核武器世界》倡言，提出五项废除核武器的具体步骤。

2010 年（平成二十二年）

10 月，《以人为本与 21 世纪全球文明：2010 池田大作思想研讨会文集》一书由中国社会科学出版社出版。

2011 年（平成二十三年）

1 月，池田会长在第 36 届国际创价学会发表纪念倡言《奏响创造性的生命凯歌》。

2012 年（平成二十四年）

6 月 5 日，世界环境日，池田会长发表了题为“通往可持续发展的地球社会大道”的倡言。

11 月，池田会长在贺函中对十八大胜利闭幕和习近平当选中共中央总书记表示衷心祝贺。贺函表示，中国在国际社会上的作用将更加重要，日中友好是维护亚洲乃至世界和平与稳定的关键。决心与中国携手，广泛深入地开展文化、教育等各领域交流。

2013 年（平成二十五年）

1 月，池田会长在创价学会机关报《圣教新闻》上发表署名文章，呼吁改善中日关系，强调当前形势下双方要坚持《日中和平友好条约》的原则，通过坦诚耐心沟通，努力找到解决问题的出路，更好地发展两国关系。

日本年号与西历年对照表（明治元年—平成二十六年）

日本年号	西历年	日本年号	西历年
明治元年	1868	明治二年	1869
明治三年	1870	明治四年	1871
明治五年	1872	明治六年	1873
明治七年	1874	明治八年	1875
明治九年	1876	明治十年	1877
明治十一年	1878	明治十二年	1879
明治十三年	1880	明治十四年	1881
明治十五年	1882	明治十六年	1883
明治十七年	1884	明治十八年	1885
明治十九年	1886	明治二十年	1887
明治二十一年	1888	明治二十二年	1889
明治二十三年	1890	明治二十四年	1891
明治二十五年	1892	明治二十六年	1893
明治二十七年	1894	明治二十八年	1895
明治二十九年	1896	明治三十年	1897

明治三十一年	1898	明治三十二年	1899
明治三十三年	1900	明治三十四年	1901
明治三十五年	1902	明治三十六年	1903
明治三十七年	1904	明治三十八年	1905
明治三十九年	1906	明治四十年	1907
明治四十一年	1908	明治四十二年	1909
明治四十三年	1910	明治四十四年	1911
大正元年	1912	大正二年	1913
大正三年	1914	大正四年	1915
大正五年	1916	大正六年	1917
大正七年	1918	大正八年	1919
大正九年	1920	大正十年	1921
大正十一年	1922	大正十二年	1923
大正十三年	1924	大正十四年	1925
昭和元年	1926	昭和二年	1927
昭和三年	1928	昭和四年	1929
昭和五年	1930	昭和六年	1931
昭和七年	1932	昭和八年	1933
昭和九年	1934	昭和十年	1935
昭和十一年	1936	昭和十二年	1937
昭和十三年	1938	昭和十四年	1939
昭和十五年	1940	昭和十六年	1941
昭和十七年	1942	昭和十八年	1943
昭和十九年	1944	昭和二十年	1945
昭和二十一年	1946	昭和二十二年	1947
昭和二十三年	1948	昭和二十四年	1949
昭和二十五年	1950	昭和二十六年	1951

昭和二十七年	1952	昭和二十八年	1953
昭和二十九年	1954	昭和三十年	1955
昭和三十一年	1956	昭和三十二年	1957
昭和三十三年	1958	昭和三十四年	1959
昭和三十五年	1960	昭和三十六年	1961
昭和三十七年	1962	昭和三十八年	1963
昭和三十九年	1964	昭和四十年	1965
昭和四十一年	1966	昭和四十二年	1967
昭和四十三年	1968	昭和四十四年	1969
昭和四十五年	1970	昭和四十六年	1971
昭和四十七年	1972	昭和四十八年	1973
昭和四十九年	1974	昭和五十年	1975
昭和五十一年	1976	昭和五十二年	1977
昭和五十三年	1978	昭和五十四年	1979
昭和五十五年	1980	昭和五十六年	1981
昭和五十七年	1982	昭和五十八年	1983
昭和五十九年	1984	昭和六十年	1985
昭和六十一年	1986	昭和六十二年	1987
昭和六十三年	1988		

平成元年	1989	平成二年	1990
平成三年	1991	平成四年	1992
平成五年	1993	平成六年	1994
平成七年	1995	平成八年	1996
平成九年	1997	平成十年	1998
平成十一年	1999	平成十二年	2000
平成十三年	2001	平成十四年	2002
平成十五年	2003	平成十六年	2004
平成十七年	2005	平成十八年	2006

平成十九年	2007	平成二十年	2008
平成二十一年	2009	平成二十二年	2010
平成二十三年	2011	平成二十四年	2012
平成二十五年	2013	平成二十六年	2014

参考文献

资料类

[1] 北京大学日本研究中心编．日本学第 12 辑．北京：北京大学出版社，2003

[2] 华中师范大学池田大作研究所、创价大学合编．中外学者论池田大作：和谐社会与和谐世界．武汉：华中师范大学出版社，2007

[3] [日] 创价大学平和问题研究所编．平和 · 文化 · 教育．东京：株式会社、白帝社，2006

[4] [日] 创价学会教育本部编．蓬勃发展的儿童和人性教育——“为了教育而存在的社会”．ASOKA CORPORATION CO，LTD 制作（非卖品），2006

[5] [日] 日本国立教育研究所编．日本教育系统基本概况．哈尔滨：哈尔滨工业大学出版社，1986

专著类

[1] 蔡幸福著．陶行知与牧口常三郎教育思想比较研究．济南：山东教育出版社，2008

[2] 达高一．创价学会——日本新兴宗教性政治团体．北京：世界知识出版社，1963

[3] 高洪．日本当代佛教与政治．北京：东方出版社，1995

[4] 高洪著．日本政党制度论纲．北京：中国社会科学出版社，2004

[5] 何劲松著．创价学会的理念与实践．北京：中国社会科学出版社，1995

[6] 黄济著．教育哲学通论．太原：山西教育出版社，2004

[7] 金岳霖著．道·自然与人．桂林：广西师范大学出版社，2005

[8] 净空法师．认识佛教．香港：香港文化教育出版有限公司，1997

[9] 梁忠义主编．日本教育．长春；吉林教育出版社，2000

[10] 刘北鲁．日本教育现状．长沙：湖南教育出版社，1986

[11] 区应毓，张士充等著．教育理念与基督教教育观．成都：四川大学出版社，2005

[12] 冉毅 曾建平主编．关爱人性 善待生命——池田大作思想研究．长沙：湖南师范大学出版社 ,2003

[13] 宋先伟主编．法华经（上、下）．北京：大众文艺出版社，2004

[14] 孙正聿著．哲学通论．沈阳：辽宁人民出版社， 1998

[15] 陶愚川著．中国教育史比较研究（古代部分）．济南：山东教育出版社，1985

[16] 滕大春主编．外国教育通史．济南：山东教育出版社，1993

[17] 田正平主编．中外教育交流史．广州：广东教育出版社，2004

[18] 王桂编著．日本教育史．长春：吉林教育出版社，1987

[19] 王天一等编著．外国教育史（上、下）．北京：北京师范大学出版社，1985

[20] 吴式颖，任钟印主编．外国教育思想通史（第五卷）．长沙：湖南教育出版社，2000

[21] 吴文侃，杨汉清主编．比较教育学（修订本）．北京：人民教育出版社，1999

[22] 杨曾文主编．日本近现代佛教史．杭州：浙江人民出版社，1996

[23] 袁刚，孙家祥，任丙强编．民治主义与现代社会：杜威在华讲演集．北京：北京大学出版社，2004

[24] 张可喜，贾蕙萱主编．池田大作研究论文集．香港：香港社会科学出版社有限公司 ,2004

[25] 张瑞璠，王承绪主编．中外教育比较史纲（古代卷、近代卷、现代卷）．济南：山东教育出版社，2001

[26] 赵祥麟，王承绪编译．杜威教育论著选．上海：华东师范大学出版社，1981

[27] 郑金洲著．教育通论．上海：华东师范大学出版社，2000

[28] 周洪宇，蔡幸福著．《船工之子与教育大师——牧口常三郎的教育活动》．武汉：华中科技大学出版社，2011

[29] [德]伊曼努尔·康德著，韩永法译．实践理性批判．北京：商务印书馆，2000

[30] [德]伊曼努尔·康德著，杨祖陶、邓晓芒编译．康德三大批判精粹．北京：人民出版社，2001

[31] [德]伊曼努尔·康德著，赵鹏、何兆武译．论教育学．上海：上海人民出版社，2005

[32] [加]许美德，[法]巴斯蒂等著．中外比较教育史．上海：上海人民出版社，1990

[33] [美]D.M. ベセル著，[日]中内敏夫、谷口雅子訳．価値創造者：牧口常三郎の教育思想．東京：小学館，1974

[34] [美]梯利著，[美]伍德增补，葛力译．西方哲学史（增补修订版）．北京：商务印书馆，2005

[35] [美]约翰·杜威著，王承绪译．民主主义与教育．北京：人民教育出版社，1990

[36] [日]池田大作著．万里长空．香港：天地图书有限公司，2001

[37] [日]村上重良著，聂长振译．国家神道．北京：商务印书馆，1990

[38] [日]村上专精著，杨曾文译．日本佛教史纲．北京：商务印书馆，1981

[39] [日]高桥俊乘著，秦企贤译．日本教育史．南京：中日文化协会，1950

[40] [日]近代日本思想史研究会著．近代日本思想史（第二卷）．北京：商务印书馆，1991

[41] [日]近代日本思想史研究会著．近代日本思想史（第三卷）．北京：商务印书馆，1992

[42] [日]近代日本思想史研究会著．近代日本思想史（第一卷）．北京：商务印书馆，1983

[43] [日]牧口常三郎著，陈莉等译．人生地理学．上海：复旦大学出版社，2004

[44] [日]牧口常三郎著，刘焜辉译．创价教育学体系（第1卷）．台北：正因文化事业有限公司，2004

[45] [日]牧口常三郎著，马俊峰、江畅译．价值哲学．北京：中国人民大学出版社，1989

[46] [日] 日本国立教育研究所编．日本教育的现代化．北京：教育科学出版社，1980

[47] [日] 矢仓久泰著，王振宇译．学历社会．长春：吉林人民出版社，1982

[48] [日] 小原国芳著，吴家镇、戴景曦译．日本教育史．上海：商务印书馆，1935

[49] [日] 小原国芳著．小原国芳教育论著选（上、下）．北京：人民教育出版社，1993

[50] [日] 新渡户稻造著，张俊彦译．武士道．北京：商务印书馆，2005

[51] [日] 依田憙家著，卞立强等译．近代日本与中国日本的近代化．上海远东出版社，2004

[52] 牧口常三郎著．創価教育学体系Ⅰ．東京：聖教新聞社，1972

[53] 牧口常三郎著．創価教育学体系Ⅱ．東京：聖教新聞社，1972

[54] 牧口常三郎著．創価教育学体系Ⅲ．東京：聖教新聞社，1979

[55] 牧口常三郎著．創価教育学体系Ⅳ．東京：聖教新聞社，1980

[56] 牧口常三郎著．地理教授の方法及内容の研究．東京：第三文明社，1978

[57] 牧口常三郎著．牧口常三郎全集（第 3 卷）（教授の統合中心としての郷土科研究）．東京：第三文明社，1981

[58] 牧口常三郎著．牧口常三郎全集 （第 10 卷）（宗教論集 · 書簡集）．東京：第三文明社，1987

[59] 大村浩二，館野允男著．初代会長牧口常三郎．東京：聖教新聞社，1977

[60] 聖教新聞社編． 牧口常三郎．東京：聖教新聞社，1972

[61] 熊谷一乗著．牧口常三郎．東京：第三文明社 1978

[62] 創価教育の源流牧口常三郎．東京：潮出版社，2001

[63] 石上玄一郎著．牧口常三郎と新渡戸稲造．東京：第三文明社，1993

[64] 村尾行一著．柳田国男と牧口常三郎．東京：潮出版社 2002

[65] 斋藤秋男，土井正兴，本多公荣编．教育中的民族——日本和中国．明石：日本明石书店，1988

[66] Barry Keenan .The Dewey Experiment in China.Hasrvard University Press,Cambridge, Massachusetts, 1982

[67] Education for Creative Living:Ideas and Proposals of Tsunesaburo Makiguchi,Translated by Alfred Birnbaum,Edited by Dayle M.Bethel,First edition, 1989

[68] Ethical Visions of Education.Philosophies in Practice.Edited by David T .Hansen,Teachers College Press,Columbia University,New York and London, 2007

[69] Letters of Nichiren.Translated by Burton Watson and others.Edited by Philip B.Yampolsky, Columbia University Press,New York, 1996

[70] Makiguchi.The Value Creator by Dayle M. Bethel.Published by Weatherhill, Inc.,of New York and Tokey, First edition, 1973

[71] Tsunesaburo Makiguchi.A Geography of Human Life.Edited by Dayle M.Bethel. Published by Caddo Gap Press 3145 Geary Boulevard PMB 275 San Francisco,California 94118 U.S.A,2002. Massachusetts, 1982

论文类

[1] 蔡幸福，周洪宇．陶行知和牧口常三郎教育思想之比较．华中师范大学研究生学报，2008（1）

[2] 蔡幸福．对待教育科学研究要有科学的心态．教育导刊，2006（4）

[3] 关松林．杜威教育思想在日本．南京师范大学 2004 年博士学位论文

[4] 何劲松．创价学会与政治——以池田大作“中道政治”思想为中心．外国宗教研究，1996（2）

[5] 何劲松．论日莲后期的佛教思想．世界宗教研究，1994（3）

[6] 黄济．对“传统教育”和“现代教育”都应实事求是．教育理论与实践，1985（2）

[7] 黄济．试论传统教育与现代教育．北京师范大学学报（社会科学版），1986（5）

[8] 姜俊和．杜威的教育目的论及其启示．外国教育研究，2005（2）

[9] 孙穗平，孙耀珠．价值与创造价值——牧口常三郎〈价值论〉的核心理论．河北大学成人教育学院学报，2002（4）

[10] 王玉．牧口常三郎与价值哲学．天府新论，2004（3）

[11] 韦朝烈．“价值哲学”兴起的社会学和经济学背景．社会科学研究，2003（1）

[12] 徐海滨．浅析康德“人是目的”．太原大学学报，2005（3）

[13] 杨汉清，蔡幸福．关于我国比较教育研究方法的思考．高教与人才，1991（1）

[14] 杨曾文．日莲心目中的《法华经》．世界宗教研究，1998（2）

[15] 周洪宇，蔡幸福．从船工之子到教育大师——牧口常三郎的人生历程．河北师范大学学报，2007（5）

[16] 周洪宇，蔡幸福．牧口常三郎创价教育思想的三大基石．教育科学，2006（6）

[17] 周洪宇，蔡幸福．牧口常三郎的“创价教育”思想研究．比较教育研究，2007（6）

[18] 周洪宇．杜威教育思想在中国的传播及其影响．河北师范大学学报，2001（4）

[19]［日］渡边宝阳，杨曾文译．日莲对《法华经》“一念三千”的继承．世界宗教研究，1998（2）

[20]［日］菅野博史．《法华经》的中心思想——以一佛乘思想为中心．世界宗教研究，1996（3）

网络、音像资料类

[1] 国际创价学会网站——http://chs.sgichn.org/sgichn/index

[2] DVD.Tsunesaburo Makiguchi——For the Happiness of Children,Kinokuniya Company Ltd.,Tokyo,Japan,2006